정일교 선생의 삶과 봉사 이야기

침구 인술로 아름다운 황혼

구술 정일교
정리 이국렬

사단법인 허임기념사업회

정일교 선생의 삶과 봉사 이야기

침구 인술로 아름다운 황혼

발행일
초판 인쇄　2023년 6월 15일

구술　정일교
정리　이국렬
편집　손중양
펴낸곳　(사)허임기념사업회
신고번호　제300-2006-0072호 (2006. 6. 2)
주소　서울특별시 종로구 권농동 187-8
전화　02-742-7924
팩스　02-3672-1005
홈페이지　www.heoim.net

ISBN: 979-11-87828-08-2(03510)

값 20000 원
03510
9 791187 828082
ISBN 979-11-87828-08-2

값　20,000 원
* 이 책의 판매수익금은 생명건강문화 전승사업에 쓰입니다.
입금계좌 : 국민은행 817201-04-039777 (사)허임기념사업회

총판　한국출판협동조합
서울시 마포구 토정로 222(신수동)
전화 02-716-5616

차 례

I 나를 부르는 따바와 마을

“돌아오겠습니다!” 미얀마 봉사활동 결심

미얀마 남부의 타닌타이주 뻬지만다이. 온통 숲이 하늘을 가린 울창한 산림지대다. 그래도 두 번째 방문이라 그 속 생활도 익숙하다. 더욱이 새로운 침법으로 무장하고 나니 마치 손오공이 여의봉이라도 잡은 듯 거칠 것은 없었다.

또다시 열대 밀림의 바쁜 생활이 시작되었다.

친구의 사업장이기는 하지만 적지 않은 급여를 받는 농장개발 현장소장으로 근무 중이라 낮에는 임목 조사 등 수많은 현안을 처리해야 했다. 그리고 저녁때면 침을 맞겠다고 숙소로 환자들이 밀려든다. 잠시도 쉴 틈이 없었다.

가끔은 너무 피곤해 일찍 잠자리에 들었다가도 가족들이 환자를 리어카에 싣고 2~3시간씩 걸어서 찾아오니 밤늦게 일어나 침(鍼)을 놓아야 할 때도 많았다.

그뿐만이 아니었다. 주말마다 여기저기 인근 마을을 순회하며 침을 놓다 보니 나를 수행하던 통역도 힘들어 못 하겠다며 불평을 해댔다.

나 또한 나이가 있으니 쉬고 싶을 때도 많았다. 그래도 내게 침을 맞고 기뻐하는 환자와 가족들을 대하다 보면 멈출 수가 없었다. 하루하루 달라지는 환자의 안색과 걸음걸이, 간절한 눈빛과 마주치면 마치 신들린 듯 치료에 빠져들게 되었다.

그렇게 바쁘게 지낸 시간도 흘러 10개월 정도 지나고 있을 때였다. 웬일인지 체중도 부쩍 줄고 오후가 되면 몸이 천근만근이었다.

2013년부터 미얀마 남부의 타닌타이주 빼지만다이의 오지 농장개발 책임자로 근무하며 침술로 봉사하다 2015년 양곤 인근 딸린시 따바와명상센터에 들렀다.

하룻밤에 소변을 대여섯 번씩 보아야 하고 색깔도 탁했다. 어지럽고 힘을 쓸 수도 없었다. 내 몸에 심각한 이상이 오고 있음을 느낄 수 있었다. 왠지 다시는 이곳 미얀마에 못 올지도 모르겠다는 불길한 생각마저 들었다.

2015년 6월 즈음이었다. 부랴부랴 급한 일을 마무리하고 귀국 준비를 했다.

그때, 중풍 온 스님을 침술로 치료해 준 적이 있는 인근의 작은 사찰 주지 스님이 찾아왔다. 그는 양곤에서 가까운 곳에 따바와 명상센터가 있는데 거기를 꼭 들러서 갔으면 좋겠다고 했다. 그곳에는 오갈 데 없는 수많은 환자가 있다고 했다.

사실 내 코가 석 자였지만 주지 스님이 일부러 찾아와 간절히 부탁하니 거절하기도 어려웠다. 더구나 양곤과 가깝다니 귀국하는 길에 들려도 큰 부담은 없을 것 같아 그러겠노라 약속했다. 회사에서는 양곤의 특급 호텔을 일주일간 예약하고 계산까지 마쳤으니 며칠 쉬고 가라고 했다.

양곤에 도착하자마자 나는 호텔에 짐을 맡기고 따바와 명상센터를 찾아갔다. 택시를 타니 양곤 시내에서 비포장도로로 한 시간 반쯤 걸렸다.

명상센터가 있는 사찰은 우리나라 절과는 개념이 달랐다. 한마디로 외형만으론 승속의 구분이 없었다. 특별한 경계가 없다 보니 어디서부터 어디까지가 절인지 어디까지가 명상센터인지 알 수도 없었다. 따바와 마을이라고 하는 것이 더 적합할 것 같다. 주변 환경은 어수선하기 짝이 없었다.

위: 따바와 명상마을 사람들의 모습. 아래: 우물가에서 목욕하는 할머니들. 2015.06.18

몸 상태가 좋지를 않아 발걸음은 무거웠다.

주지 스님을 찾아가서 인사를 드렸다. 스님은 이미 연락을 받았노라며 반갑게 맞아 주셨다. 나는 내심 주지 스님께 인사만 끝내면 바로 돌아 나올 요량이었다. 빨리 호텔에 돌아가 편히 쉬고 싶은 생각뿐이기 때문이었다.

그런데 사찰에서 시설을 안내해 주겠다며 나섰다. 엉겁결에 설명을 들으며 둘러보았다. 그곳에는 돌봐줄 연고가 없는 갖가지 질병의 중증 환자가 800여 명쯤 있다고 했다. 중풍, 전신 마비, 치매, 에이즈 등 환자 유형별로 병동을 구분하여 관리하고 있었다. 병실도 너저분하고, 환경이 너무나 열악하여 둘러보는 내내 마음이 쓰였다. 동병상련이랄까!

돌아 나오다 들린 한 병동의 환자에게 눈길이 멈췄다. 상태를 보니 침 몇 대만 놓으면 좋아질 것 같았다. 생각 없이 멈춰서 마음 가

따바와마을을 둘러보다 마음이 쓰여 환자에게 침을 놓기 시작했다. 2015.06.18

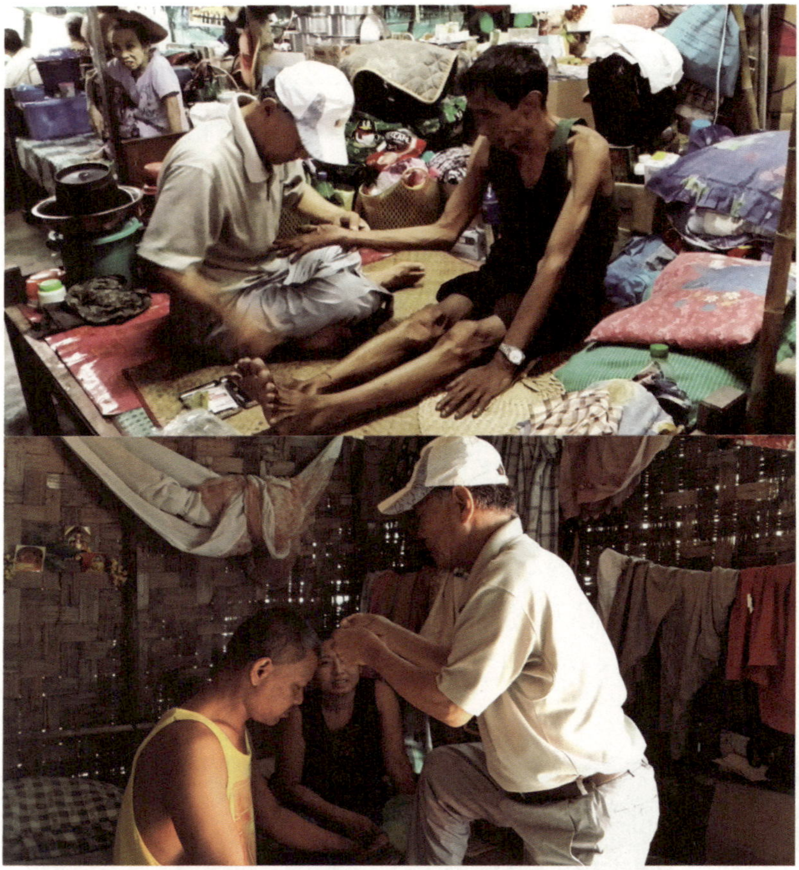

침 맞겠다는 환자들이 생활하는 침대로 옮겨 다니며 침을 놓았다. 침을 놔달라는 사람들이 계속 줄을 이어 4일 동안 머물게 됐다. 2015.06.18

는 대로 침을 놓았다.

그를 치료하고 나니 다른 환자들이 하나둘 몰려들기 시작했다. 애초에 침통을 꺼내지 않았으면 모를까 중간에 그만둘 수도 없게 되었다. 침술이 효과를 보이자 침을 맞겠다는 환자들은 줄을 이었다.

따바와(Thabarwa) 주지
사야도(Sayadaw) 스님

그렇게 양곤의 특급 호텔에 가방만 던져 놓은 채 4일 동안 따바와센터에서 환자들에게 침을 놓았다. 그러나 귀국을 위해 예약한 일정 때문에 더는 머무를 수가 없었다.

작별 인사를 드리고자 주지 스님을 찾아갔다. 그때 마침 내게 치료받은 중풍 환자가 옆에 있다가 주지 스님에게 자신의 손이 꾸부러져 있었는데 침을 맞고 이렇게 펴진다며 자랑했다.

그 말을 들은 주지 스님은 "가능하다면 우리 센터에 오셔서 환자들을 보살펴 달라"고 했다. 순간 이 몸으로 다시 미얀마를 올 수 있을까 하는 생각도 들었지만 잠시의 망설임도 없이 대답하고 말았다.

"예! 그렇게 하겠습니다!"

쉽게 나온 말이지만 3일 동안 많은 중증 환자를 보면서 속으론 이미 결정을 한 상태였다. 다시 병상을 둘러보고 돌아 나오려는데 발길이 떨어지지 않았다. 몸이 좀 회복이 되면 꼭 다시 돌아오리라 마음을 다잡았다.

10개월 만에 귀국하니 공항에 마중 나온 아들이 내 몰골을 보고 깜짝 놀랐다. 어쩌다 얼굴이 이 지경이 되도록 참고 견디셨냐며 역정을 냈다. 곧바로 대학병원에 예약을 하고 종합검진을 했다. 전립선암이라고 했다. 수술 날짜는 11월로 잡혔다.

결국 한 달이 넘는 시간을 기다려야만 했다. 할 일 없이 무엇을 하며 시간을 보낼까 생각하다 문득 전유진 선생이 떠올랐다. 그는 10개월 전 미얀마로 떠날 때 화혈침을 가르쳐 준 스승이었다.

오랜만에 그를 만나 좀 더 깊은 침술의 묘미를 맛보고 싶었다. 그는 당시 베트남에서 침술 봉사 중이었다. 생각이 거기에 머물자 무작정 베트남행 항공권을 예약했다. 자식들을 비롯해 주변에서는 난리였다. 암 수술 날짜를 잡아놓고 피골이 상접한 노인이 해외 출국을 한다니 말이 되느냐는 것이었다. 그러나 내 고집을 꺾을 수는 없었다.

과유불급이랄까 그렇게 마음만 앞세운 무리한 여행에서 문제가 생겼다. 베트남까지 장시간 비행과 버스 이동으로 몸이 녹초가 된 데다 강한 에어컨 바람을 맞으니 구안와사까지 와서 얼굴도 알아보기 힘든 지경이 되었다. 나이와 몸을 생각해 휴식이 필요했는데 만용을 부리다 접시를 깬 격이었다.

그런 몰골로 찾아간 나를 본 전유진 선생이 깜짝 놀랐다. 어찌 이리 먼 길을 오셨냐며 자초지종을 물었다. 나는 혹여라도 수술이 잘못되면 선생님께 인사도 못 드릴 것 같아 왔노라고 했다. 그는 내 손을 잡고 눈물을 글썽였다.

그렇게 며칠을 베트남에서 함께 지내며 구안와사도 치료하고 침뜸에 관한 많은 대화를 나누었다. 다행히 구안와사는 선생의 정성어린 치료로 5일 만에 완치가 되었다.

선생의 침법은 역시 환측(患側)이 아니라 건측(健側)에 침을 놓는데, 화혈과 얼굴(아시혈)에 주로 침을 놓고 염전으로 자극을 했다. 나는 한 달쯤 머물다 귀국할 생각이었다. 그러나 아들이 베트남까지 쫓아 와서 빨리 가자고 보채는 바람에 열흘 만에 발길을 돌려야 했다.

그렇게 귀국하여 전립선암 수술을 했다. 회복실에서 깨어나자 간호사가 나에게 물었다.

“선생님은 마취가 풀리기도 전에 ‘예! 돌아오겠습니다.’라며 잠꼬대처럼 말씀하시던데 어디를 가세요?”라는 것이었다.

그것은 내가 미얀마 따바와센터에서 큰스님께 한 약속이었다. 꿈속에서조차 그리 읊어댔으니 내 결심에 돌이킬 수 없는 대못을 박은 셈이었다.

따바와 마을에 침뜸실 생겨

2016년 6월. 세 번째 미얀마 방문. 이번에는 농장개발사업과 관계없이 봉사만을 위한 출발이니 발걸음이 한결 가벼웠다.

이미 따바와센터(Thabawa Center)의 큰 스님과는 인사까지 한 사이라 부담도 없었다. 한편으론 설레기까지 했다.

미얀마를 갈 때마다 늘 침은 물론 비타민, 구충제, 구급약 등 다양한 의약품을 마련해 갔는데, 이번에는 이 외에도 간접뜸 기구와 사혈 도구까지 준비했다. 그간 마음속으로 그려온 온갖 계획들을 성사시켜 볼 생각이었다.

따바와명상센터는 하나의 건물이 아니고 센터를 중심으로 형성된 제법 큰 마을이다. 미얀마 양곤 외곽 딴린시에 자리 잡은 명상센터는 2008년 사야도 오따마사라(Sayadaw Ashin Ottamasara) 큰 스님이 문을 연 곳이다. 미얀마에서 가장 큰 명상센터이며, 가난한 환자들이 치유를 위해 찾아오는 곳이기도 하다.

4천여 명이 기거하는 사회적 약자 보호시설, 따바와센터의 생활공간

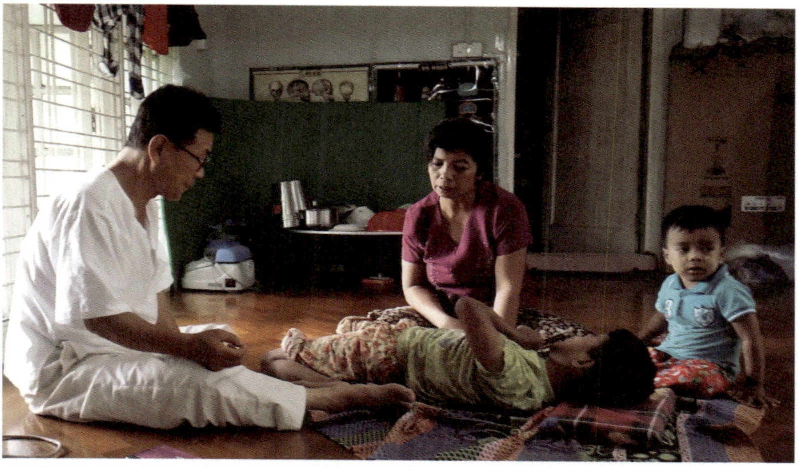

뇌성마비 7세 아이. 침을 놓고 염전하면 차도가 있었다. 2016.06.21

내가 봉사하는데 소요되는 모든 경비는 내가 스스로 부담했다. 각종 재료비는 물론, 통역비도 마찬가지였다. 식비나 항공료 등 매월 소요되는 경비도 적지 않은 금액이지만 큰아들이 지원해 주는 용돈과 내가 받는 연금으로 충당을 했다.

따바와센터 설립자인 사야도 큰스님은 내게 무척 고맙다며 개별 숙소와 별도의 침뜸치료실을 마련해 주었고, 관계자들도 나름 성의껏 대해 주었다.

따바와센터 어수선한 환경에 적응하기까지는 어느 정도의 시간이 필요했다. 날씨가 더우니 모든 문을 열고 자야 했다. 파리나 모기도 괴롭혔지만, 주인 없이 떠도는 큰 몸집의 개 수십 마리가 밤마다 울어 대는데 어찌나 시끄러운지 도대체 잠을 이룰 수가 없었다. 심지어 저녁때가 되면 은근히 불안하기까지 했다. 단전 단수도 문제였다. 하루에도 몇 번씩 물이 나오다마다 하고, 전기도 수시로 끊겼다.

식사는 사찰에서 먹을 수도 있었다. 하지만 점심만 가끔 식당을 이용하고, 아침과 저녁은 내가 직접 밥을 짓고 반찬을 만들어 해결해야 했다.

차츰 환경에 적응도 되고 치료실 준비가 끝나자 봉사실 담당 스님의 안내로 환자들이 방문하기 시작했다. 처음 한동안은 환자들이 많지는 않았다. 그때까지 그들은 침뜸에 대한 인식도 없었고 효과에 대한 의문도 있는 듯했다.

그곳에는 유난히 중풍으로 인한 편마비 환자가 많았다. 여자들의 냉대하도 적지 않았다. 아마도 낮에는 덥지만 밤에는 기온이 내려가는데도 불구하고 찬 바닥 생활을 해서 그런 것이 아닌가 하는 생각이 들었다. 식문화도 문제가 있어 보였다. 야채는 거의 먹지 않고, 소금을 듬뿍 치고 조려낸 돼지고기나 닭고기, 젓갈류를 많이 먹었다.

며칠 지나자 침 맞은 환자들의 입소문 탓인지 하루 4~50명 많게는 70여 명의 환자들이 매일같이 밀려들었다. 시간이 지나면서 양곤이나 먼 지역의 다른 도시에서도 환자들이 찾아오기 시작했다.

그때쯤 경제적 여유가 있는 사람들의 오랜 지병이 치료되면 제법 큰 사례금을 내놓는 경우도 있었다. 그러나 돈 받는다는 소문이 나면 가난한 환자들에게 부담이 될 것 같아 일체의 사례금은 받지 않았다.

저녁때가 되면 몸은 천근만근 지쳐갔지만 아침에 봉사실에서 나를 기다리는 환자들만 보면 다시 힘이 났다.

사찰에서 별도로 마련해 준 침뜸실. 내부는 점점 붐비기 시작했다. 위 2016.08.29. 아래 2016.12.21. 맨 아래 : 젊은 봉사자들에게 자극해야 할 경락의 혈을 지정하여 염전하도록 하고 나는 다음 환자에게 침을 놓았다. 2016.12.22

휠체어는 치료실 안으로 들어갈 수 없어 현관 밖에서 환자들이 휠체어에 앉은 채 침을 맞아야 했다. 2016.12.22

중증환자는 침상 위에 눕히고 시술을 했지만 경증 환자들은 의자에 앉혀놓고 치료를 했다. 이때 앉아서 침을 맞는 경우 훈침으로 쓰러지지 않는지 각별히 주의해야 한다. 훈침이 일어나면 즉시 발침하고, 십선에 사혈했다.

침 맞는 딸 옆에서 기도하는 어머니

2015년 6월 처음으로 따바와센터를 찾아 3일 동안 머물며 침을 놓았을 때부터 인연이 된 30대 여성은 꾸준히 침을 맞으러 치료실을 찾았다.

2년 전 중풍을 맞았다는데 후유증이 심해 혼자서는 휠체어도 못 탈 지경이었다. 게다가 언어까지 불능인 상태였다. 중풍 후유증 치료는 빠를수록 효과가 좋은데 시기가 너무 늦은 것 같았다.

침을 맞는 내내 50대 어머니는 늘 침대 옆에서 간절히 기도했다. 진한 모정에 가슴이 아파 나 또한 지극 정성으로 치료했다. 두 발로 걷기까지는 상당한 시간이 소요되었지만 어느 날부터 휠체어에서 내려 스스로 걸었다.

당시 환자들이 기거하는 병실은 흙바닥에 나무판자를 적당히 깔

딸의 중풍을 치료하기 위해 침을 놓고 있는 동안 그 어머니는 딸의 치유를 기원하며 기도하고 있었다. 2015.06.18

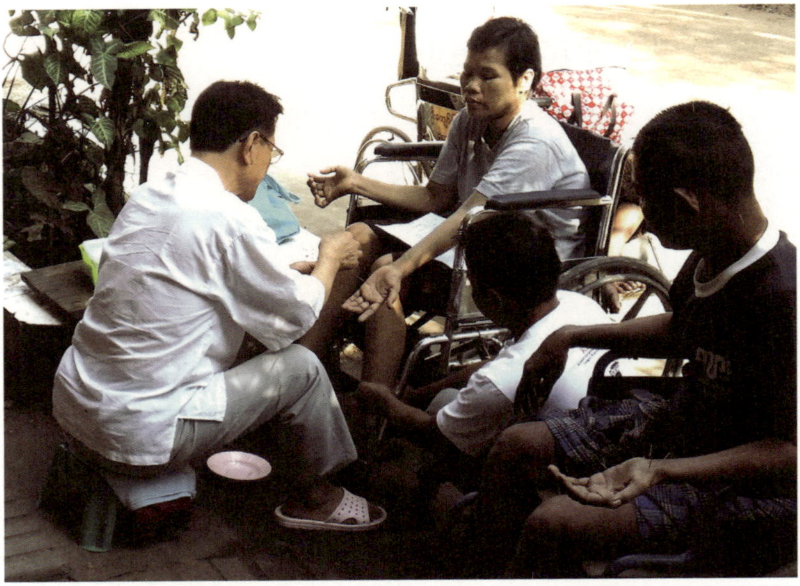

이 여성 환자도 걸을 수 있을 때까지는 침뜸실 앞에서 휠체어에 앉은 채 침을 맞았다. 2016.12.22.

아놓은 상태였다. 비라도 조금 내리면 통로에 물이 고여 질척거리고 침대마저 반듯한 것이 없었다. 몇 개월만에 다시 그곳에 갔을 때도 사정은 별반 나아지지 않았다.

내가 봉사실을 만드니 그런 치료 환경은 좋아졌다.

하지만 입구의 계단과 턱은 휠체어가 들어오지를 못했다. 할 수 없이 걷지 못하는 사람들은 밖에서 휠체어에 앉은 채 침을 맞아야 했다.

숙소에서 치료받던 그녀도 봉사실 앞에서 휠체어를 타고 침을 맞게 되었다.

숙소에서 치료실까지는 해외봉사자들이 환자들을 데리고 왔는

중풍으로 걷지도 못하고 언어 마비도 있어 침을 맞던 그(가운데)가 언제부턴가 걷고 말도 자연스럽게 하기 시작했다. 2020.01.28

데 영어를 잘하는 그녀가 말이 트이자 우선으로 데리고 오곤 했다. 역시 외국어를 잘하면 뜻밖의 환경에서도 도움이 되는 것 같았다.

이 환자는 화혈침, 전침, 직접구와 간접구, 묶음침 등 모든 치료법을 활용하여 2020년쯤에는 지팡이 없이 다닐 수 있게 되었다. 그렇게 되기까지 대략 3년쯤 걸린 것 같다.

세계 각국에서 모인 봉사자들도 함께

거동이 불편한 환자들은 해외 여러 나라에서 자원해 온 외국인 봉사자들이 업거나 안고 오는 경우가 종종 있었다. 그런 환자들의 경우 대부분 복장이나 위생 상태가 매우 불결했다. 냄새는 물론 대소변을 흘려 가까이 가기도 꺼려지는 환자도 많았다. 가끔 젊은 봉사자들이 이 환자들의 대소변을 거리낌 없이 닦아 내는 모습을 보면 '나도 더 분발해야겠구나'하는 생각이 들기도 했다.

자원봉사자들은 의대생, 간호사, 의사, 수의사, 일반 여행객까지 다양한 직업군의 사람들이었다. 대략 한두 달 정도 봉사하고 떠났다. 그렇게 성스러운 젊은 봉사자들과 교감하며, 그들과 손발을 맞추는 일도 매우 보람 있는 일이었다. 내가 환자들에게 침을 놓으면 그들은 나를 뒤쫓아 땀을 뻘뻘 흘리며 침 손잡이를 잡고 손가락을 움직이며 염전을 했다.

외국인 봉사자들은 침뜸의 효과에 매료되어 도우미 역할을 자청했다. '바늘'로 잠시 찔렀을 뿐인데 안 올라가던 팔이 움직이고, 꼼짝 못 하던 중풍 환자가 몇 번의 침치료 후엔 걸어 다니는 것을 보며 이들은 박수를 치고 환호했다. 참 보람도 있고 즐거운 시간이었다.

이들 봉사자들도 침의 효과를 눈으로 확인하고는 자신도 치료받기를 간청하는 경우도 많았다. 남자들은 대부분 허리나 발목 같은 근육질환 환자였고, 여성들은 생리통이나 냉대하, 요통과 같은 질환들이 많았다. 내게 침을 맞은 몇몇 외국인 봉사자들은 지금까지

외국에서 온 자원봉사자들이 침뜸치료 도우미로 참여해 내가 자침하면 그들이 염전을 하며 침지료를 도왔다. 위 2017.01.10, 중간 2017.01.02, 아래 2017.01.24

도 카톡이나 페이스북을 통해 간간이 소식을 전해 온다.

그중 특별히 기억에 남는 몇 사람 중에 아르헨티나에서 온 26세의 여의사 지오르지나(Georgina Bonnavita)가 있다. 나보다 한 달 먼저 그곳에 와 있었다. 그는 침뜸은 처음 보는 의술이라며 매우 신기해했다. 하루 이틀 환자들이 호전되는 모습을 보며 침뜸에 깊숙이 빠져들었다.

그는 요통과 생리통이 심하다고 하여 몇 번 만에 치료해 주었다.

그는 귀국일을 일주일 남겨놓고 고심하던 끝에 아르헨티나에 계시는 부모님과 상의 후 결국 2개월을 더 머물기로 했다. 그런 신기한 의술이 있다면 배워서 오라는 충고가 있었다고 했다.

본격적으로 침뜸을 배우겠다니 참 기특하고 보람 있는 순간이었다. 의사를 제자로 두게 된 형국이었다. 그는 젊고 의학적 지식이 풍부하니 배우는 것도 빨랐다. 화혈침 혈자리 외에도 중완과 사관 또는 팔관에도 침을 익숙하게 놓았다.

두 달간 열심히 공부한 뒤부터는 몇몇 환자를 직접 도맡아 침을 놓았다. 그렇게 몇 가지 질병에 대한 침뜸의 효능을 몸소 체험하기도 했다. 그가 따바와센터를 떠날 날이 다가오자, 한 가지라도 더 가르쳐 주려 애를 썼다. 아르헨티나로 돌아가는 그에게 선물로 침과 뜸쑥을 챙겨 주며 아쉬움을 달랬다.

그는 귀국해서도 카톡으로 침뜸치료에 관한 질문을 수시로 보내왔다. 심지어 코로나 예방 및 치료에 관한 방법에 대하여도 임상과 연구를 계속하고 있다고 했다. 지금은 전문의가 되었고 결혼도 했지만 언제라도 아르헨티나에 오신다면 자기 모교에서 특강도 섭외

위: 좌로부터 영국 간호사, 이스라엘 예비역 군의관, 정일교, 아르헨티나 의사 지오르지나 등 해외 의료봉사자들. 2016.08.31.
아래: 이탈리아와 남미 쪽에서 온 자원봉사자들. 2017.01.10

하겠다며 초대하기도 했다.

또 한 사람. 이름이 잘 기억이 나지 않지만, 이스라엘의 군의관 출신 봉사자가 나를 이스라엘로 초청하고 싶다고 했다. 그 역시 젊고, 매우 적극적이고 당찬 이미지였다. 신중하고도 자신감 있는 목소리로 만일 내가 그의 초청에 따른다면 정부에서 많은 것들을 지원받을 수도 있을 것이라고 했다. 나로서야 고마운 일이지만 언어도 안되고 나이도 많아서 새로운 길을 걷기엔 너무 먼 길이었다. 정중히 감사의 인사로 대신하고 말았다.

침 맞는 엄마 옆에서 아가는 잠들어

2016년 8월, 한번은 젊은이 두 사람이 정신질환을 앓고 있는 환자를 데리고 왔다. 1살 정도 된 아이 딸린 33세의 여성이었다.

봉사실 근처에서 2~3일을 넋이 나간 듯 배회하다 4일째 탈진 상태로 길바닥에서 발견되었다. 아기가 옆에서 울고 있어서 둘러업고 왔다고 했다. 환자는 두렵고 긴장한 몸짓을 하고 있었다. 어디가 어떻게 아픈 환자인지 알 수도 없었다.

일단 마음을 좀 진정시키고자 음료수를 한잔 권했다. 잠시 시간이 지나 조심스레 팔다리에 화혈침을 놓았다. 그리고 머리 쪽의 독맥 라인과 뇌호, 천주, 풍지에 자침하고 뇌로 가는 경혈과 심화(心火)를 다스리는 노궁, 소부에 집중적으로 염전 자극해 주었다.

그러자 얼마 지나지 않아 처음 보이던 거친 몸부림도 잦아들었다. 눈빛이 선해지니 일단은 마음이 놓였다. 그런 와중에도 땟물에 찌든 젖꼭지를 물고 있는 아기는 천사의 모습으로 잠을 자고 있었다.

딱히 갈 곳도 없는 것 같아 당장 며칠이라도 보살펴 주기로 했다. 급한 대로 봉사실 구석에 치마를 둘러쳐 자리를 마련하고 내 식

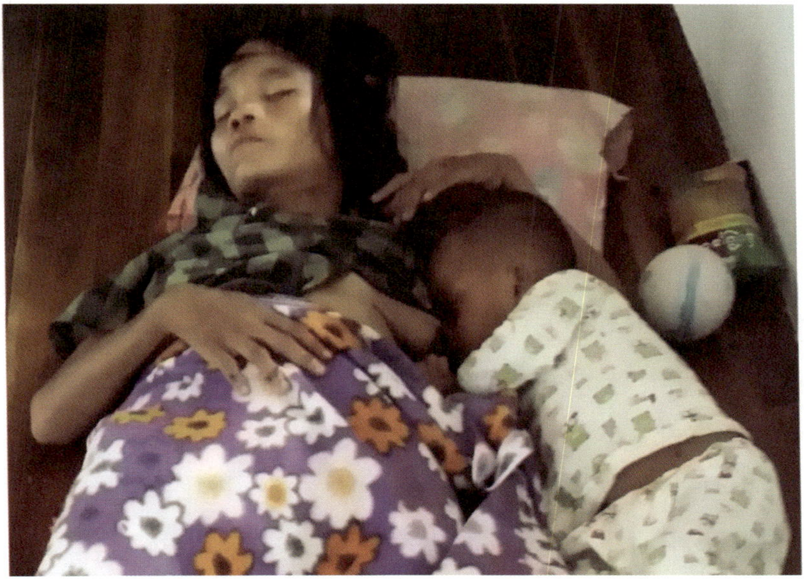

남편이 가족을 버리고 떠나버리자 아이 엄마는 정신이 나가 미쳐버렸다. 엄마가 침을 맞고 쉬는 중 아기도 그 옆에서 잠이 들었다. 2016.08.05

사를 도와주는 분에게 죽을 끓여 주도록 했다. 한국에서 준비해 온 비타민도 챙겨 주었다. 그렇게 4~5일을 치료하니 마음이 열리는 듯 조금씩 말도 하고 미소로 인사를 나누게 되었다.

저간의 사정을 들어보니 남편이 가족을 버리고 집을 나가버리자 그 충격으로 우울증과 영양부족 등으로 정신이상 증세를 나타낸 것 같았다. 며칠간이나마 식사도 제대로 챙기고 집중 치료를 하니 표정도 한층 밝아지고 많이 회복된 후에 어딘가로 떠나갔다.

그렇게 떠난 후의 사정은 듣지 못했다. 그래도 아이와 함께하는 가난한 여인의 곤궁한 삶이 얼마나 힘들까 가끔 생각이 나곤 했다.

하반신 마비 소녀, 일어나 앉고 서고 걷다!

내가 2016년 6월에 도착해 봉사를 시작했는데 9월에 14살 소녀를 아버지가 업고 왔다. 따바와센터에서 20여 분 거리의 가난한 마을에 사는 릴라. 환자를 보니 매우 야위고 영양도 부족해 보였다. 이야기를 들어보니 몇 개월 전 갑자기 하반신 마비가 되어 온갖 치료를 해 보았지만 차도가 없다고 했다. 나를 쳐다보는 간절한 소녀의 눈빛에 가슴이 아팠다. 나는 그에게 희망을 주고자 한마디 했다.

두 손을 잡고 눈을 바라보며 "너는 일어설 수 있다"라고 하니 소녀와 부모는 말없이 눈물을 흘렸다.

그런 환자는 처음이지만 그간 경험으로 대부분 지극한 마음으로 치료하면 어떤 식으로든 감응이 온다는 확신이 있었기 때문이었다. 나는 소녀를 일주일에 세 번씩 치료하면서 시간도 충분히 배려했

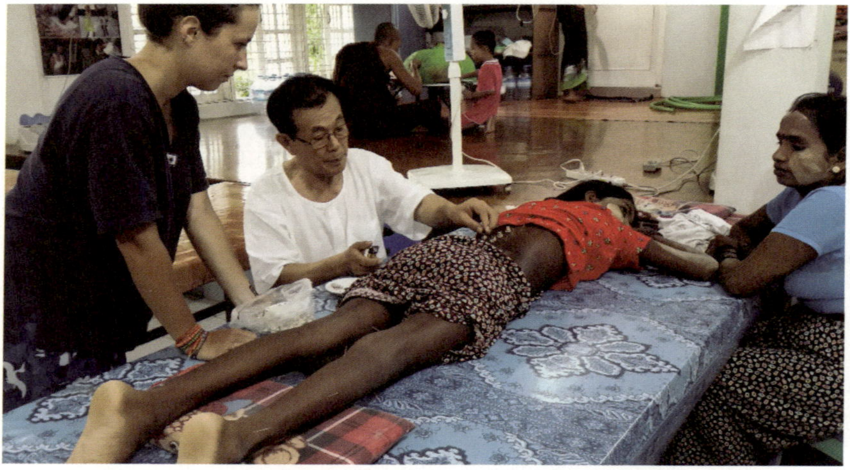

척추마비 소녀 릴라 치료에 아르헨티나 여의사 지오르지나가 보조로 참여했다. 2016.09.02

하반신 마비였던 릴라가 일어나 앉았다. 2016.09.27

다. 미얀마는 더운 나라지만 계절에 따라 낮에는 더워도 밤이 되면 기온이 내려간다. 게다가 침실 바닥도 차가운데 침구류마저 충분치 않으니 한기가 침습하여 생긴 마비라고 생각되었다.

우선 한국에서 가지고 간 종합 비타민제를 매일 먹도록 하고 12개의 화혈과 열결, 후계에 침을 놓았다. 척추의 협척혈과 신유, 앞

인도계 미얀마 소녀 릴라. 일어나 앉아
감사의 인사를 했다. 2016.09.29

에서는 중완과 중극, 수도, 관원, 족삼리, 곡지에 간접구인 알뜸을 떠주었다. 침은 염전을 하기에 적합한 0.25×15밀리 규격으로 사용했다. 소녀는 첫 번째 치료에 몸이 한결 가볍고 따뜻해진다며 만족해했다.

나는 그에게 누워서라도 계속 몸을 움직이고 하루 한 시간 이상

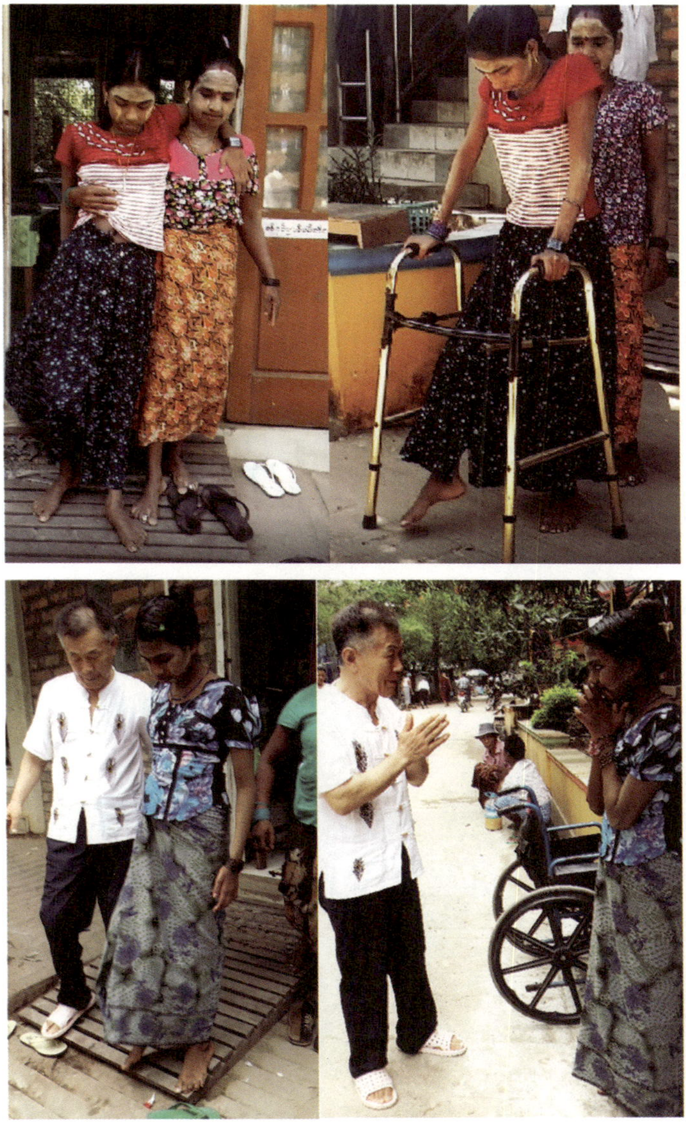

위: 보행 보조기를 짚고 걷기 시작했다. 2016.12.26.
아래: 릴라가 홀로 걸어 나와 감사의 합장을 했다. 2017.05.23

운동하라고 이야기해 주었다. 그렇게 심혈을 기울여 일주일 정도 시술하니 굳었던 근육과 관절들이 조금씩 풀리는 것 같았다. 그때쯤 일어나 앉아보라고 했다. 억지로 두 팔로 버티며 앉았다. 본인도 부모님도 너무나 놀라워하며 기뻐했다.

그렇게 한 달 정도 치료를 하자 몸도 따듯해지고 팔다리를 굽힐 수도 있게 되었다. 아직은 다소 무리일 듯했지만 일어서 걸어 보라고 했다. 어렵게 어머니의 부축을 받으며 일어서 불안하게나마 몇 걸음 뗄 수 있게 되었다. 나는 그에게 단호히 말했다.

"지금까지는 내가 도와주었지만 이제는 너 스스로 치료해야 할 때가 되었다."

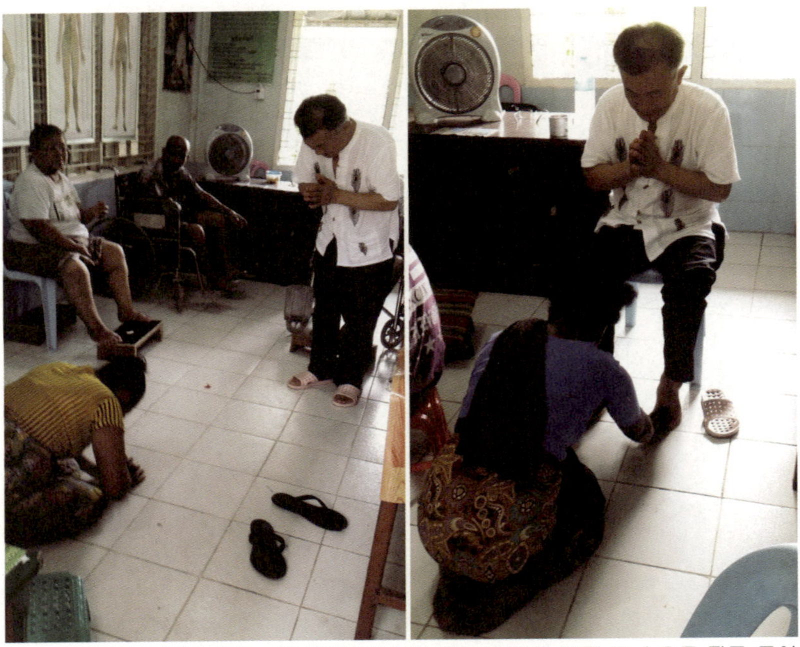

릴라의 엄마가 삼배를 하고, 이모가 발에 입을 맞추고 양쪽 발을 두 손으로 잡고 무어라고 기도하는데 나도 모르게 눈물이 났다. 2017.05.23

2020년 1월 한국에서 탐방팀이 방문했을 때 릴라가 사는 곳을 방문했다.
가족과 이웃들이 함께 평화롭게 생활하고 있었다. 2020.01.31

"침은 일주일에 한 번만 맞고 어떠한 일이 있어도 매일 두 시간씩 걸어야 한다."

이렇게 말하고 돌려보낸 뒤 일주일 지나서 그 아이의 엄마와 이모가 함께 약간의 과일을 들고 찾아왔다. 소녀는 자연스럽지는 않았지만 혼자서 지팡이를 짚고 걸어서 들어왔다. 그들은 나에게 인사를 드리겠다며 땅바닥에서 삼배하고, 내 발등에 입맞춤하며 감사의 눈물을 흘리고 있었다.

나 또한 부처님께나 올리는 삼배를 받고 보니 그간의 피로가 다 사라지고 하늘을 날 것 같았다. 내가 봉사실을 운영하고 겪은 가장 극적이고 보람 있었던 환자로 기억에 남는다.

물론 놀라운 치료 사례들이 무수히 많지만 봉사 초창기의 일이라 이 소녀의 치료를 계기로 급격히 소문이 퍼지게 되었다. 치료실에는 환자들이 줄을 서게 되었다.

나를 볼 때마다 삼배하는 미얀마의 두 여인

샌디와 하니. 두 사람은 3년 차로 나에게 침뜸치료를 받았다. 각각 심각한 당뇨와 오래된 해수를 치료한 후 스스로 찾아와 내 곁에서 그림자처럼 헌신적인 봉사를 한 현지 여인들이다.

그들은 내가 미얀마에서 출국하거나 한국에서 돌아올 때면 약속이나 한 듯 언제나 땅바닥에 엎드려 삼배의 예를 올린 후 발등에 입맞춤한다.

보통 살아계신 부모나 스승께는 단배(單拜)를 올리고 돌아가신 조상께는 재배(再拜)하는 것이 일반적인 동양의 예법이다. 삼배는 부처님께나 올리는 최고의 경배인데 내게 하는 것이다.

가끔은 사람들의 시선을 아랑곳하지 않고 맨바닥에서 삼배를 받을 때마다 내가 이런 대우를 받을 자격이 있나 하는 자문과 함께 내 몸가짐을 더욱더 경계하게 된다.

감사의 마음으로 돕는 샌디는 영어가 능통

먼저 샌디와의 인연이다. 그가 따바와센터로 나를 찾아온 것은 2016년 9월의 어느 저녁이었다. 다섯 시쯤. 그날의 봉사를 끝내고 마무리하는데 한눈에 보아도 피골이 상접한 중증 환자가 업혀 들어왔다.

기력이 없어 말도 제대로 못 하는 지경이었다. 일단 환자의 상태를 알 수 없어 혈당을 측정해 봤다. 당 수치가 450이나 되었다. 병력도 모르고 어떻게 손을 써야 할지 난감하기 짝이 없었다.

일단 손발 끝의 십선혈을 모두 따서 약간의 방혈을 했다. 이어서 12정경의 화혈과 임맥과 독맥의 교회혈인 열결과 후계, 그리고 백회에 자침했다. 특히 당뇨에 직접적 관련이 있는 족태음비경과 족양명위경의 화혈을 집중적으로 염전하여 자극해 주었다.

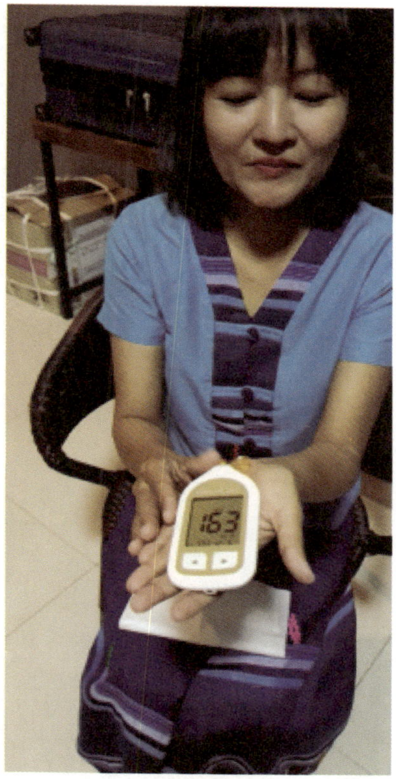

당뇨 수치가 낮아졌다며 보여주는 샌디. 2018.12.03

당시에는 아직 뜸은 배우기 전이라 오직 침만으로 치료했다. 그렇게 30분 치료하고 발침 후 혈당을 측정했다. 450이던 혈당이 390으로 낮아졌다. 환자의 표정도 조금은 편안해 보이는 것 같았다. 일단 돌려보내고 다음에 다시 오라고 했다.

다음 날 오후. 약간 부축받긴 했지만 제 발로 걸어 들어왔다. 그날도 일단은 같은 방식으로 침을 놓았다.

3일째 되는 날부터는 등 쪽의 간유와 비유, 위유에도 자침을 했다. 그날부터는 상태가 아주 좋아졌다. 환자의 표정도 밝아지고, 부축 없이 걸어와 정중하게 감사의 인사를 했다.

그렇게 어느 정도 신뢰가 쌓이자 치료를 마친 후 통역을 통해 자

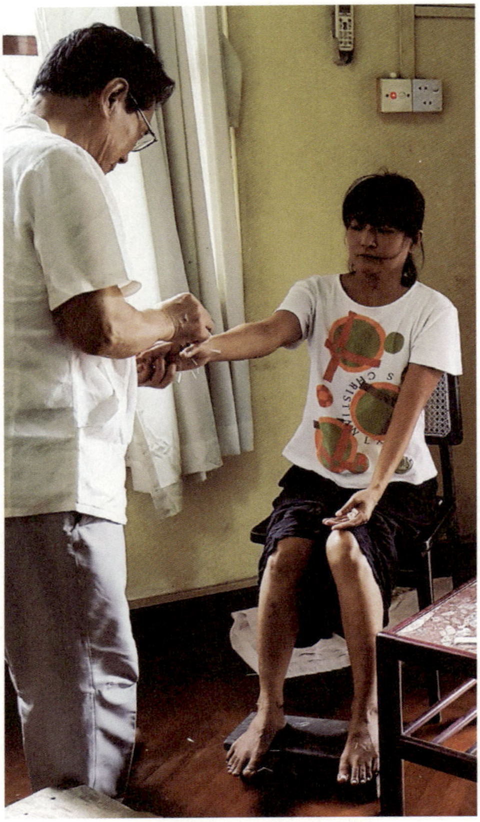

침 맞는 샌디.
2019.06.15

세한 병증과 가정사를 듣게 되었다. 이름은 샌디. 나이는 43세라고 했다. 그녀는 군 장교를 지낸 아버지 밑에서 자랐고, 양곤대학 물리학과를 졸업한 엘리트였다. 말하자면 우리의 서울대학교와 같은 최고의 국립대학교다. 영어에도 능통하여 해외에서 온 봉사자들과 스스럼없이 의사소통을 했다. 한마디로 부유한 가정에서 외동딸로 태어나 공부까지 잘했으니 비록 국가는 가난했지만 어려움 없이 살아온 여인이었다.

20대 초반 샌디는 사업을 하던 어머니의 소개로 만난 남자와 결혼을 하여 딸 하나를 낳았다고 한다. 그런데 남편이 한국에 산업연수생으로 들어와 돈을 벌자 의견충돌이 잦아지고 끝내는 이혼하게 되었다고 했다.

결국 샌디의 당뇨는 이혼 과정에서 입은 배신감과 스트레스가 불면증과 소화불량을 일으키고 그 심화가 발병 요인인 듯싶었다. 설상가상 외동딸에게 남자를 소개해 준 어머니도 딸의 가슴앓이와 발병을 안타까워하다가 마음의 병이 악화되어 돌아가셨다고 했다.

그런 상태에서 몸도 마음도 지치자 따바와명상센터에서 수양과 치료를 하고자 왔다고 했다. 그 말을 듣고 특히 정신적 스트레스와 심화를 풀고자 심경의 화혈, 머리로 통하는 독맥의 교회혈, 방광경과 담경의 화혈을 강하게 염전 자극했다. 예상대로 마음도 몸도 안정을 되찾는 것 같았다. 특히 심경의 신문, 음곡, 통리, 영도를 관통하는 횡자 침법은 마음의 평정을 찾는 데는 탁월한 효과가 있었다.

이즈음 아르헨티나 의과대학생 지오르지나가 한 달의 일정으로 의료봉사를 왔다가 침에 빠져들기 시작할 무렵이었다. 그때부터 자침은 내가 했지만 염전 자극은 지오르지나의 몫이 되었다.

지오르지나는 샌디에게 운동과 음식 등 섭생에 대하여 다양한 조언을 해 주었다. 샌디도 며칠간의 치료로 본인의 건강이 회복됨을 느끼자 운동도 열심히 했다. 그렇게 치료와 운동, 식사를 조절하니 하루가 다르게 혈당이 내려가 2주 정도가 지나니 혈당은 200까지 낮아졌다.

샌디도 나도 지오르지나도 다 같이 놀랐고 즐거운 치료가 계속

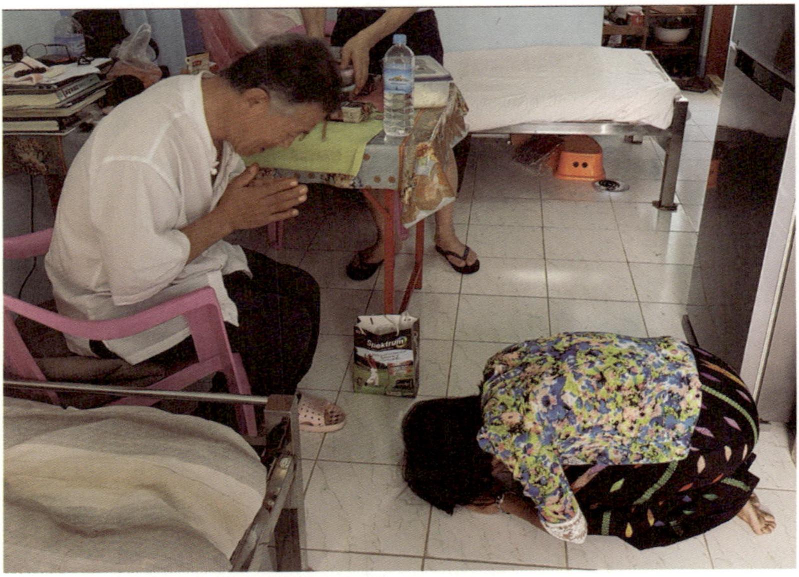

감사의 뜻으로 바닥에서 삼배하는 샌디. 2018.01.12

되었다. 처음 염전 자극만 돕던 지오르지나는 끊임없는 질문과 공부를 통해 화혈과 사관 및 팔관 등의 혈자리에 간단한 침시술은 능숙하게 했다.

이때부터 확실히 몸의 변화를 감지한 샌디는 아침과 저녁으로 누구의 시선도 의식하지 않고 진료실 바닥에 엎드리며 나에게 삼배를 시작했다. 나 또한 더더욱 정성을 기울이며 두 달쯤 지나니 혈당 수치는 식후 150 정도로 낮아져 거의 정상을 유지하게 되었다. 그뿐 아니라 가슴에 응어리진 화도 많이 사라지니 안색도 평온하고 밝게 바뀌어 병색이라곤 찾을 수가 없었다.

침의 신비롭고 위대함을 다시 한번 체감하는 계기가 되었다. 진리는 단순하듯 치료법도 간단명료했다. 12개 정경의 화혈과 임맥

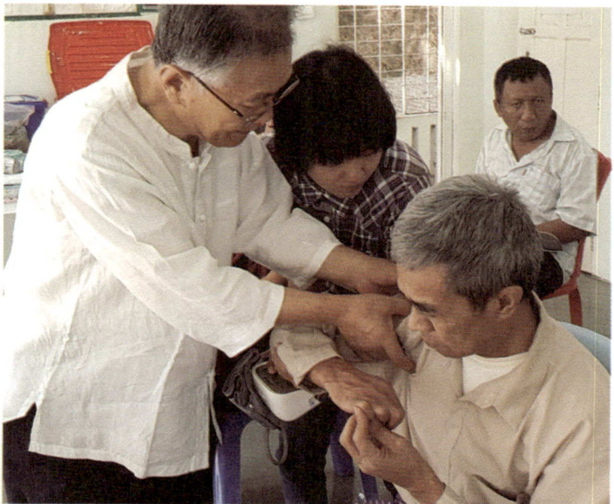

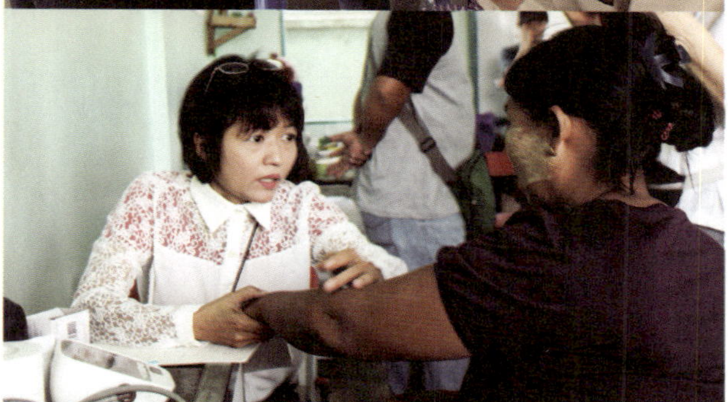

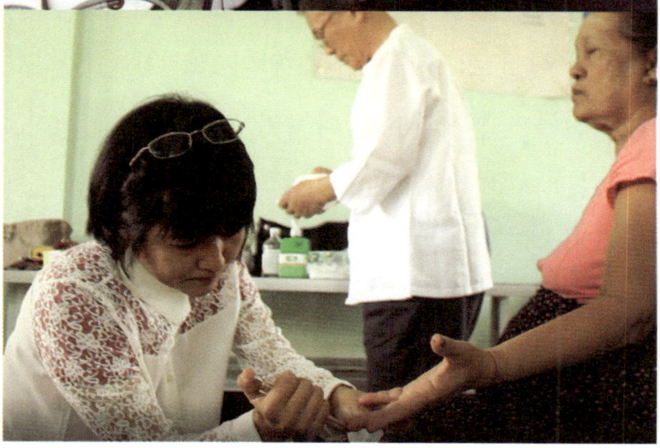

위: 지근 거리에서 돕는 샌디. 2020.02.24
아래: 접수를 돕고, 십선 따기도 능숙하게 했다. 2020.01.31

독맥의 교회혈인 열결과 후계, 백회에 자침하고 당뇨의 원인 장부로 알려진 비유와 위유, 그리고 심화를 꺼주기 위해 심유에 집중적인 염전 자극을 한 것이 다였다. 물론, 하루도 빠짐없는 적극적인 운동과 채식, 소식 위주의 식단관리도 큰 도움이 되었을 터였다.

그렇게 3개월쯤 지나 치료를 마무리할 무렵 샌디는 나에게 치료실에 나와 침뜸봉사를 돕겠다고 자원했다. 마음은 기특하지만 좀 더 안정과 휴식을 하라고 했다. 해외에서 온 자원봉사자들도 많았지만 갖가지 환자들과 부대끼는 것이 정신적으로나 육체적으로 보통 일이 아니기 때문이었다.

그렇게 돌아간 샌디는 적어도 일주일에 한 번쯤은 비싸고 귀한 여러 가지 과일들을 몇 박스씩 들고 봉사실을 방문했다. 나에게 삼배하고는 환자들에게 그 과일을 나눠주곤 했다.

그러다가 2017년 말경 샌디는 아예 봉사를 위해 그곳 근처로 거처를 옮겼다. 진료기록부도 3천 명이 넘으니 체계적인 관리가 필요한 때였다.

비록 한국말은 못 했지만 머리가 명석하니 영어로 작성하고, 번역기를 돌려가며 일일이 한글로 그리듯 토를 달아 정리해 주었다. 또 아침마다 번호표를 만들어 환자들에게 나누어 주며 순서를 정하는 것도 샌디의 몫이었다.

내가 한국에 들어오면 샌디는 양곤으로 돌아갔다가 내가 돌아가면 언제나 그림자처럼 수행하며 도움을 주었다. 그녀는 명석하고 예의도 바르지만 사회 의식도 깨어있는 지식인이었다.

기침이 멎은 하니는 가는 곳마다 비서 자처

또 한 사람의 진성 팬, 하니(Honey Ko)와의 만남은 2019년 3월 시작되었다. 그의 나이 43살 때였다. 25년 전 여고 시절부터 왼쪽 어깨 뒤가 아프고 해수가 심하다고 했다.

양곤 시내의 부잣집에서 자랐지만 건강 때문에 대학도 못 가고 온갖 치료를 받으러 다녔는데 효과가 없었다고 했다. 그렇게 여기저기 치료받으러 다니던 중 따바와마을에 오게 됐다는 것이다.

나를 만나 잠시 대화를 나누는 중에도 끊임없이 잔기침을 해댔다. 나는 그녀를 엎드리게 하고 양쪽 폐유에 0.25×15밀리 침으로 계족침(닭 발가락과 같은 형태로 침 세대를 60도 정도로 비스듬히

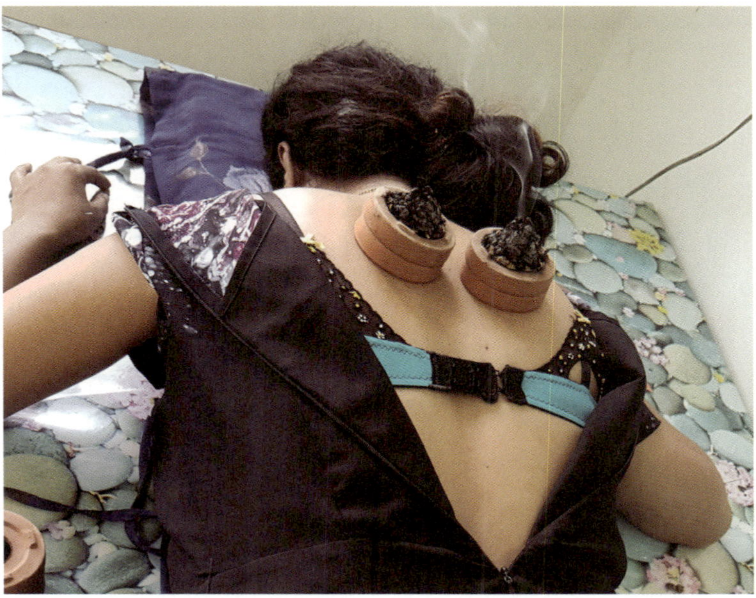

처음 해수(기침)로 왔을 때 폐유에 계족침 놓고 왕쑥뜸을 한 후 다음 날 좋아졌다고 했다. 2019.12.27

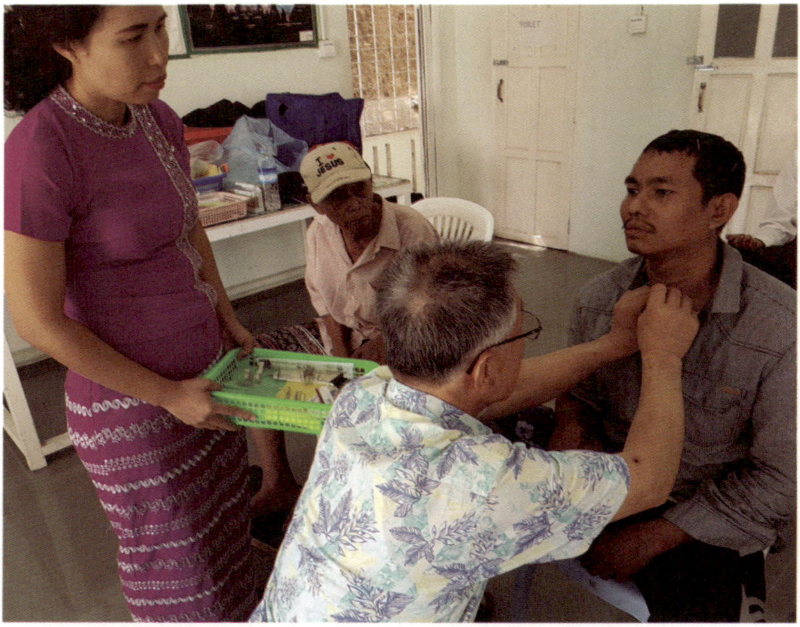

내가 환자를 치료할 때 옆에서 보조하는 하니 2020.01.27

세워 침첨은 벌리고 침병은 가지런히 모이게 놓는 침)으로 놓고 그 위에 왕쑥뜸을 간접구로 올렸다.

그리고 대추혈과 건측(왼쪽 어깨가 아프다고 하니 오른쪽이 건측)의 수족 화혈에 침을 놓았다. 그리고 폐경의 어제와 방광경의 곤륜을 집중적으로 염전하여 자극해 주었다.

그렇게 대략 30분 정도의 치료가 끝나자 그녀의 표정이 달라졌다. 가슴을 펴고 심호흡을 몇 번 하더니 등 뒤에 붙어있던 무언가가 떨어져 나간 듯 시원하고 기침을 해도 통증이 없다고 했다. 치료가 될 것 같은 좋은 느낌이 왔다.

그다음 날도 똑같은 방식으로 30여 분의 치료를 하고 보냈다.

그런데 3일째는 먹음직스러운 과일과 음료를 많이 사 들고 왔다. 매일 새벽이면 어김없이 기침으로 고통스러운 하루가 시작되었는데 이제 기침이 멎었다며 뛸 듯이 기뻐하는 것이었다. 그녀야 말할 것도 없지만 나 또한 어깨춤이 나올 것 같았다. 누가 뭐래도 이런 즐거움 때문에 침 봉사를 하는 것 아니겠는가.

그렇게 인연이 되어 그녀의 오랜 사연을 하나하나 듣게 되었다. 결혼하여 딸 하나를 두었지만 기침 때문에 결국은 이혼을 했다고 했다. 한국 사람이 운영하는 다단계에 빠져 손해를 본 이야기도 했다. 대략 한화 2천만 원 정도를 투자하고 침대를 파는 대로 수익금을 갖는 시스템인데, 결국 화려한 상술로 포장한 사기에 당한 것이었다. 그로 인해 부모님들은 한국인이 가장 싫어하는 증오의 대상이 되었다고 했다.

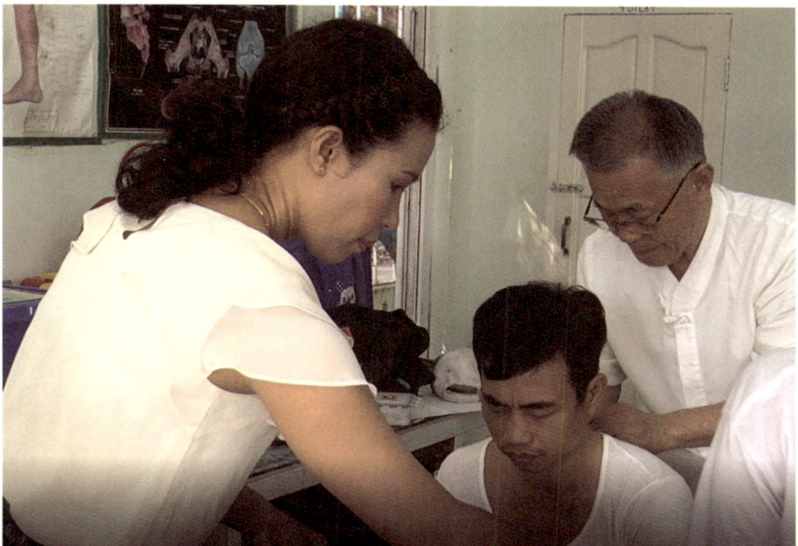

치료순서에 맞게 물품을 준비해 보조해 준다. 2020.01.30

그런데 아이러니하게도 그렇게 미워하는 한국인에게서 수십 년 고질병을 치료받은 셈이었다. 하니는 선생님을 집으로 초대하고 싶지만 부모님이 한국인을 너무나 싫어해 어쩔 수가 없다며 안타까워했다.

그래도 그녀는 매월 두 번 이상 빵과 우유, 과일 등을 택시에 싣고 와 봉사자들은 물론, 환자와 길거리를 다니는 어린아이들에게까지 다 나누어주는 정성을 보이곤 했다. 내가 별도로 돈을 받지 않으니 자기가 할 수 있는 최고의 공양을 바치는 것 같았다.

처음 세 번에 기침을 멈추자 그녀는 나를 믿고 대추와 풍문, 폐유, 고황에 직접구를 떠달라고 했다. 뜸도 미립대(쌀알 크기)로 다장을 하니 무척이나 뜨겁겠지만 잘도 참아 넘겼다. 역시 믿음의 힘이란 위대한 것이었다.

그렇게 그녀의 어깨 통증과 기침은 완전히 멈추게 되자 유사한 난치병 환자들이 줄을 이어 찾아왔다. 특히 기침환자는 10여 명이 왔는데 치료 기간은 조금씩 달라도 하나같이 탁월한 효과가 있었다. 그로서 오랜 기침환자는 풍문과 폐유, 대추만 잘 다스려도 탁월한 효능이 있다는 것을 다시 한번 깨닫는 계기가 되었다.

그렇게 해수를 치료한 하니는 내가 따바와센터에서 치료하는 동안 계속해서 빵과 과일 등 많은 음식 공양을 베풀었다. 그뿐 아니라 가끔 주말에 양곤 시내 호텔에서 치료라도 하게 되면 으레껏 나와 수발을 들거나 비서 역할을 자진하곤 했다.

따지고 보면 누구의 잘잘못을 떠나 그 두 사람 다 한국과 관련한 아픔을 간직하고 있는 사람들이니 더욱 각별하게 기억이 된다.

가난한 이주민의 터전 15피트 마을 상아핏

따바와센터에서 걸어서 30분 정도 떨어진 곳에 도시 빈민들의 해방구로 지어진 상아핏 마을이 있다. 도로, 주택, 하수 등 모든 생활환경은 열악하기 짝이 없었다. 6.25전쟁과 탄광촌의 궁벽한 삶을 살아온 나로서도 감내할 수 없을 정도였다.

2000년대 초에 마약에 중독된 젊은이들을 따바와센터에서 명상으로 치유하여 사회에 복귀시킨 이야기가 알려져 많은 보시가 들어와 설립된 마을이라고 했다.

양곤에서 밀려난 도시빈민들이 사는 이 마을의 가구당 배당 면적이 15피트라고 했다. 미터로 환산하면 사방 5미터도 안 되는 그야말로 손바닥만 한 오직 하나의 공간으로 꾸려진 집이다.

숫자 15라는 뜻의 마얀마 말이 '상아'라서 15피트 마을이라는 뜻으로 상아핏마을이라고 불렸다. 내가 상아핏이라는 발음이 잘 안 되어 자꾸만 상피아마을이라고 한다. 그래도 현지인들은 그냥 상아핏 마을이라고 이해해 주었다.

멀리서 바라본 상아핏 마을. 2016.11.20

위: 상아핏마을의 15피트 대나무 집. 2017.02.03
중간: 우기엔 골목이 질퍽해 걸쳐놓은 판대기를 밟고 다닌다. 2015.06.18
아래 : 상아핏마을에 몇 개 있는 공중화장실. 2016.08.27

15피트의 집은 대부분 비슷한 형태로 만들어졌다. 보통은 6개의 기둥과 대나무를 엮어 만든 벽체와 마루 그리고 볏짚이나 비닐 등으로 지붕을 씌운 원두막 형태다.

우리나라의 6.25전후 넝마 쪼가리로 우그려 만든 피란민촌도 이보다는 나았을 것이다. 대략 3천 가구에 1만2천명 정도가 거주한다니 그 좁은 방 한 칸에 평균 네 명이 복작거리며 살아간다는 이야기다.

화장실은 당연히 공중화장실이다. 문제는 그 많은 사람들이 거주하는 곳에 각각 6칸짜리 화장실이 총 4개소 밖에 없었으니 언제나 긴 줄을 서야 할 정도다. 그마저도 우기 때는 변을 흘려보낼 수가 있으니 사용하도록 하지만 건기에는 문을 닫아 각자 알아서 해결한다고 했다.

지대도 낮고 도로는 비포장이다 보니 우기에는 질퍽한 수렁 위에 지그재그로 걸쳐놓은 나무 판대기를 요리조리 밟고 다녀야 한다. 사람이 이렇게도 살 수가 있을까 할 정도로 최악의 환경이었다. 어디나 그렇듯 가난하고 환경이 불결하면 온갖 환자가 넘쳐난다.

15피트 마을에서 따바와 봉사실까지 정상인이라면 무리 없이 걸어올 수도 있겠지만 환자들로서는 쉽지 않은 거리다. 어쩌다 오토바이라도 불러서 오려면 우리 돈 800원 정도는 주어야 하는데 그 돈을 부담하기가 만만치 않은 사람들이었다.

그런 저간의 사정을 감안해 특별한 일이 없으면 한 달에 두어 번은 주말에 마을을 방문하여 봉사했다. 짧은 거리라도 오토바이 두

위 : 2016년 당시 상아핏마을의 명상센터는 초등학교 교실로 이용되고 있었다. 2015.06.18. // 아래 : 상아핏마을에 현대건설이 초등학교를 짓고 있다. 2016.08.27

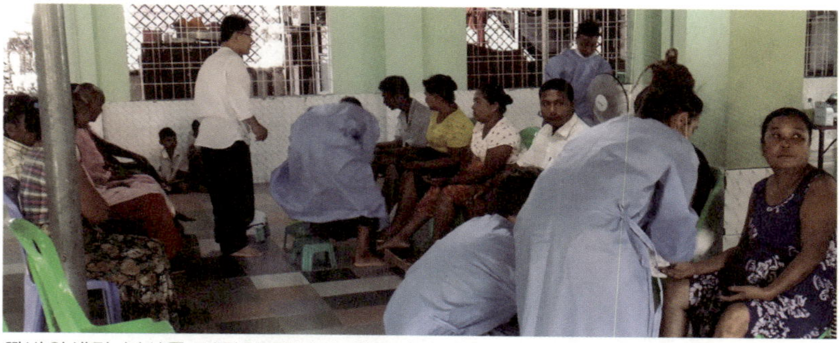

따바와센터 봉사를 시작할 때부터 치료실이 쉬는 주말에는 상아핏 마을에 침뜸봉사를 갔다. 현대건설에서 학교를 지은 후에는 이 마을 침뜸봉사는 그 교실에서 했다. 2016.12.31

대에 물건을 정리하여 실어 보내고, 봉사팀도 몇 명은 꾸려야 하기에 간단치는 않았다.

마을 가운데 스님들이 법문교화를 하고, 거주도 하는 2층 집이 있는데 식당으로 사용하는 1층 공간에서 환자들을 모아 침뜸치료를 했다.

그런데 침대도 없고 주로 의자에 앉아서 치료하다 보니 고령자나 연약한 사람들에게서 종종 침훈이 발생하여 늘 긴장해야만 했다.

장소도 협소하고 봉사자도 많지 않지만 침 맞겠다고 오는 환자는 언제나 넘쳐났다. 그곳에 봉사를 다녀온 날이면 온몸이 파김치가 되곤 했다.

그래도 그 마을 사람들이 평일엔 양곤 등지로 일을 나가는 사람들이라 주말이 아니면 치료를 못 받으니 어쩔 수 없었다.

2020년 허임기념사업회 관계자들 방문 때 상아핏마을 초등학교

지금은 2016년도에 비하면 엄청나게 깨끗하고 좋아진 상태다. 그 당시엔 초등학교도 건물이나 운동장 등의 시설들이 학교라 말할 수도 없을 정도였다. 연중 6개월이 우기인 나라에서 대나무로 학교를 지었으니 비 오는 날이면 수업도 엉망이 된다. 비가 새 책과 가방이 젖으니 제대로 수업할 수가 없다. 게다가 아이들 800여 명이 모여 공부하기엔 과밀한 상태였고, 더욱이 붕괴 위험마저 도사리고 있었다.

거기 그 자리에 2017년도에 현대건설이 멋진 학교를 지어주었다. 오가며 현대건설의 마크를 보고 공사장에 한국인이 있을까 하여 두 번이나 현장 사무실을 찾아갔으나 현지인들만 있고 한국인은 없었다.

그래도 오가며 현대건설이 후원하여 건물을 지어 기증했다는 표지문을 볼 때마다 가슴이 뿌듯했다. 이곳 현지 사람들도 한국인인 나를 다시 보는 것 같았다.

친정이 잘 살아야 시집간 딸이 힘을 쓴다는 말처럼 그 앞을 지날 때마다 늘 기분이 좋고 어깨에 힘이 들어가곤 했다.

그러던 차에 2020년 2월 허임기념사업회 관계자들이 왔을 때 그 학교 강당에서 침뜸봉사를 하게 되었으니 그 어느 때보다 뿌듯하고 의미 있는 봉사가 되었다.

배우고 익힌 침뜸법과 그 효능

침구사들은 대체로 저마다 특화된 침구시술 방식이 있다. 그러나 나는 어떠한 하나의 침법이나 치료 방법만을 고집하지는 않는다.

환자에 따라 화혈을 중심으로 쓰기도 하지만 경락의 경로를 살피고, 모든 경혈과 아시혈을 필요에 따라 취혈하여 쓴다. 시술 방법도 침을 기본으로 하지만 직접뜸, 간접뜸, 전침(電鍼), 부항 등 가장 적합한 방법을 선택한다.

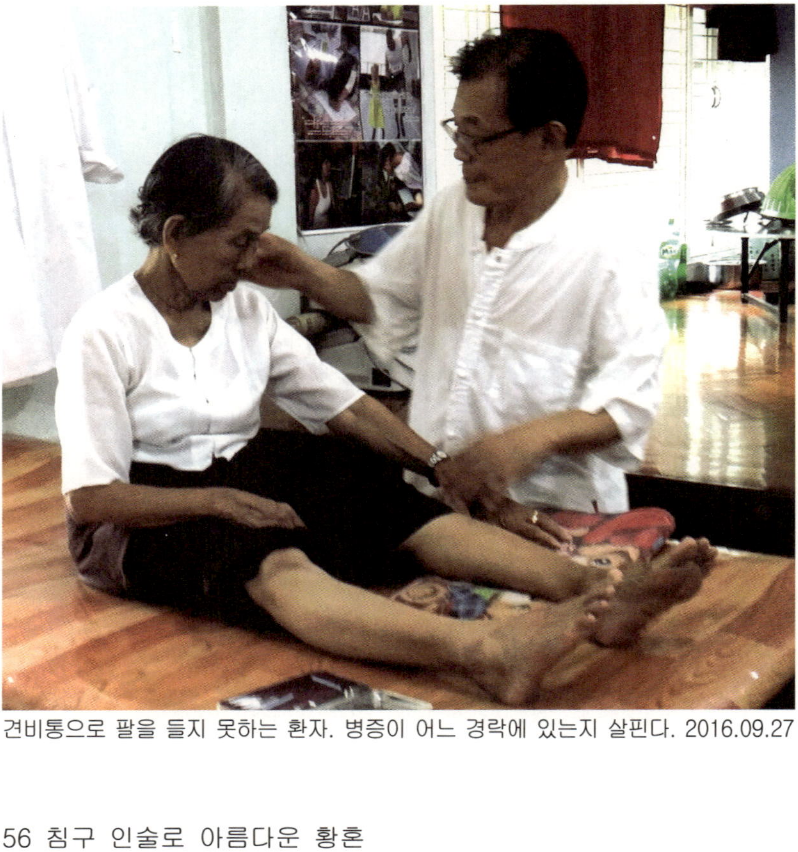

견비통으로 팔을 들지 못하는 환자. 병증이 어느 경락에 있는지 살핀다. 2016.09.27

침을 놓고 병증이 있는 곳으로 지나는 경락의 건측 혈(주로 화혈)을 집중적으로 염전하면 움직이지 못하던 팔을 점차 들어 올리기 시작한다. 2016.09.27

중완이나 중극, 수도 등 복부에서 취혈할 때는 0.25×50밀리 침을 쓴다. 또한 요추 협착증이나 좌골신경통 등에 쓰는 3, 4, 5번 상하와 좌우 협척혈, 팔요혈, 환도혈처럼 환처가 심부에 있을 때는 7㎝×0.3㎜를 사용하기도 한다. 즉 병증이나 치료부위, 환자의 비만도에 따라 적절한 침을 골라 쓴다.

수족이 마비되고 굳어서 펼쳐지지 않는 환자는 손목과 발목에서 취혈하는 완과침을 사용하기도 한다.

그 외 부인병에는 중극과 수도에 간접구인 왕쑥뜸을 쓰거나 오래된 중풍과 견비통 등에는 전침을 걸어 강한 자극을 주기도 한다.

수족 14곳 자침으로 경락 다스리는 화혈 침법

침은 일반적으로는 1.5㎝×0.25㎜의 작은 침으로 12경맥의 화혈과 임맥과 독맥의 교회혈 두 곳까지 14혈을 많이 사용한다. 이때 진단은 환측에서 하고, 치료는 건측에 취혈하여 자침하고, 염전을 기본으로 한다.

현대인들은 대부분 스트레스와 과다한 고칼로리 음식 섭취로 심혈관계 질환, 염증 질환이 많이 발생한다. 그러므로 이와 관련한 질환에는 오행의 혈자리 중에 분열과 분산을 뜻하는 화혈을 선혈한다.

상지에서 화혈인 수태음폐경의 어제, 수양명대장경의 양계, 수소음심경의 소부, 수태양소장경의 양곡, 수궐음심포경의 노궁, 수소양삼초경의 지구, 임맥과 독맥의 교회혈인 열결과 후계까지 여덟

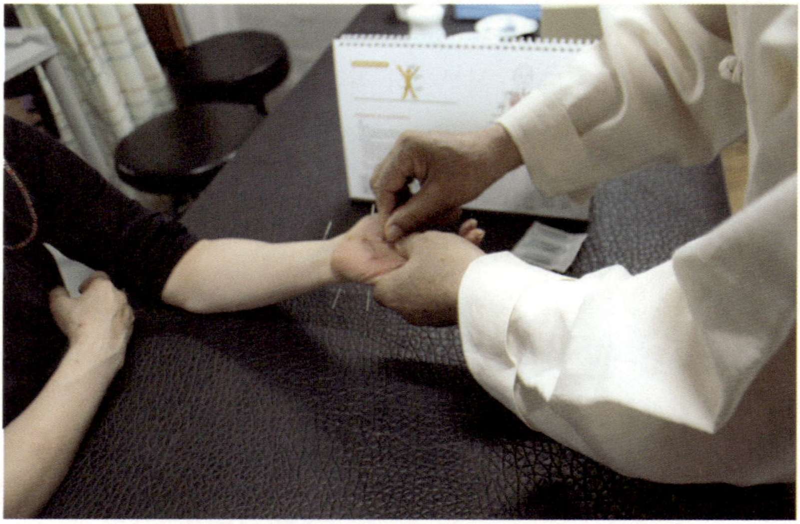

상지 화혈 6곳과 임맥 독백의 교회혈 자침

곳에 자침한다.

또 하지에서는 족양명위경의 해계, 족태음비경의 대도, 족태양방광경의 곤륜, 족소음신경의 연곡, 족소양담경의 양보, 족궐음간경의 행간까지 여섯 곳의 화혈에다 자침한다. 유침 시간은 보통 20~30분 정도로 한다.

이렇게 14곳 혈을 취하여 자침한 상태에서, 병증이 있는 경락의 혈를 집중하여 염전을 하는데 나는 이를 화혈침법이라 부른다.

이들 혈자리는 모두 수족에 분포되어 있어 안전하기는 하지만 매우 예민한 만큼 자침과 염전 중에 통증이 수반되기도 한다. 따라서 자침할 때도 가능한 한 통증이 없게 하고, 염전을 할 때도 아프다고 하면 그냥 두었다가 하거나 발침해 약간 옮기기도 한다.

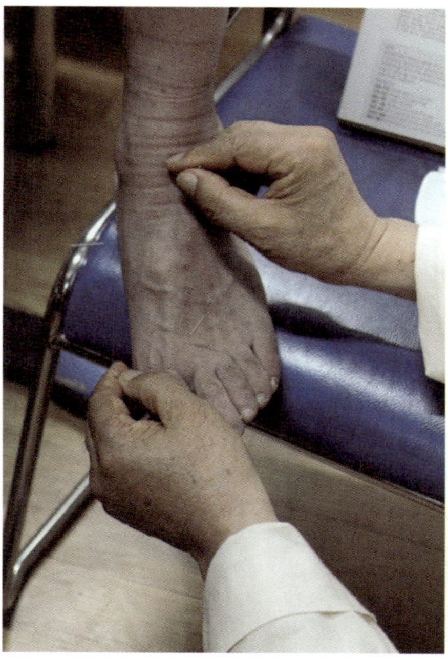

하지에도 여섯 곳의 화혈에 자침하고 표리 경맥의 두 혈자리를 잡고 염전하는 방법을 썼다.

따끔거리면서도 시원한 묶음침(집모침)

집모침 또는 묶음침이라고 한다. 주로 중풍 후유증이나 마비 환자들에게 전신의 기혈순환을 촉진하기 위해 사용한다.

0.25×15밀리 침을 엄지와 검지로 10개 정도를 잡고 머리와 등에 분포되어 있는 독맥과 방광경 1선 및 2선까지 모두 작탁(雀啄)하는 방식으로 자극을 준다.

다소 따끔거리기는 하지만 효과가 매우 좋다. 자극을 다소 세게 주고자 할 때는 엄지와 검지 끝을 약간 벌려 침 끝이 조금 길게 나

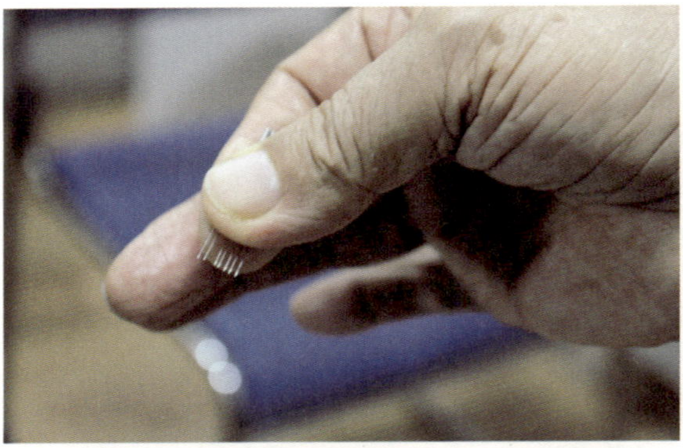

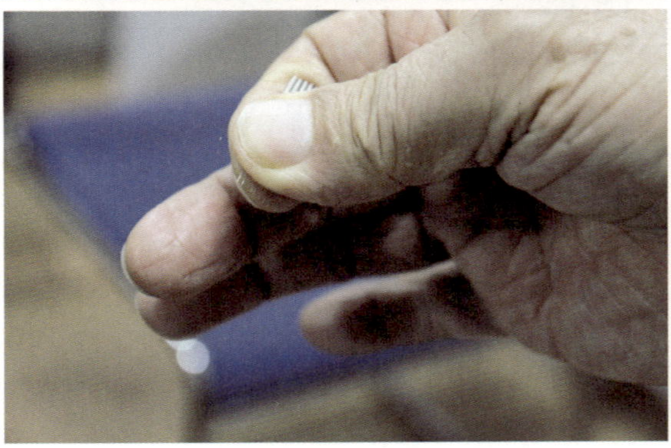

침을 잡은 엄지와 검지의 끝을 약간 벌리면 침끝이 다소 길게 나와 자극이 강해지고, 오므리면 침끝이 조금 나오게 되어 약한 자극이 된다.

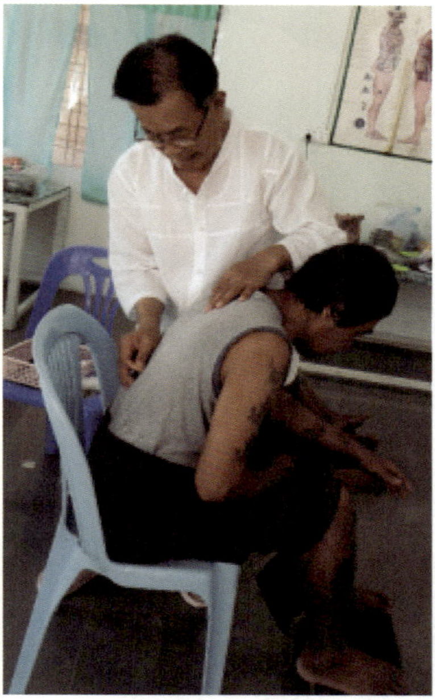

묶음침(집모침)은 따금거리지만 시원한 느낌도 있고, 기혈순환에 효과가 좋다.

오도록 하여 자극하고, 약하게 자극할 때는 두 손가락 끝을 오무려 피부에 침 끝이 짧게 들어가도록 하여 자극한다.

'뜨거운 맛'으로 병 고치는 간접뜸과 직접뜸

간접구는 부인병에 주로 많이 사용하는데 중극과 수도에 각각 0.25×50밀리 침으로 계족침을 놓은 후 그 위에 황토링을 올려놓고 왕쑥뜸을 뜨는데 그동안의 치험 예로 보면 부인병에는 최고의 치료법이다.

수년 동안 심한 냉대하로 시달리던 환자도 보통 대여섯번 치료하면 거의 다 완치되는 경험을 했다. 물론, 복부냉증이나 위완통에도 중완에 왕쑥뜸을 뜨고 나면 그 자리에서 탁월한 효과를 보인다.

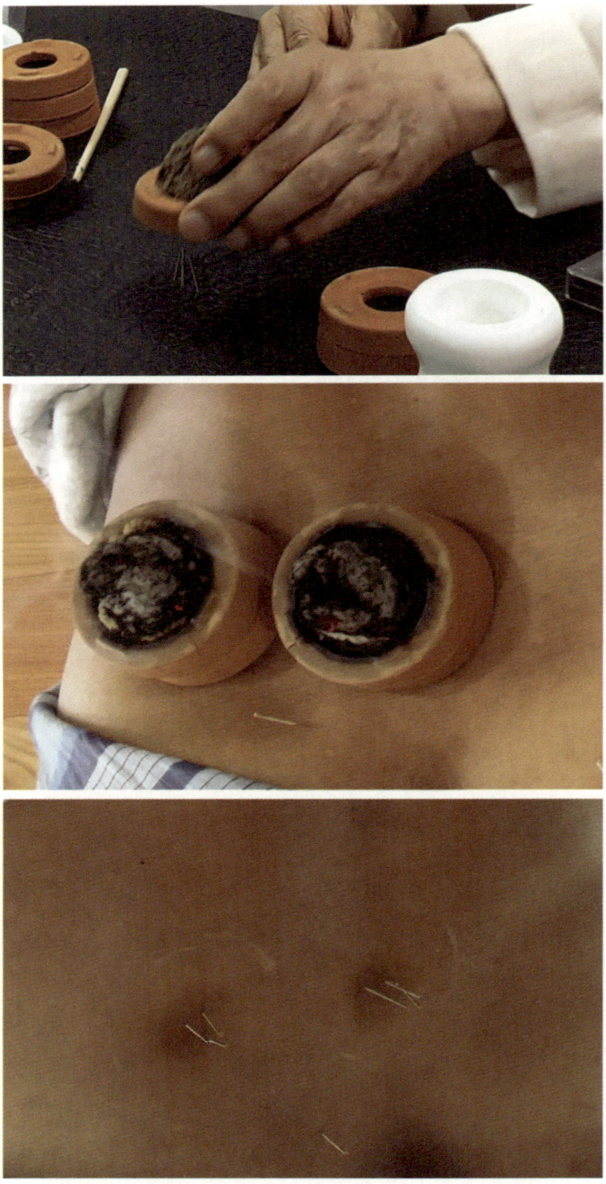

계족침(닭발과 같은 형태)을 놓고 왕뜸을 그 위에 올려놓아 열이 침을 통해 온기가 전해지도록 하는 침뜸법..

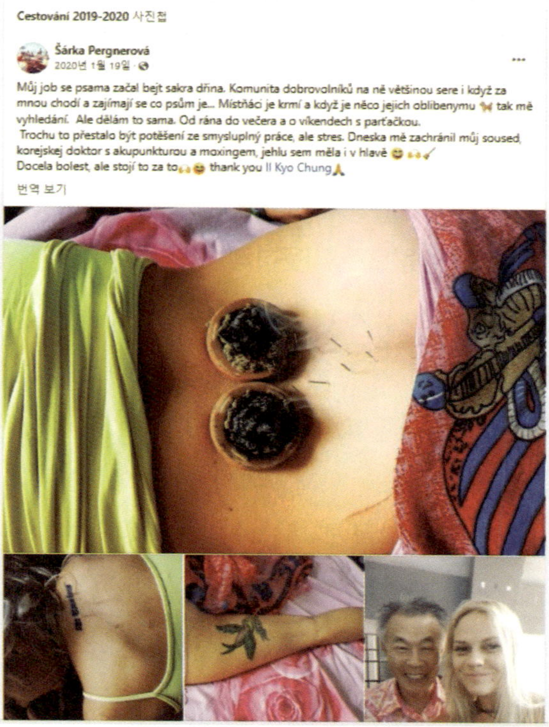
Cestování 2019-2020 사진첩

Šárka Pergnerová
2020년 1월 19일 ·

Můj job se psama začal bejt sakra dřina. Komunita dobrovolníků na ně většinou sere i když za mnou chodí a zajímají se co psům je... Místňáci je krmí a když je něco jejich oblibenymu tak mě vyhledání. Ale dělám to sama. Od rána do večera a o víkendech s parťačkou.
Trochu to přestalo být potěšení ze smysluplný práce, ale stres. Dneska mě zachránil můj soused, korejskej doktor s akupunkturou a moxingem, jehlu sem měla i v hlavě
Docela bolest, ale stojí to za to thank you Il Kyo Chung

번역 보기

직업이 수의사인 폴란드 여성이 따바와센터에서 침뜸을 하고 자신의 페이스북 계정에 메시지와 함께 사진을 올렸다. 2020.1.19

직업이 수의사인 폴란드 여성은 허리 통증이 심하다 하여 계족 침과 왕쑥뜸을 했다. 떠돌이 개들의 질병치료 봉사를 하는 여성이었다. 치료 후 얼굴에 뽀뽀하며 고맙다는 인사를 해 기분 좋은 어색함을 자아내기도 했다.

그는 침뜸을 한 후 이때의 경험을 자신의 페이스북에 침과 뜸 시술 장면 사진과 함께 "개의 질병을 치료하는 스트레스를 침구사가 살려줬다."라며 감사의 뜻을 밝혔다.

직접구는 감기에는 대추와 풍문, 폐유, 고황 등의 자리에 미립대로 다장한다. 소화불량이나 기허, 양허 시에는 중완, 기해, 관원 또는 곡지, 삼리 등 적절히 취혈하여 뜸을 뜬다. 특히 요통이나 중풍에도 적절한 뜸자리를 정하여 많이 사용한다.

여성 냉대하에 계족침 놓고 왕뜸으로 따뜻하게

어느 곳이나 기후풍토와 음식문화가 다르다 보니 질병의 양태도 다르다. 내가 있던 따바와 센터의 경우 남자들은 중풍환자가 많고 여자들은 냉 대하 등의 부인과 질환이 많은 것 같았다.

부인과 질환의 효율적 치료방법을 위해 다양한 시도와 임상을 하다 보니 내 나름의 치료법을 정립하게 되었다. 처음에는 화혈침과 직접구로 중극, 수도, 삼음교, 신유 등 여기저기 부인병에 좋은 혈을 중심으로 침을 놓거나 뜸을 하기도 했다. 그 결과 어느 정도 효과는 있었지만 만족할 성과는 아니었다.

고민 끝에 혈의 위치상 한국에서는 시도 자체가 불가한 회음혈을 써보기로 했다. 회음혈이란 이름 그대로 항문과 음부 사이에 자리한 혈자리다. 특히 여성 질환에 명혈로 알려져있지만 동서를 막론하고 웬만해선 쓸 수 없는 자리다.

그래서 하반신이 얼음처럼 차고 냉대하가 극심한 경우 미리 경혈도에 나오는 혈의 위치를 알려주며 동의를 하는 환자에게 선별적으로 자침을 해 보았다. 역시 효과는 좋았다. 처음에 주저하던 환자도 침을 맞은 후에는 매우 만족해했다.

그러나 역시 회음혈을 일반적으로 사용하기는 무리가 있었다.

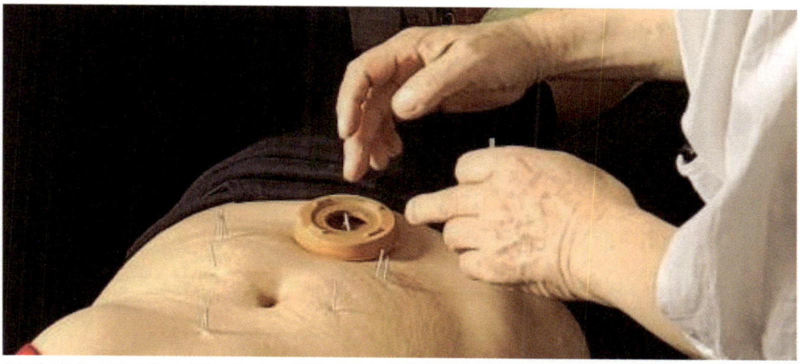
부인병에 중극과 수도, 천추, 중완 등의 혈자리에 침을 놓고 왕쑥뜸을 했다.

따라서 여러 가지 자료와 문헌을 참고로 하여 모든 부인병의 주요 치료혈로 중극과 수도, 신궐, 천추, 삼음교와 중완을 선혈했다.

중극과 수도는 0.25×50밀리의 호침으로 한 곳에 닭발 형태로 침 세개를 놓는 계족침(雞足鍼)을 놓고 대형 간접구를 떠주었다. 중완은 침 한대를 심자 후 그 위에 간접구를 놓았다. 삼음교는 위치상 직접구를 다섯 장씩 떴다.

이러한 방식으로 5~6회 정도 치료하면 대부분 부인병은 완치가 되는 것을 확인할 수 있었다. 또 이러한 여성들은 대부분 요통을 수반하는데 이 또한 자연스레 치료되었다. 이렇게 효과를 본 여자들의 입소문으로 많은 부인병 환자들이 몰려드니 어느새 부인과 치료 전문가로 알려지게 되었다.

영국 출신의 젊은 간호사도 나에게 침뜸치료를 받았다. 그녀도 봉사자로 와서 나를 보조해 주다가 침뜸의 신비에 매료되어 침을 맞겠다며 간청했다. 젊은 나이인데 냉대하가 심해 기저귀를 차고 다닌다고 했다. 몸은 좀 마른 듯했다. 손발이 차고 아랫배도 냉기가 돌았다.

동양의학 격언에 두무냉통 복무열통(頭無冷痛 腹無熱痛)이라는 말이 있다. 즉 머리는 차서 병나는 법이 없고 배는 더워서 병나는 법이 없다는 말이다. 아랫배와 손발이 그리 차니 병이 없을 리 없었다. 역시 냉대하가 있으니 당연히 요통도 심하다고 했다.

서양의학을 공부한 그녀의 눈에 침뜸으로 치료가 된다는 것이 너무도 신기하다고 했다. 서양의학을 신봉하는 외국인이 침을 맞아 보겠다는 것은 나름 큰 용기이자 도전이다. 키는 크고 늘씬한데 몸이 야위고 손발과 아랫배가 몹시 차가웠다. 한증인 것 같았다.

손과 발의 화혈에 자침하고 중극혈과 수도혈과 중완혈에는 계족침을 놓은 후 왕쑥뜸을 올려놓았다.

침이 생각보다 아프지 않고 간접구의 열기가 몸으로 스며드니

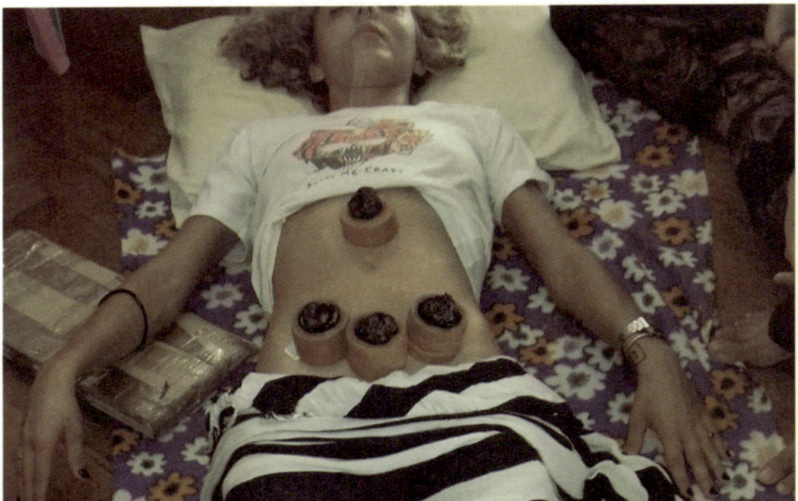

키는 컸지만 몸이 야위고 손발과 아랫배가 몹시 찬 영국 간호사도 쑥뜸의 효과를 실감했다.

영국에서 온 다큐멘터리 여성 작가가 냉대하 침뜸치료를 신기하다는 듯이 촬영하고 있다. 20180122

긴장했던 몸도 마음도 풀리는 것 같았다.

젊은이라 기혈순환이 바로 되는지 '몸이 한결 가볍고 전신이 따듯해진다'며 좋아했다. 그 간호사는 같은 방식으로 5회를 치료하자 온몸이 따듯해지고 냉대하는 물론 요통까지 완치가 되었다.

컨디션이 회복되자 엄지척을 하면서 키스 세례를 퍼부어 기쁨과 어색함이 교차하는 분위기를 연출하기도 했다.

그렇게 몸의 변화를 느낀 그녀는 봉사 기간 내내 자진해서 나의 수족처럼 봉사하다가 돌아갔다.

시간이 흐르며 현지인들에게 소문이 퍼져 양곤의 상류층 여인들의 발길도 잦았다.

유방암을 침으로 치료한 사례

2016년 말경 따바와 봉사실에 50세 정도의 유방암 환자가 찾아왔다.

마침 나의 침 스승인 전유진 선생이 방문하여 11월부터 함께 치료를하고 있을 때였다. 전 선생이 그를 촉진하더니 유방에 계란 같이 커다란 멍울이 있다고 했다. 만져보지 않고 육안으로도 알 수 있을 정도였다. 그날부터 매일같이 한두 번의 침치료를 했다. 혈 자리

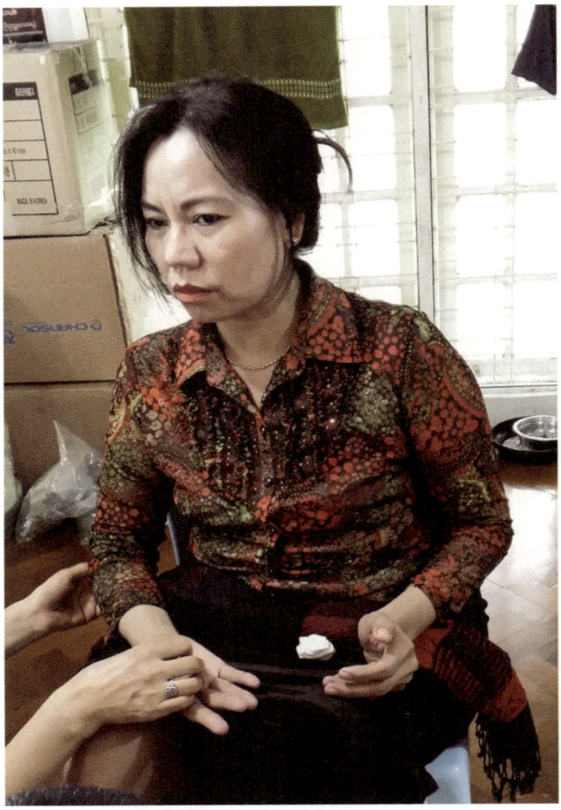

4개월 정도 침 치료 후 유방암 완치판정을 받은 여성. 2016.11.21

는 전 선생도 손발 주변에 분포된 12개 화혈과 후계와 열결을 주로 사용했다. 특히 유방을 경유하는 위경과 비경, 심포경락은 금보수 보화사의 원리를 적용해 집중적으로 염전을 했다.

그렇게 한 달 정도 치료하자 멍울의 크기는 육안으로는 잘 모를 정도까지 현저히 줄어들었다. 그렇게 전담으로 치료하던 전 선생은 12월 한국으로 돌아갔다. 이어서 내가 대략 두어 달 정도 더 치료했는데 치료방식은 전 선생의 침법과 대동소이했다.

화혈은 기본으로 하고 사관과 팔관도 자침했다. 그리고 유방으로 지나가는 경락인 위경의 여태 충양 해계혈과 비경의 은백 대도 태백혈, 그리고 심포경의 노궁과 대릉에 3분 단위로 강하게 염전 자극을 하며 30분씩 유침했다.

그녀는 양곤에서 빵집을 운영한다고 했는데 올 때마다 맛있는 빵을 한 보따리씩 가지고 와서 봉사자들과 나눠먹곤 했다. 그녀에게는 휴일에도 침을 놓으며 특별히 정성을 쏟았다. 그렇게 몇 개월 지나자 유방 속의 멍울은 잡히지 않고 건측과 비교해도 전혀 이상이 없었다. 또 본인이 가끔 느끼던 당기거나 찌릿한 증상도 없어졌다고 했다.

치료를 모두 끝내고 병원에 가서 완치판정을 받는 데까지는 4개월이 걸린 셈이었다.

물론 거의 매일 하루에도 30분 이상 수차례씩 수시로 염전 자극을 했기 때문에 가능했던 것으로 보인다. 암환자는 하루에 몇 회든 침을 놓고 염전으로 자극해야 효과를 볼 수 있다.

갑상선으로 불어난 혹 사라지기도

2016년 말. 하루는 그곳 따바와센터에서 외국 방문객에게 영어로 안내하던 직원이 찾아왔다. 찾아온 이유는 물어볼 필요도 없었다. 양쪽 목 주변 갑상선이 많이 붓고 핏기가 없어 병태가 완연했다.

그녀 나이 겨우 40대 중반인데 갑상선 질환으로 기운을 못 차리고 금방이라도 쓰러질 듯 애처롭기 그지없었다. 이 환자도 화혈 중심의 치료를 시작했다. 그러나 너무 기력이 없어 강한 자극은 할 수가 없었다. 아무리 급해도 바늘허리를 묶어 바느질 못 하듯 병도 깊을수록 욕심은 금물이다.

천천히 좌우 번갈아 가며 자침하기도 하고, 좌우 동시에 침을 놓기도 했다. 이 또한 목으로 흘러가는 경락의 혈을 중점적으로 염전자극을 해 주었다. 즉 임맥의 교회혈인 열결은 물론, 위경 대장경 소장경 3개 경락에는 화혈 뿐 아니라 원혈인 충양과 합곡, 완골도 자극을 주었다.

그렇게 대략 열흘쯤 지나니 피곤함도 사라지고 좀 나은 것 같다고 했다. 물론, 목 주위의 부어오른 환부는 그대로였지만 일단 피곤함이나 전신의 미열, 땀의 상태 등 모두 정상으로 돌아온 것 같다고 했다.

그렇게 매일같이 3개월 정도 치료했다. 목 부위에 툭 불어났던 환부도 언제 그랬냐는 듯 모두 정상으로 돌아왔다. 참 신기한 일이었다.

본인이야 말할 것도 없지만 나 또한 침의 탁월한 효능에 놀랄 때가 한두 번이 아니었다.

당시에는 침만 쓰고 뜸을 뜨지 않을 때였는데 아마도 뜸과 함께 치료했다면 효과는 더욱 빠르고 놀라웠으리라 생각된다.

늘 그렇듯 어려운 환자를 치료한 후엔 환자들이 눈에 띄게 늘었다. 그때도 역시 환자들이 늘어나 정신을 차릴 수 없는 지경이 되었다. 매일같이 80여 명에서 100여 명에게 침을 놓아야만 했다. 보람과 힘겨움의 연속이었다.

업혀 와 치료 후 인사도 없이 간 사람

하루는 봉사실로 50대의 정도의 남자 환자가 업혀 왔는데 의식이 없는 상태였다. 갑자기 쓰러졌다고 하는데 가는 호흡만 있었다. 중풍이라고 했다. 나는 즉시 환자를 베드 위에 올려놓고 십선혈과 기단혈을 찔러 피를 내주었다. 사혈이 미처 끝나기도 전에 의식은 돌아오고 있었다.

이어서 손발에 있는 12개의 화혈과 임맥 독맥의 교회혈인 열결과 후계에 자침하고 계속 염전을 했다. 그 외에 중풍의 경우 백회, 대추, 견정과 곡지, 족삼리, 현종에도 침을 놓고, 풍지, 풍문, 풍시 등 풍(風)자가 든 혈에도 기본적으로 침을 놓았다. 그렇게 30여 분 동안 유침하고, 염전을 하니 어느 정도 회복이 되는 것 같았다.

경과를 보기 위해 앉아보라고 하니 엉거주춤하게나마 일어나 앉는 것이었다. 나는 그에게 몸을 굴려서라도 매일 두 시간씩 운동하라고 당부했다. 어떠한 병이든 약이나 침은 보조 요법일 뿐 섭생과 운동으로 스스로 고쳐야 하기 때문이었다.

그 환자는 그렇게 매일 한 번씩 10여 차례 치료하니 생활에 불편함이 없는 정도로 회복이 되었다.

또 한 사람 중풍 환자의 경우도 발병한 지 오래지 않은 사람이었는데 같은 방식의 치료를 했다. 40대 중반의 비교적 젊은 환자였다. 그 역시 처음에는 업혀서 왔는데 나이가 젊어서인지 회복 속도가 더 빨라 5회 치료 후 걷게 되었다. 나 또한 그리 빨리 회복되리라

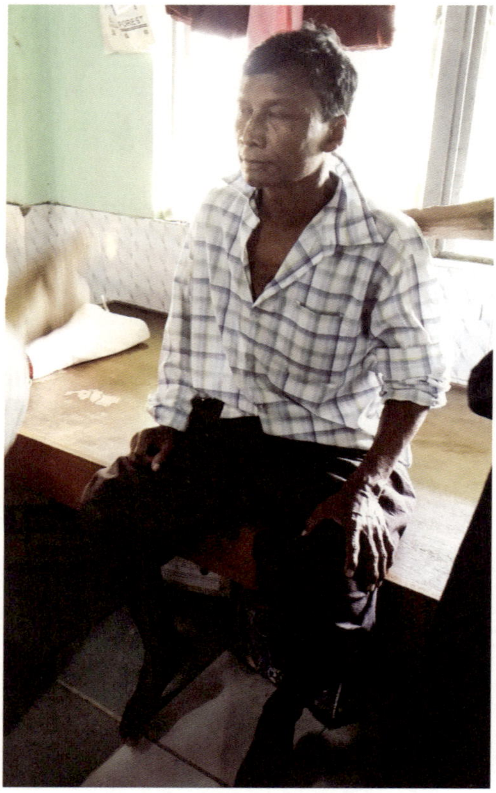

쓰러져 있던 중풍 환자가 침을 맞고 일어나 앉았다. 2016.12.31

중풍으로 업혀 들어와 11차례 치료 후 인사도 없이 이렇게 걸어서 떠나갔다. 2017.01.06

예상을 못 했지만 많은 사람들이 놀라워했다. 지팡이도 버리고 혼자서 걷게 되자 본인도 신기한 듯 왔다갔다 하다가 그 길로 인사도 없이 떠나더니 다시는 돌아오지 않았다.

모든 병이 다 그렇듯 치료는 빨리 시작할수록 효과가 좋다. 특히 중풍의 경우 뇌출혈부터 경색, 색전 등 원인도 다양하고 부위와 경중, 나이 등에 따라 천차만별이다. 그래도 대개는 발병한 지 6개월 이내의 환자는 두세 달 정도 집중 치료를 하면 대부분 생활에 불편이 없는 정도까지는 치유가 되는 것 같았다.

중풍으로 굳어진 얼굴에 웃음꽃

오래된 중풍 환자들은 우울증을 동반하는 경우가 많다. 우울증은 보호자를 힘들게 하기도 하지만 또 다른 사고의 발단이 될 수 있으므로 치료가 반드시 필요하다. 정신적 문제가 원인인 질병들은 대증적 치료만으로는 생각처럼 쉽게 치료되지는 않는다.

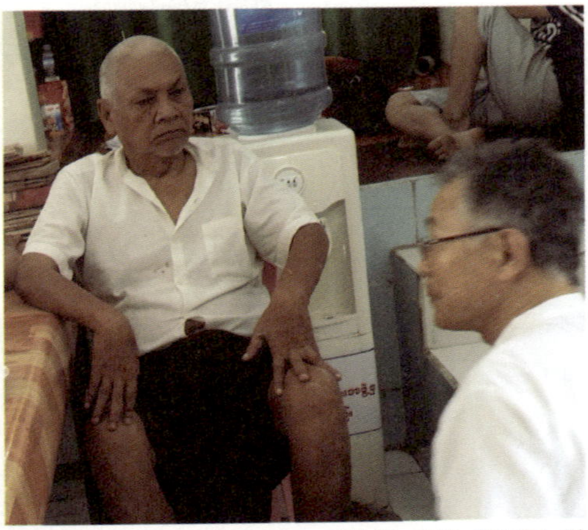

중풍으로 왔는데 처음에는 인상이 굳어 있었고 어두웠다. 2018.01.01

손바닥의 노궁과 소부혈에 침을 놓고 염전 자극을 하는데 아프지 않다며 활짝 웃었다. 2018.01.19

그러나 치료 방법에 따라서는 사진 속의 환자처럼 단 몇 번의 치료로 성격도 밝고 긍정적으로 바뀌기도 한다. 일단 닫힌 마음의 문을 열게 되면 우울증뿐 아니라 중풍이라는 본치도 빠른 효과를 낼 수 있다.

방법은 그리 어렵지 않다. 12개 화혈과 후계, 열결과 천주, 풍지, 완골, 풍부에 자침하고 소부와 노궁을 집중적으로 자극한다. 다음은 모든 마음의 병을 관장하는 수소음심경의 신문, 음극, 통리, 영도에 0.25×60밀리 침으로 투자 후 반창고를 붙여 3시간 내외 둔다. 그렇게 몇 번 치료하면 환자의 안색과 표정이 바뀌게 된다.

만달레이에서 온 수술 후유증 환자

수술 후유증으로 척추가 마비된 서른한 살의 젊은 사업가가 가족들의 부축을 받으며 봉사실을 찾았다.

만달레이에서 크게 사업을 하는 부유한 집안의 셋째 아들이었다. 3형제 중 막내가 늘 컴퓨터 앞에 앉아 사무를 보다가 목이 굳고 움직일 수가 없어 수술한 후 마비가 왔다고 했다. 만달레이에서는 치료가 안 되어 양곤의 큰 병원에 왔는데 별 진전이 없던 차에 내 이야기를 듣고 왔다고 했다.

이야기를 듣고 잠시 걸어보라 하니 걸음이 위태롭고 본인도 겁이 나니 자꾸 침대 모서리나 벽을 잡으려고 했다. 아주 중증은 아니라 어느 정도 좋아질 가능성이 있을 것 같았다.

즉시 침대에 엎드려 놓고 일단 경추부터 요추까지 독맥라인에 자침을 하고 협척혈에 침을 놓았다. 계속해서 아래위로 침병을 훑

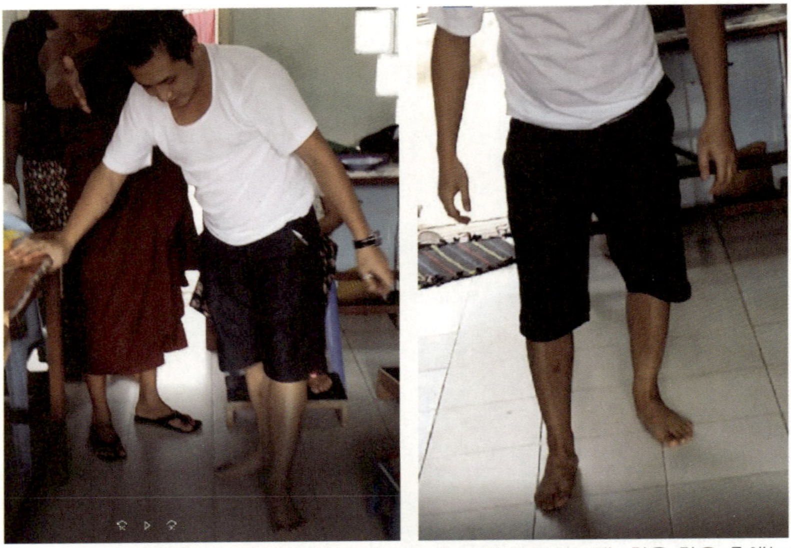

척추 수술 후유증으로 처음 왔을 때는 탁자를 짚고 겨우 걸었는데, 침을 맞은 후에는 보조물 없이 걷자 가족들이 감동하여 꼭 고쳐 달라고 당부했다. 2017.12.28

어 자극을 주며 유침을 했다가 30여분 후 침을 거두고 걸어보라고 했다.

한눈에 보아도 거짓말처럼 걸음걸이가 안정되고 편해졌다. 두 형과 어머니는 반신반의하며 왔다가 깜짝 놀라 나에게 매달렸다.

내가 며칠 후 예전에 근무하던 농장의 중장비 판매를 위해 먼 곳으로 출장을 가야 할 일이 생겼다. 하는 수 없이 그에게만은 하루 두 번에서 다섯 번씩 침을 놓았다.

노인이나 병약한 사람이라면 절대 불가능한 일이었다. 실제 침은 사하는 성질이 강하므로 기력이 쇠한 환자들은 지나치면 안 된다. 그러나 그는 아직 젊고 별다른 합병증은 없기에 가능한 일이었다.

그들은 양곤의 호텔에 숙소를 정해놓고 매일 아침 자가용을 타고 들어왔다. 워낙 시간이 부족하다 보니 양곤에 일이 있을 때는 그곳 호텔에서 치료를 하기도 했다. 자침은 예의 화혈침과 독맥과 협척혈로 다스렸다. 손발의 화혈침은 가족들에게 시켜 염전을 시켰다.

그렇게 5일간 집중치료를 하고 아쉽게 마무리를 해야만 했다. 그래도 걸음걸이는 안정감도 있고 다른 사람이 되어있었다. 걷기에도 보기에도 거의 불편함이 없어 보였다.

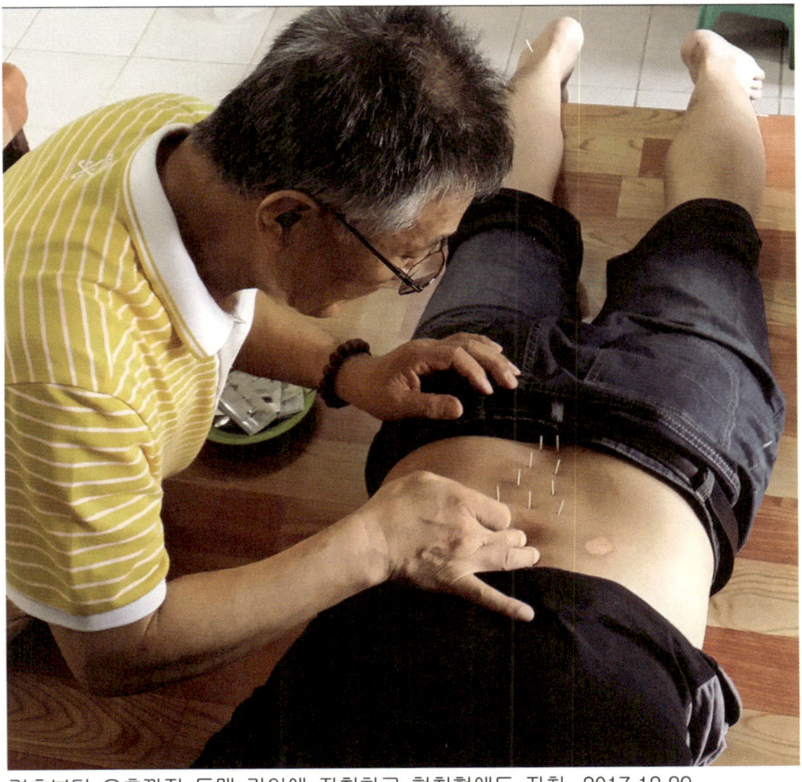

경추부터 요추까지 독맥 라인에 자침하고 협척혈에도 자침. 2017.12.29

마지막 날 그들은 수없이 감사의 인사를 했다.

원인불명의 난청 치료

따바와센터에서 60세의 여자환자가 난청이라며 찾아왔다. 어느 병이나 그렇지만 난청도 원인이 다양한데 일반적으로 치료가 잘 안 되는 병으로 알려져 있다.

이 환자도 확실한 난청의 원인은 알 수 없으나 몇 년은 된 것 같다고 했다. 일단 치료를 해 보기로 했다. 난치병이라고 시도조차 안 할 수는 없는 일 아닌가.

일차적으로 건측의 화혈과 두침을 사용하였다. 두침은 백회를 중심으로 한 오방침과 귀 옆의 담경을 따라 모두 선혈하였다. 이문과 청궁, 청회에도 0.25×15밀리 침으로 자침을 하고 염전을 했다.

동의학에서 귀는 경락으로는 담경과 삼초경이 지나고, 장부로는 신장과 밀접한 관계가 있다고 본다. 그러므로 담경 삼초경 신경에는 금혈과 수혈을 보하고, 화혈을 사하는 원리를 적용했다. 내게 화혈을 활용한 침법을 알려준 전유진 선생은 보사법을 강조한다. 하지만 나는 평소에는 보사하지 않고, 평보평사도 많이 한다. 그것은 보사가 필요 없다는 것이 아니고 현장에서 많은 환자들을 치료하다 보면 보사까지 신경 쓸 겨를이 없기 때문이다.

다행히 그 환자는 가까운 곳에 거주하고 있어 1주일에 두어 번씩 보사법까지 적용하여 치료해 주었다. 그런데 네다섯 번쯤 치료하자 미세한 변화가 있다고 했다. 귀가 열리는 듯 미묘한 소리의 감지와 좀 더 먹먹한 느낌이 교차 된다고 했다. 그것은 호전의 전조증

난청을 치료받고 들린다며 고맙다고 인사하는 미얀마 할머니. 2016.08.24

상이었다.

이때부터는 주 3회 치료를 하였다. 치료를 하다보면 미세한 변화를 잘 감지해야 한다. 그렇게 10여 회 더 치료하자 어느 정도 소리도 들리고 귀가 뚫린 것 같다며 기뻐했다. 그 후로 한두 번쯤 더 치료하고 마쳤다. 물론, 환자의 건강상태나 연령, 원인에 따라 많은 차이가 있겠지만 난청이 모두 불치병은 아니라고 생각한다.

약물 중독으로 온몸 떠는데도 침

2017년 말. 30대 중반의 젊은 남자 환자가 온몸을 떨면서 실려왔다.

마약중독에 의한 발작이라고 하는데 눈에 초점도 없고 말은 물론, 혼자서는 걷기는커녕 앉지도 못하는 심각한 상태였다. 침을 놓는 것도 그렇거니와 아무리 봐도 치료가 어려울 것 같았다.

그러나 환자가 치료받겠다는데 피할 수도 없었다. 썩 내키지는 않았지만 어쩔 수 없이 치료를 시작했다. 온몸을 사시나무 떨듯이 흔들어 대니 뜸은 엄두도 못 냈다.

처음 몇 개월은 눕힌 채로 장정 두 사람이 팔다리를 잡으면 침만 놓았다. 어찌나 요동을 치며 온몸을 흔들어 대는지 침놓기도 힘들었다.

그렇게 대략 1년쯤 지나니 몸 떨림 현상이 눈에 띄게 줄어들었다. 그때부터는 뜸도 병행을 했다. 치료는 일주일에 3~4회 정도로 줄였지만 침과 뜸을 병행하니 효과는 더 빨리 나타나는 것 같았다.

이 환자도 화혈을 기본으로 사용했지만 머리에 백회를 중심으로 오방침과 여러 경혈에 침을 놓고, 심적 안정을 위해 심경과 심포경의 경혈에 자극을 많이 주었다.

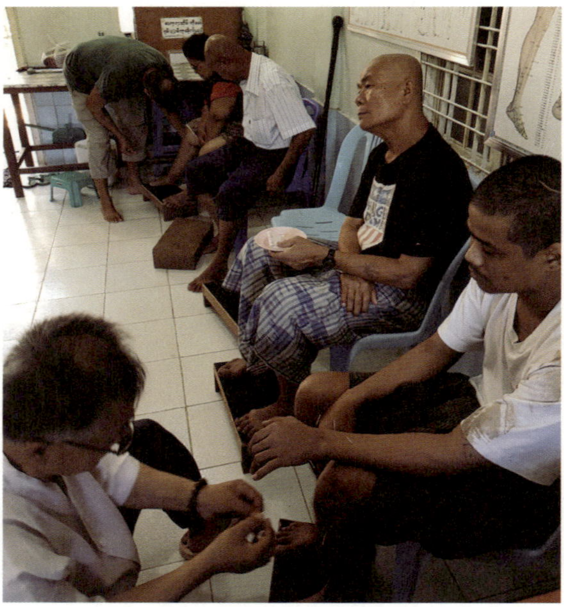

약물 중독으로 온몸을 떠는 30대 중반 환자. 2017.12.14

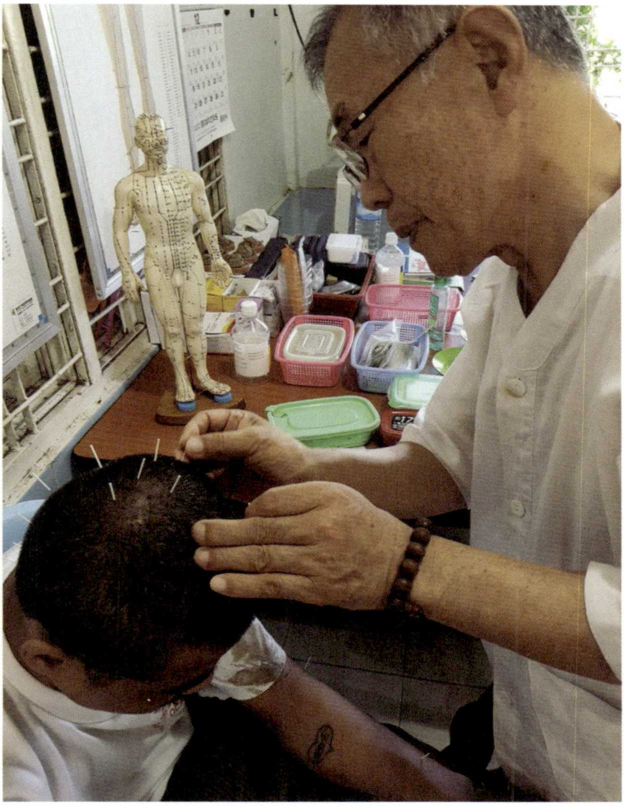

약물 중독 환자의 진정을 위한 두침 시술. 2017.12.14

시기별로 좀 변화를 주기는 했지만 거의 3년 정도를 주 2~3회씩 치료하니 떨림 현상도 현저히 줄어 보행기 없이 걸을 수 있는 단계까지 호전이 되었다.

어떤 환자나 치료 후 결과만 보면 보람 있고 즐거운 일이지만 그 수년간의 과정은 참으로 지루하고 힘든 싸움이었다.

통나무처럼 부어오른 다리엔 사혈을 겸해

상아핏마을에서의 일이다. 주말에 가끔씩 원정 봉사를 하곤 했는데 그곳에는 다른 곳보다도 처음 보는 희귀질환자도 많았다.

한번은 그리 나이도 많지 않은 여자 스님이 왔는데 한쪽 다리가 통나무처럼 부어 잘 걷지도 못한다고 했다. 그야말로 듣도 보도 못한 환자로 코끼리 다리 병이라고 했다.

일단 건측의 화혈에 침을 놓고 보니 몇 군데 사혈을 하면 효과가 좋을 것 같았다. 그러나 그날은 사혈 도구 준비가 안 되어 침만 놓아주었다. 일단 그것만으로도 다리가 좀 시원하다고 했다.

다음에는 따바와센터의 침뜸실로 오라고 했다. 한가한 시간을 이용하여 사혈치료를 해 주었다. 탁한 어혈이 제법 많이 나왔다. 양쪽 무릎과 종아리 아랫부분에서 몇 컵씩 빼고 나니 다리가 무척 가벼워졌다며 좋아했다. 그렇게 그에게는 별도의 시간을 내어 서너 번쯤 더 사혈을 해주었다. 육안으로도 느낄 만큼 부종이 확 줄어들었다.

환자도 걸음도 편하고 아주 좋아졌다며 고마워했다. 그렇게 돌아간 후로 다시 침뜸실에선 볼 수 없었으니 생활에 지장이 없게 호전된 것이 아닌가 싶었다.

깜박일 때마다 고름 나오는 눈에 정명혈

50세의 환자가 한쪽 눈이 충혈되고 부어 있었다. 눈에 힘을 주어 깜빡이면 고름이 흘러나왔다.

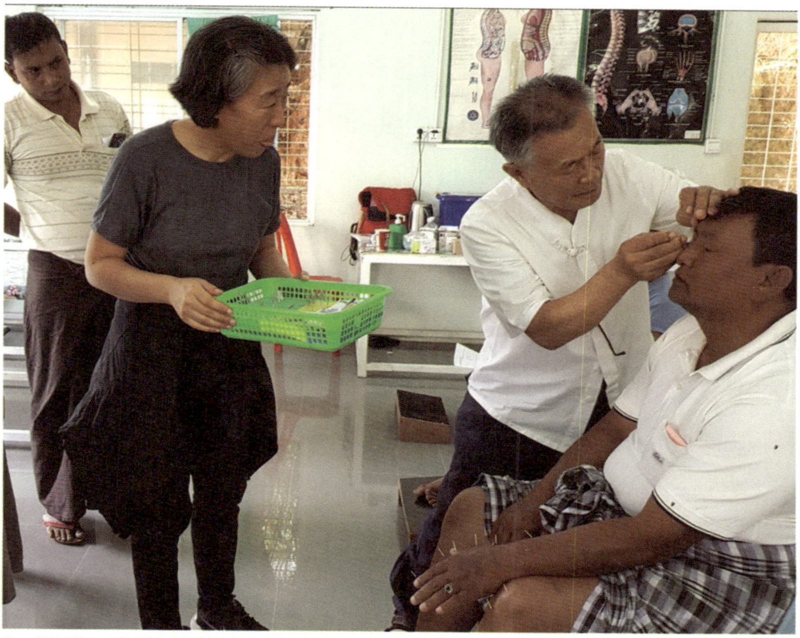

눈 주위는 실핏줄이 많이 분포되어 있어 멍들기 쉬워 정명혈 자침은 항상 주의가 필요하다. 2020.01.31

한국 같으면 당연히 안과병원에 가겠지만 그곳은 그럴 형편이 못 되니 나를 찾아온 것이었다. 난감하긴 했지만 어찌할 도리가 없었다.

염증이라 12정경의 화혈에 침을 놓고, 임맥과 독맥의 교회혈인 열결과 후계에 자침을 했다. 역시 눈으로 연결된 방광경과 위경과 삼초경의 화혈을 집중적으로 염전 자극하였다.

정명혈에는 0.25×50밀리 침으로 심자를 했다. 그 후 두 번 더 정명혈에 침을 놓았는데 한동안 지난 후 고맙다며 봉사실로 인사를 왔다. 아주 깨끗하게 치료된 것을 보니 내 눈이 치료된 듯 시원했다.

사실 이런 환자는 미얀마가 아니면 쉽게 접하기 어렵다. 한국에서 침은 주로 근골격계 질환자가 맞는다. 미얀마에서는 온갖 다양한 환자를 만나게 된다.

태국 여행 중에 생긴 일

미얀마에서 생활하려면 비자 기간이 3개월이니 분기에 한 번은 한국이나 이웃 나라를 다녀와야 한다. 그런 이유로 잠깐 태국으로 여행을 갔다. 관광지의 어느 한 사찰을 둘러보고 있을 때였다.

젊은 남녀 여행객 몇 명이 건물 옆 그늘에 모여 앉아 한 아가씨를 둘러싸고 안절부절못하는 모습이 눈에 띄었다. 주저앉은 여자의 얼굴이 창백하고 가슴을 치는 모습이 영락없는 급체였다. 나는 도

태국 여행 중 급체한 여성의 곡지를 맨손으로 자극하여 체기를 내렸다. 2017.01.15

와주고 싶은 마음에 영어도 못하면서 무조건 다가서며 "Help You" 라고 물어보았다. 그들은 어찌나 다급했는지 무조건 "Help Me"라고 소리쳤다.

나는 그 자리에 주저앉아 환자의 양쪽 곡지를 잡고 강하게 압박하며 5분 정도 강 자극을 하였다. 그러자 크게 트림을 하더니 속이 뻥 뚫리는 것 같다고 했다. 이미 싸늘하던 손에 온기가 전해지고 화색이 도는 것을 보면 바로 뚫린 것을 알 수 있었다. 말이 안 되니 더 깊은 대화를 할 수는 없었으나 일행은 모두 일어나서 나에게 "Thank You very much!"를 연발하며 감사의 인사를 전했다.

급체야말로 알고 보면 간단히 풀 수도 있지만 자칫하다간 매우 위급한 상황을 맞을 수도 있다. 아무리 소문난 명의라도 그렇게 갑자기 생긴 급성병을 어찌할 것인가. 누구라도 급체 시에는 곡지혈 한 곳만 잘 눌러 자극해 주어도 해결되기도 한다.

어지럼증의 응급처치

주변에 나이가 들면서 갑자기 현기증으로 고생했다는 이야기를 자주 듣는다.

나 또한 갑자기 찾아오는 현기증 때문에 여러 가지 임상을 하며 응급처방을 연구하게 되었다. 물론, 증상이나 원인도 다양해 치료 방법도 다르겠으나 긴급할 때 쓸 수 있는 통치방을 활용하고 있다.

한번은 아침에 침대에서 일어나는데 순간적으로 하늘이 핑 돌며 쓰러지는 일이 있었다. 빨리 십선혈을 따려고 해도 사혈침을 넣어둔 책상까지 갈 수가 없었다. 그때 누운 채 내관과 지구를 맞잡고 양손은 바꿔가며 한참 동안 비비자 금방 진정이 되는 것이었다. 그리고 손발가락 사혈을 하고나니 어지러움도 사라지고 몸도 가벼워 경쾌한 하루를 보낼 수 있었다.

손목 위쪽에 있는 지구혈을 맨손으로 자극하는 방법은 엄지는 내관보다 1촌 위에 있는 간사에 두고 검지부터 약지까지 네 손가락은 지구를 중심으로 집듯이 단단히 눌러 잡고 상하로 강하게 자극을 주는 것이다.

수소양삼초경이 손등에서 손목 바깥쪽을 거처 머리의 옆쪽 달팽이관이 있는 귀를 돌아 흐르기 때문에 어지러움뿐 아니라 편두통이나 이명에도 도움이 된다.

그리고 어지러움이 멈추거나 완화되면 즉시 열 손가락 끝의 십선혈과 발가락 끝인 기단혈을 사혈해 주면 웬만한 어지럼증은 사라진다.

침뜸을 공부한 분들은 다 아는 이야기지만 손발 끝은 12정경이 시작되는 샘물과 같다하여 정혈(井穴)이라고 한다. 또한 손끝 십선혈과 발끝 기단혈은 구급에 쓰는 혈이니 사혈만으로 오장육부를 모두 자극하여 위급한 상황은 넘길 수 있는 것이다.

이런 건 필요에 의해 고민하며 내 몸으로 검증을 하고 다른 환자들에게 적용해 본 결과다. 이 방법은 침뜸을 모르는 사람이라도 누구나 할 수 있고 안전한 방법이니 많은 분들이 배워서 이용해 봤으면 하는 바람이다.

위급한 환자는 신속히 병원으로

2018년 12월 타닌타이주 삐지만다이(Pyigyimandaing)에 잠시 출장을 갔을 때 일이다. 40대 후반의 남자로 7일 전 중풍을 맞았다며 구급차에 실려왔다.

즉시 십선혈과 기단혈에 사혈을 했다. 그리고 팔관혈과 십이경락의 화혈을 자침하고, 담경을 중심으로 집중적으로 염전을 했다. 증상은 눈에 띄게 호전되고 환자도 매우 만족해했다.

그런데 다음날 갑자기 오른쪽 옆구리가 심하게 아프다고 했다. 소변도 검은색이었다. 상거허를 압진하니 극심한 통증을 호소했다. 나는 급성 복막염으로 판단하고 즉시 가까운 병원으로 가도록 했다.

환자를 치료하다 보면 다양한 사람들이 오는데 침뜸 만능주의에

미얀마 타닌타이주 구급자. 2018.12.29

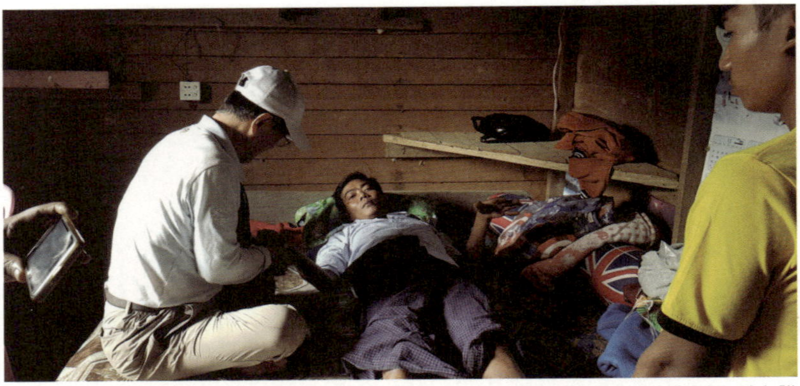
중풍이라며 구급차에 실려 온 환자. 하루 뒤 복막염 의심되어 급히 병원으로 이송했다. 2018.12.29

빠져 시간을 끌다가 위험한 상황에 처할 수도 있다. 위급한 환자를 구분하는 안목을 키우는 것도 변증 중의 하나이다.

도우미 3년에 '명의'되어 떠난 띤띠나

내가 미얀마 따바와에서 몇 년을 지내는 동안 나를 지근거리에서 도와준 37세의 여인 띤띠나가 있었다. 무학이라 글은 모르지만 심성은 착하고 따듯한 사람인 듯했다. 남편과는 일찍 사별하고 아들 하나를 키우다 스님으로 보냈다.

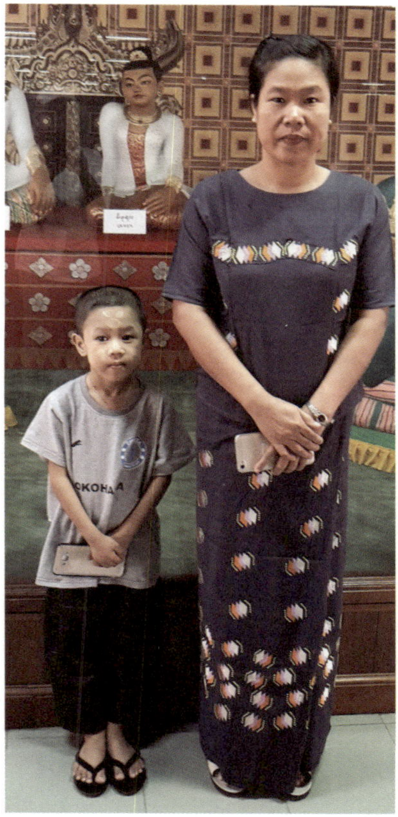

아들(좌측) 하나 키우며 사는 도우미 띤띠나. 2018.01.21

그는 내 방의 청소와 빨래, 약간의 음식을 도와주는 일을 했다. 처음 7~8개월은 내 숙소를 전담해서 단순한 일만 맡겼지만 환자가 많을 때는 자진해서 봉사실 청소와 염전을 도와주었다.

그에게는 내가 봉급으로 매월 20만 원씩 지급하고 아들 몫으로도 10만 원씩을 추가로 지원했다. 20만 원이면 대졸 사원들의 봉급에 상당하니 적지 않은 금액이었다.

그뿐 아니라 내가 한국에 두세 달 들어올 때도 일과 관계없이 모든 급료를 지급하였으니 그로서는 최고의 은인인 셈이었다.

띤띠나는 유럽에서 온 자원봉사들과 함께 침뜸 도우미도 자청했다.

그러니 스스로 내 옆에서 무언가 도움 될 일을 찾아서 하곤 했다. 그렇게 봉사실에서 몇 개월 도와주더니 매일 활용하는 화혈 침자리는 스스로 알게 되었다. 1년쯤 지나서는 환자가 많고 봉사자가 부족할 때면 자연스레 손발에 간단한 화혈침 정도는 놓을 수 있게 되었다.

일단은 늘 화혈에만 놓고 염전을 하니 별로 어려울 것도 없었고 환자들과 대화를 하면서 치료가 되는 것을 피부로 느끼니 제법 흥미를 갖는 것 같았다. 시간이 지나며 궁금한 것에 대하여 하나씩 질문도 하기 시작했다.

사관과 팔관은 물론 왕쑥뜸과 미립대로 직접구 뜨는 법도 가르쳐 주었다. 머리카락 같은 호침을 손발에 놓고 돌리면 여러 가지 통증이 사라지는 것이 어찌 신비롭지 않을 수 있겠는가.

그렇게 몇 개월이 지나자 쑥봉도 제법 잘 말고 더더욱 열심히 봉

화혈 침자리에 침놓는 띤띠나. 2018.01.20

사에 참여했다. 환자가 없고 피곤할 때면 그녀에게 내 몸에 뜸을 뜨고 침을 놓게 했다. 그뿐 아니라 급체환자의 소상혈 따기나 중풍 환자들의 십선혈을 따는 것을 늘 보면서 그 또한 자연스레 알게 되었다.

나중에는 벽에 걸린 대형 경혈도를 보며 오수혈의 성격과 경락별로 장부와 이어지는 이치도 설명을 해 주었다. 그러니 아무것도 모르고 염전만 하던 때와는 달리 실력이 일취월장하는 것 같았다.

그는 매일 아침 봉사실에 나오면 벽에 붙은 경혈도를 보며 마치

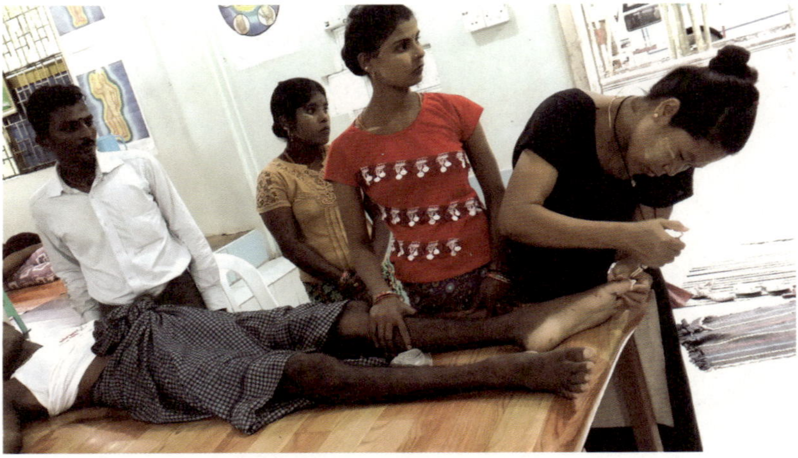
발끝의 기단혈을 따는 띤띠나. 2017.11.22

부처님을 대하듯 공손히 삼배를 올렸다. 그리고 폐경에서부터 간경까지 손가락으로 하나하나 자기 몸에 금을 그어가며 경락의 유주를 가슴에 새겼다. 물론, 그렇게 12경락을 한 바퀴 돌고 나면 다시 한 번 그 경락도 앞에서 삼배를 올렸다. 그런 그의 모습을 보면 간절함과 경건함이 묻어났다.

나는 미얀마에 있는 동안 몇 개월에 한 번씩은 한국을 다녀갔는데 그때 그녀가 봉사실을 찾아오는 환자들에게 스스로 침을 놓기도 했다. 혹자는 매우 위험할 수도 있고 사람의 생명과 관련한 것을 어찌 그리 가볍고 소홀하게 여기느냐고 할 수도 있다. 그러나 그에게는 0.25×15밀리 침으로 수족에만 한정해서 사용토록 했으니 크게 위험할 일은 없었다.

역설적으로 침에 대해 아무것도 모르던 사람도 몇 가지 위험요인에 주의하고, 요령만 익힌다면 환자를 치료할 수 있다는 것이다.

띤띠나는 2020년 따바와센터를 떠나 양곤 외곽의 한 사찰에 거주하며 침을 놓고 있었다. 그에게 침을 맞으려고 기다리는 사람들이 늘어나고 있다고 한다.

그 후 그녀는 내가 코로나 때문에 한국에 들어와 오랫동안 머물자 따바와를 떠났다.

다른 지역으로 터전을 옮겨 스스로 침구원을 개설했다. 글을 모르니 간혹 SNS를 통해 본인이 치료하는 사진을 올리곤 하는데 의외로 환자가 많아 환자가 줄을 서는 소문난 침쟁이가 된 것 같았다. 나도 늘 그가 사진을 올릴 때마다 격려의 손 그림으로 답신을 보내주고 있다.

아마도 미얀마에서라면 그녀는 사찰이나 도시지역이나 전국 어디를 가도 대접받는 침구사가 되리라 확신한다.

미국인 의사, 에이즈 침 치료 제안

2016년 9월경 따바와 봉사실에서 한창 봉사에 열중하고 있을 때였다. 봉사실 앞에서 한 외국인이 나에게 치료받고 나가는 환자들을 붙잡고 무언가를 물어보고 있었다.

그것도 잠시 잠깐도 아니고 며칠 동안 계속해서 그러고 있으니 무슨 일인지 궁금했다. 봉사실로 그를 불러들여 인사를 나눴다. 그는 얼마 전 따바와 명상센터의 요청으로 에이즈 치료를 위해 미국에서 온 의사라고 했다. 나이는 대략 50대 후반쯤으로 보였다.

무엇이 그리 궁금하냐고 물어보았다.

그는 며칠 전 따바와센터를 둘러보다 침 맞는 사람들을 보았고, 신기한 마음에 효과가 있는지 물어보았는데 다들 효과가 좋다고 한다는 것이다.

에이즈 환자 침 치료 제안한 미국인 내과 의사

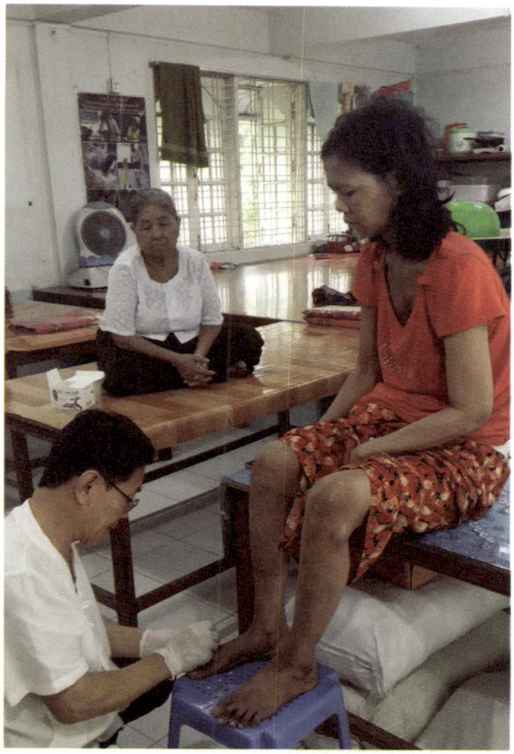

미국인 의사의 제안으로 침 치료하던 에이즈 여성. 처음에는 에이즈 환자가 침뜸실로 와서 침을 맞았다. 2016.08.29

그러면서 침으로 에이즈도 치료가 되느냐고 물었다. 나는 해보지는 않았지만 당연히 효과는 있을 것이라고 했다.

그러자 그는 자기와 같이 에이즈 환자를 치료해 보자고 제안을 했다. 평소 난치병에 대한 침치료 가능성에 대해 궁금했던 나로서는 새로운 도전의 기회를 얻게 되었으니 피할 이유가 없었다.

그곳에는 37명의 에이즈 환자가 일반 환자와 분리하여 수용되어 있다고 했다. 다음날부터 그가 보내온 4명의 에이즈 환자를 치료하기 시작했다.

그 의사는 각각 특징별로 환자를 선발한 것 같았다. 감기에 자주 걸리고 기침이 심한 환자, 설사 하는 사람, 피부병이 극심한 환자 등이었다. 모두 비교적 젊은 사람들이었다. 일단 치료는 모두 동일하게 화혈에 침놓는 것을 위주로 시작하기로 했다.

그런데 일반인의 치료가 끝나고 오후에 별도로 침을 놓았지만 며칠 지나지 않아 환자들이 감염 우려가 있다며 항의했다.

어쩔 수 없이 옆에 있는 양방치료실에 양해를 구해 치료실 복도에서 침을 놓기로 하였다. 그런데 그곳 환자들 또한 같은 반응이었다.

그렇다고 해도 이미 시작한 일이니 그만둘 수도 없었다. 할 수 없이 일과가 끝나면 에이즈 환자들이 기거하는 곳으로 방문하여 침을 놓아야만 했다. 그러자 이번에는 또 통역이 거부하는 것이었다.

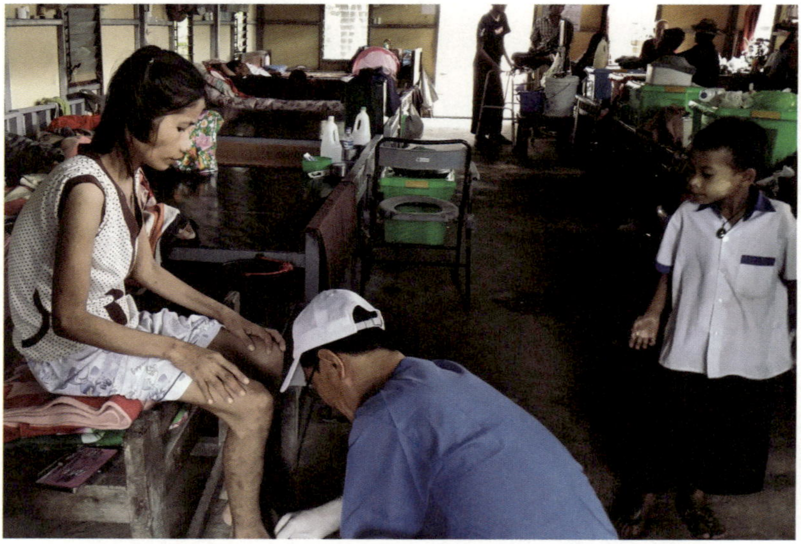

나중엔 에이즈 환자들이 기거하는 곳으로 가서 침을 놓았다. 2016.09.05

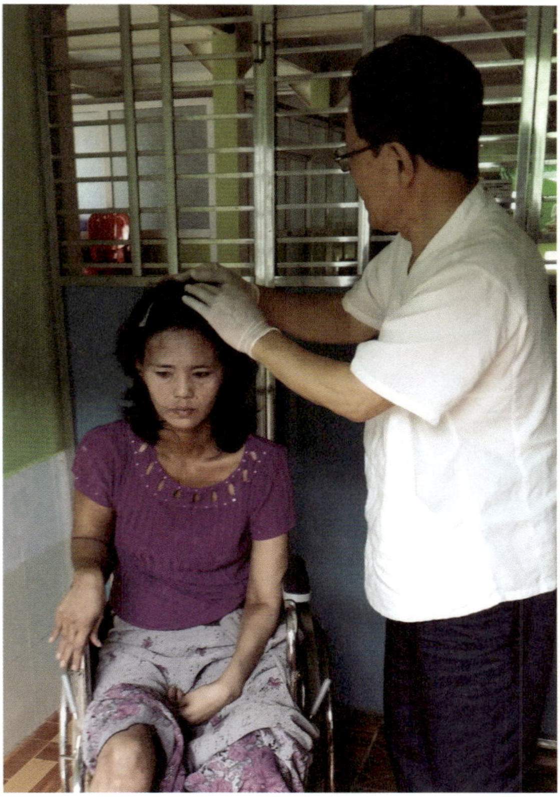

침 치료과정에 알게 된 에이즈 환자인 이 여성은 나중에 EM으로도 효과를 봤다. 2016.08.30

그간 통역은 바쁠 땐 통역뿐 아니라 자침한 환자의 염전도 도와줬기 때문이었다. 나는 통역사에게 환자에 손은 대지 말고 순수하게 통역만 하라고 하며 일단 에이즈 병동에서 침시술을 했다.

그렇게 얼마쯤 지나자 침을 맞은 환자들이 하나같이 좋다고 했다. 처음부터 어떤 병리적 검사를 하고 시작한 것은 아니었기에 수치화된 자료는 없었지만 의사도 합병증이 현저히 줄어들었다고 했다.

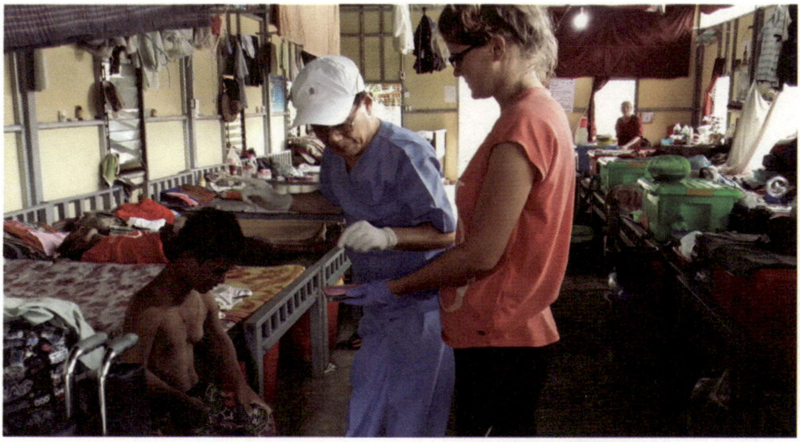
에이즈 환자 침 치료 시범에 영국서 온 간호사가 보조했다. 2016.09.09

미국 의사가 선정한 치료대상이 아닌 사람도 한 사람 있었다. 에이즈 병동으로 침을 놓으러 갔다가 내가 임의로 치료를 시작한 환자였다.

30대 중반의 젊은 여자로 에이즈가 임파선으로 전이되어 목과 안쪽 허벅지에 계란만한 혹이 생긴 환자가 있었다. 육안으로 보기에도 염증이 매우 심하다는 것을 한눈에 알 수 있었다.

자침은 화혈을 기본으로 하고 목과 허벅지로 흐르는 경락의 화혈을 집중적으로 대략 20여 분씩 염전 자극을 주었다. 대략 한 달쯤 매일 그렇게 방문하여 치료했다.

며칠 치료 후 염증이 곪아터져 냄새도 나고 보기에도 흉측했지만 염증의 크기는 현저히 줄어들었고, 매우 편해졌다며 좋아했다.

그렇게 3주 정도 여러 유형의 환자들을 의욕적으로 치료했다. 그런데 미국 의사가 갑자기 귀국하게 되었다며 떠나버리고 말았다.

졸지에 목표가 없어지니 허탈하기는 했지만 나 또한 혼자서 계속 치료할 수도 없기에 한 달 남짓 더 침을 놓으러 다니다 중단하게 되었다. 그러고는 한동안 그곳은 잊고 살았다.

유용미생물 EM의 활용

2015년 11월 미얀마에서 귀국, 전립선암 수술을 하고 일반병실에 있을 때였다. 며칠 4인 병실에 입원하다 보니 자연스레 옆 병상 환자들과 친숙해지고 이런저런 이야기들을 나누었다.

40대 중반의 남자 한 명이 아토피 환자였다. 그는 어려서부터 고생을 했는데 건설업에 종사하다 보니 시멘트 독이 올라 최근 아토피가 너무 악화되어 입원했다고 했다. 한눈에 보기에도 목이나 팔꿈치 주변이 벌겋게 부어오르고 온몸 곳곳에 진물이 흘러 차마 눈 뜨고 볼 수가 없을 지경이었다.

그는 너무나 괴로워 병원에 왔지만, 눈에 띄는 차도는 없다고 했다.

그러자 때마침 옆자리의 중년 환자가 자기에게 좋은 치료제가 있는데 얼마나 효과가 있을지는 모르겠다고 했다. 환자는 그에게 좋은 방법이 있으면 제발 도와 달라고 애원하듯 매달렸다. 목마른 약자의 애원이었다.

그는 바로 자기 아내에게 전화했다. 저녁 무렵 부인이 들고 온 액체를 피부에 흠뻑 뿌리라고 했다. 그것을 피부에 바른 환자는 금방 열기가 빠지는 듯 시원하고 덜 가려운 것 같아 살만하다고 했다.

다음 날 아침이었다. 아토피 환자는 잠에서 깨어나자마자 진물도 멈추고 밤새 가렵지도 않았다며 그에게 감사의 인사를 하고 있었다. 내가 보기에도 벌겋게 부어 여기저기 진물이 나던 피부가 어제와는 확연히 달라진 것 같았다.

나도 침을 배웠고 머지않아 미얀마로 침뜸봉사를 하러 가야 할 처지이니 부쩍 관심이 생겼다.

그는 EM(Effective Microorganisms: 유용미생물군)으로 발효시킨 효소액인데 피부질환에 좋은 미나리 등 몇 가지 재료를 넣어 만들었다고 했다. 나는 EM이라는 단어조차 처음 듣는 이야기였다.

그는 제주도에 EM학교가 있으니 관심이 있으면 공부를 해 보라고 했다. 그렇게 하루 만에 환자의 상태가 좋아지는 것을 보니 당장 제주도로 내려가고 싶어 배길 수가 없었다.

그러나 2월까지는 소변줄을 끼고 살아야 한다니 마음대로 움직일 수는 없었다. 3월이 되어 기저귀를 차고라도 걸을 수 있게 되자 제주도에 가기로 결심했다.

아이들의 만류에도 불구하고 제주행 비행기에 올랐다. 교육과정은 일주일이었다. 그런데 그곳에서 또 다른 자연의학 전문가나 친환경 농업 연구가 등 다양한 사람들을 만날 수 있었다. 그들을 통해 유용미생물을 활용한 축산업, 하수구 냄새제거 등 다양한 적용 방법을 터득하게 되었다.

그럴 때마다 미얀마에 가면 이것을 어떻게 활용할 것인가 고민하게 되었다. 대부분 동남아 국가가 그렇듯 미얀마도 덥고 습한데다가 하수처리가 미흡하다 보니 환경오염과 악취, 유해 곤충들이 많았다. 그러니 머릿속에는 늘 수많은 활용방법들을 그리고 있었다.

1주일 한 번의 교육만으로 나의 배움에 대한 갈증을 풀기에는 미흡했다. 교육이 끝난 후에도 수시로 제주의 EM학교를 찾아가자 그들도 나의 열정에 감동했다며 교육과정에서 배울 수 없었던 귀한 자료와 데이터 등 많은 정보를 전해 주었다.

그렇게 새로운 기법을 배울 때마다 나는 즉시 발효액을 만들어 마시고 바르고 화초에 뿌려가며 효능을 실감했다.

EM으로 환자의 고통 덜다

미얀마에 있는 동안 처음엔 비자 문제로 3개월에 한 번씩 한국이나 인근의 다른 나라를 드나들었다. 그곳에 거주하는 동안은 이런저런 실망과 좌절도 겪지만, 밖에 나가면 언제나미얀마에 도움이 될 만한 일들을 생각하고 있었다.

그때 문득 EM으로 무언가를 해볼까 하는 생각이 들었다.

우선은 EM을 발효시킨 후 진흙 볼을 만들어 악취가 나는 하수구에 뿌려보고 싶었다. 원액은 한국에 다녀올 때마다 사다 놓은 것이 많이 있었다.

한때 EM에 빠져 제주도를 수없이 드나들며 배운 지식을 제대로 써보리라 작정을 했다.

그런데 막상 배운 것을 이렇게 쓰게 될 줄이야. 마음속에는 이미 동네 하수구 정화, 돼지 농장의 악취 제거, 채소재배 등 이런저런 발상들이 솟구치고 있었다.

우선 대용량 발효조를 구해서 효소액과 진흙 볼을 만들어야 했다. 그런데 막상 쉽게 구할 수 있을 것 같던 드럼통 하나 구하기가 쉽지 않았다. 가난한 마을이다 보니 입맛에 맞는 그런 용기가 있을 리 없었다.

운반도 그렇고 소요 경비 등 모든 것을 내가 다 감당해야 하는데 양곤 시내에서 큰 통을 사서 싣고 올 수도 없는 일 아닌가. 아쉽지만 그 계획은 추후과제로 미룰 수밖에 없었다.

제주 EM학교의 1주일 교육이 아쉬워 수시로 학교를 찾아다니며 얻어 낸 온갖 자료와 데이터도 있고 자신도 있었지만 다음을 기약하기로 했다.

이번엔 방향을 바꿔 환자 치료에 도움이 될 만한 효소를 만들어 보기로 했다. 사실 재료 자체가 무독성 유용미생물인데다 재료도 쌀뜨물과 설탕, 소금을 가미한 것이라 몸에 해로울 리는 없었다. 그래도 내 몸으로 검증하기 위해 다양한 방법으로 마셔보고 바르고 구강소독도 하며 다시 한번 확신을 갖게 되었다.

미얀마 따바와센터에는 정말 우리나라에선 쉽게 볼 수도 없는 환자들이 많다. 피부병이 극심한 에이즈 환자부터 뼛속까지 보이는 중증의 등창 환자, 심지어는 피부병 걸린 떠돌이 개들까지 각종 질환으로 고통을 겪고 있었다.

고도로 발전된 현대의학으로도 치료가 어려운 병증의 하나가 욕창이다. 이는 자력으로 움직이지 못해 누워있는 중증 환자들에게서 주로 발생한다.

오랫동안 누워서 지내다 보니 혈액순환 장애로 대퇴골두나 장골

등과 같이 주로 침대와 마찰이 되는 허리 부위 돌출부에 많이 발생한다.

미얀마 따바와센터에도 욕창 환자가 많았다. 노인의 경우 누워서 지내는 중증 환자에게서 나타났고, 젊은이들은 사고로 하반신 마비일 경우 대개 욕창이 동반된다.

욕창이 심한 환자는 살과 근육이 다 녹아내려 뼈까지 보이기도 한다. 그 정도로 진행이 되면 냄새도 역하고, 치료도 거의 불가능한 상태가 된다.

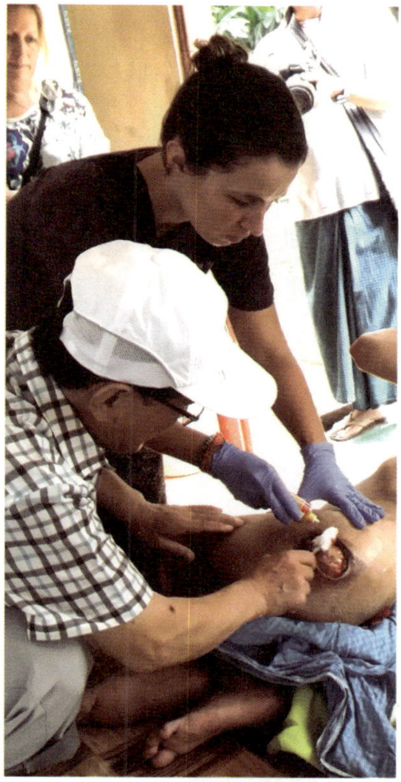

아르헨티나 의사 지오르지나의 도움을 받으며 욕창 치료를 시작했다. 2016.09.12

한번은 25세의 젊은 환자가 왔다. 야자나무에서 추락하여 하반신 마비가 된 것이었다. 정신은 말짱하고 두 눈은 반짝였지만 움직이지 못하는 몸을 보니 안타깝기 짝이 없었다.

내가 할 수 있는 모든 정성을 쏟아 고쳐보리라 다짐을 하면서 침을 놓았다. 먼저 척추 협척혈에 모두 침을 꽂았다. 하지의 발끝마다 기단혈을 다 따고 화혈에 침을 놓고 염전을 해도 무감각이었다.

대소변 줄을 차고 주로 옆으로 누워있어 대퇴골두의 튀어나온 부위에 욕창이 있었다. 대략 직경 7센티에, 깊이도 2센티 정도로 뼈가 보일 지경이고, 냄새도 고약했다.

처음엔 환부 주변을 소독하고 그 부위에 산침을 놓아 염증으로 인한 열을 내리고, 식용 EM 가루를 뿌린 후 거즈로 덮고 마무리를 했다. 그런데 다음날 환부에 덮어 놓았던 거즈를 떼려고 하니 EM 가루와 욕창부위가 엉겨 붙어 뗄 수가 없었다. 할 수 없이 발효시킨 액체 EM을 뿌리고 불려서 거즈를 제거했다.

이번에는 거즈만 몇 장 접어 환부에 올려놓고 그 위에 발효 EM 용액을 뿌리고 비닐과 반창고로 고정했다. 물론 그전에도 욕창 환자 몇 명을 다뤄보기는 했지만 좀 더 신경을 써가며 치료했다. 그런데 다음날 환부의 거즈를 떼고 보니 악취도 사라지고 환부의 피고름도 멈춘 것 같았다.

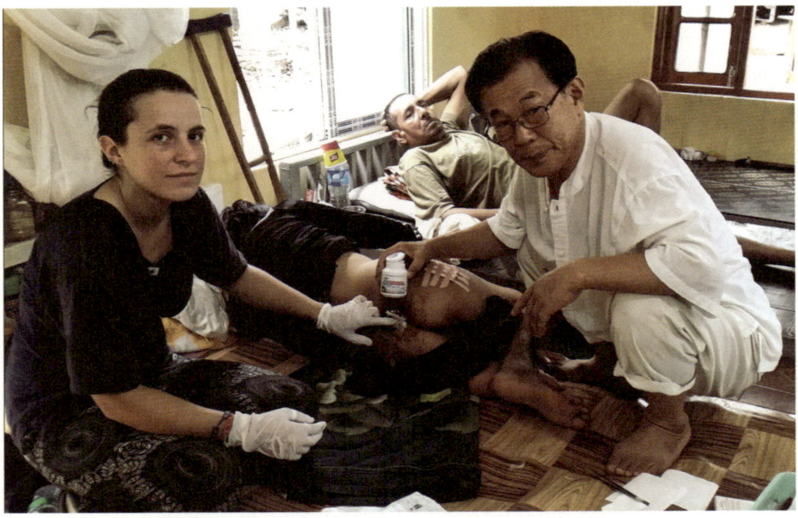

욕창 치료에 EM을 활용했다. 지오르지나가 함께 했다. 2016.09.27

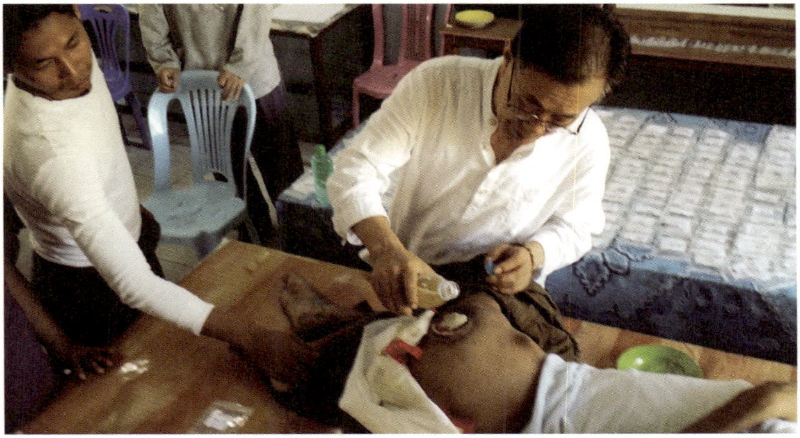
EM발효 용액을 욕창 부위에 뿌리고 있다. 2017.01.24

그 순간 "아 치료가 되겠구나"하는 확신이 들었다.

매일 침을 놓고 EM을 뿌리니 환부의 열감도 없어지고 침 맞는 하반신의 감각도 조금씩 돌아오는 것 같았다. 치료 기간을 2~3일에 한 번씩으로 조정하며 꾸준히 치료해 나갔다. 아직은 젊은 사람이니 반응도 빨리 오는 듯했다.

그렇게 두어 달 치료하고 나니 욕창은 완전히 치료되었고, 하반신의 감각도 대부분 돌아왔다. 물론 완전체로 돌아오진 못했지만 그래도 보조구에 의지하여 움직일 수 있다는 것은 환자나 시술자나 큰 행운이었다.

우리나라에서는 EM을 주로 청소용이나 냄새 제거, 농작물 관리 등에 사용하는 것으로 알려져 있다.

물론 나는 식용EM 원액을 사용했지만 조금만 생각을 바꿔 활용해 보면 놀랄만한 효과가 있음을 체감할 수 있다.

에이즈 환자의 병상 가림막을 걷어내게 한 EM

미국인 의사의 권유로 에이즈 환자에 대한 침술 치료를 시도해 본 지 1년쯤 후에 그 에이즈 병동의 사정이 궁금해 둘러 보았다. 치료하던 환자 네 명 중 세 명은 죽고 없었다.

귀퉁이 한 곳에 치마로 커튼을 둘러친 것이 보였다. 왜 커튼을 쳤느냐고 물어보니 나에게 치료받던 에이즈 환자가 피부병이 악화되어 다른 사람에게 자신의 흉한 모습을 보이기 싫어서 가려 놓은 것이라고 했다.

한편 반갑기도 하고 궁금한 마음에 커튼을 젖혔는데 차마 말할 수 없을 정도로 참혹했다. 몸은 물론 얼굴 전체가 헐어 딱지가 앉고 진물이 흐르고 있었다. 치료는커녕 얼굴을 마주 대하기조차 어려울 지경이었다.

나를 본 그녀는 반가움과 슬픔이 교차된 듯 눈물 가득히 나를 쳐다보며 씁쓸히 미소를 지었다. 사십대 중반 여성이 어린 자식들을 집에 두고 몹쓸 병이 걸려 죽을 날만 기다리고 있으니 그 마음이 오죽하겠는가. 생각 같아서는 꼭 안고 다독여 주고 싶었지만 그럴 수도 없었다.

그녀도 외항선원인 남편과 유복하게 살다가 남편이 에이즈로 먼저 죽고 자신도 뒤늦게 감염이 확인된 것이라고 했다.

이런저런 고민 끝에 피부에 좋은 재료를 가미한 EM발효액을 만들어 1.8리터 두 병을 갖다 주었다. 수시로 물에 타서 마시고 바르도록 했다.

EM을 먹고 바른 지 20일 정도 후에 피부병이 치료되었다. 2020년 6월 코로나로 인하여 귀국 직전 사진. 2020.06.10

EM효소는 식용을 목적으로 만들었기에 부작용이 있을 리는 없었다. 그리고 한 달 후쯤 에이즈 병동을 갔더니 커튼이 치워져 있었다.

그녀의 얼굴을 본 순간 내 눈을 의심하지 않을 수 없었다. 모든 피부병이 언제 그랬냐는 듯 깨끗하게 나은 것이었다. 보고도 믿을 수 없을 지경이니 나 또한 뛸 듯이 기뻤다.

그녀는 환한 얼굴로 나를 보고 감사의 인사를 했다.

불과 한 달 만인데 완전히 껍질 벗은 누에처럼 뽀얗고 다른 사람

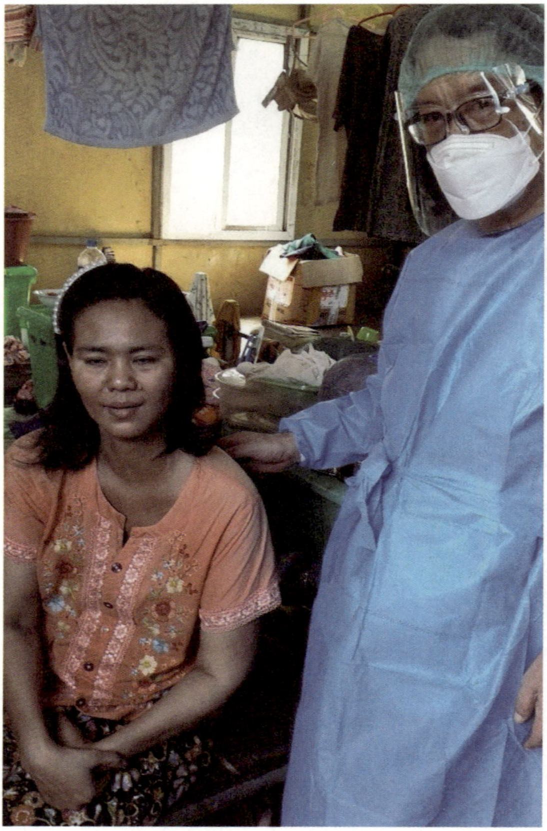

2020년 6월에 EM으로 피부가 회복된 에이즈환자 2021년 8월 모습. 당시 미얀마 후원 물품을 전달하기 위해 따봐와센터를 방문한 정선교 선생이 사진을 찍어 보내며 그 여성이 정 선생이 다시 오기를 간절히 기다린다고 전해 왔다. 2021.08.10

이 되어있었다. 전보다 약간 나아진 정도가 아니었다. 흉측하던 피부가 상처 하나 없이 깨끗하게 회복되다니.

나도 통역도 깜짝 놀랐다. 어느 정도 효과야 기대를 했지만 정말 믿을 수 없었다. 동행했던 미얀마 전통의사회 총무도 감탄을 금치 못했다.

나는 그 발효액이 다른 종류의 피부병에도 효과가 있을지 궁금했다. 전통의사회 총무에게 EM발효액 5병을 주면서 다른 피부병

2022년 다시 미얀마를 방문한 뒤부터는 EM제조법을 미얀마 전통의사들에게 전수했다.

환자에게도 사용해 보라고 했다.

며칠 후 전통의사회 총무가 나를 찾아왔다. 먼저 주신 효소를 사용해 보니 피부병 환자들에게 탁월한 효험이 있다고 했다.

그리고 병에 가라앉은 건더기는 길가의 유기견들을 치료하는 외국인 수의사에게 건네주었다. 그곳에는 주인 없는 들개들이 떼를 지어 다니는데 날씨 탓인지 대부분 털이 없고 피부병이 만연해 흉측하기 짝이 없었다. 그 발효액 건더기를 며칠 사용해 본 외국인 수의사들도 개의 피부병에 잘 듣는다고 좋아했다.

그러나 사람이든 짐승이든 EM을 사용하기 전과 후의 혈액 성분이 어떻게 되는지 수치상의 변화를 알 수 없으니 안타까울 뿐이었다. 무엇이든 대중에게 설득력을 얻으려면 계량화된 자료가 필요하지만 현실적으로 불가능한 일이었다.

2022년 다시 미얀마를 방문했을 때 다양한 질병의 환자들에게 EM을 사용해 보았다. 그 결과 피부병은 물론 욕창, 소화기 장애와 변비, 에이즈 환자의 심각한 피부병에도 기대 이상의 효과가 있음을 다시 한번 확인하게 되었다.

이것은 나 혼자만의 임상 결과가 아니라 미얀마 전통의사들과 함께 검증한 것이다. 미얀마 전통의사들은 이 EM을 상품화하자고 제안하기도 했다. 이에 따라 성분과 제품의 표준화를 위한 다양한 계획을 구상하고 있어 머지않아 결실이 있을 것으로 생각하고 있다.

내가 꼭 사업으로 이어가기 위함도 아니다. 침뜸이나 EM이나 의료 환경이 열악한 미얀마인들의 건강에 조금이라도 도움이 되었으면 하는 바람 때문이다.

Ⅱ. 아내를 보내고 봉사의 길로

알렌과의 로맨스는 가슴에 묻고

독일 광산에서 광부로 일하면서 어학원을 다닐 무렵이었다. 금발의 독일 아가씨 알렌과의 로맨스가 시작되었다.

그는 내가 어학원에 가는 시간에 늘 같은 버스를 탔다. 처음엔 버스에 타자마자 눈을 감고 졸았으니 옆 사람이 누구든 의식하지 못했다. 그러나 거의 매일 만나다 보니 안면을 익히게 되자 눈인사를 하게 되고 차차 말을 걸며 가까워지게 되었다.

그는 변호사 사무실에서 근무했다. 나보다 아홉 살 아래인 22세였는데 매우 영리하고 사려 깊은 아가씨였다. 젊은 남녀가 자주 만나니 사랑으로 발전했지만 어쩌면 지독한 외로움과 고달픔에 대한 안식처가 필요했는지도 모른다.

그때 나는 31살. 차차 언어도 불편함이 없게 되고, 세계 어디서나 알아주는 독일 최고의 용접사 자격까지 소지하니 두려울 게 없었다.

그즈음 알렌과의 사랑도 더욱 깊어져 캐나다로 이민을 계획하고 있었다. 물론, 연로하신 부모님과 동생들 그리고 고향의 처자식이 마음에 걸렸다. 가족을 배신해야 한다는 죄책감도 컸지만 단순한 사랑의 도피만은 아니었다. 마치 여의주를 입에 문 용처럼 더 넓은 세상을 향해 끝없이 날아보고 싶었다.

가족들에게 지은 죄는 반드시 성공으로 보답하리라 생각을 굳혔다. 캐나다 입국 비자와 항공권까지 예약한 상태로 일단 귀국했다.

독일 광부 시절 라인강 강가로 놀러 가서 만난 독일인 친구들과 함께 찍은 사진. 맨 뒷줄 가운데가 정일교, 그 옆 나란히 선 긴 머리 여성이 알렌.

5년 만에 밟아보는 고국 땅. 늘 꿈속에 그리던 강원도 동해. 고향은 그대로였다. 달라진 것은 오직 눈에 띄게 늙으신 부모님과 부쩍 커버린 동생들, 그리고 아이들이었다.

반갑기는 하지만 아내를 보니 가슴이 짠했다. 홀로 맏며느리 노릇을 하며 아이들까지 키우느라 얼마나 고생이 많았으랴.

게다가 또다시 캐나다로의 먼 여정을 생각하고 있었으니 양심의 가책과 미안함이 겹쳐져 아내의 얼굴조차 마주 보기가 힘들었다.

집안 사정은 별반 나아진 것도 없었다. 그동안 보낸 돈으로 장만한 것이라곤 고작 논 1천여 평과 밭 5백 평이 전부였다.

강릉 처가를 가면서 아내는 내가 독일 가던 해에 사자고 했던 그 땅이 지금은 요지가 되었다며 30만 원 안 보낸 것을 원망했다. 그것만 장만했어도 장사를 하든 세를 놓든 생활에 지장이 없었을 것이라는 이야기였다. 맞는 말이었다.

돌이켜 보면 내 생각이 짧았다. 한 달 생활비 안 보낸다고 큰일 나는 것도 아닌데 워낙 어렵게 생활하던 부모님과 7남매 동생들만 생각하다 보니 처가 쪽으로 돈을 보낼 수가 없었다. 그 일은 오랫동안 나에 대한 아내의 타박거리가 되었다.

암튼 오랜만에 남편을 만난 아내는 자식들과 오손도손 살아갈 계획을 이야기했다.

나는 마음이 무거웠다. 오랜만에 만난 남편 앞에 안도하는 아내를 보며 또다시 캐나다로 가겠다고 말하려니 입이 떨어지질 않았다.

우선 아내와 아이들을 데리고 서울 구경을 하기로 했다. 오랫동안 고생한 가족들을 위한 가장으로서 최소한의 도리였다. 사흘간 전차도 타고 맛있는 음식도 먹으며 남산과 창경원, 경복궁도 들렀다. 짧은 여행이나마 아이들이 즐거워하니 나도 아내도 행복했다. 그렇게 좋은 시간을 보내고 마지막 날 분위기를 잡아가며 아내에게 넌지시 캐나다 이야기를 꺼냈다.

예상대로 아내는 아연실색 펄쩍 뛰었다. 반응은 차갑고 단호했다.

"가려면 이혼하고 가세요."

그동안은 무엇이든 나를 믿고 따라주던 아내였지만 이번에는 달랐다. 그러면서 '아이들은 동해 어머님 댁에 데려다 놓겠다'고 했다.

예상 못 한 일은 아니었지만 난감하기 짝이 없었다. 독일에서 나를 기다리는 알렌과 캐나다에 가서 펼쳐보고자 했던 그 꿈들을 모두 접어야 한단 말인가.

아내는 그동안 쌓인 고생과 원망의 기억들을 소환해 냈다. 그 말을 듣는 내내 한마디도 할 수 없었다. 그리 길지 않은 결혼 생활에 얼마나 떨어져 살았으며 참 수많은 질곡이 있었구나 생각하니 눈물이 핑 돌았다.

밤새 뒤척이며 뜬눈으로 힘든 밤을 지새웠다. 아내의 말이 옳았다. 이젠 아내의 말에 응답할 때가 된 것 같았다. 아빠와 함께 있다며 한없이 좋아하다 천사처럼 잠든 아이들을 보니 그동안 내 생각만 하며 산 것 같아 부끄럽기 짝이 없었다.

언제나 결심하면 앞뒤 안 가리고 행동으로 옮긴 나였다. 또한 세상의 넓음을 경험하고 자신감에 불타오르던 큰 꿈을 붕(鵬)의 날개처럼 활짝 펼쳐보고도 싶었다.

그러나 이제 혼자 꿈꾸며 그려온 사랑도 성공도 한낱 헛꿈으로 날려 보내야만 했다. 미련도 있었지만 마음을 정리하니 홀가분하기까지 했다. 결혼했으면 가족의 삶과 행복도 책임질 줄 알아야 가장이지 성공하고 돈만 번다고 되는 일은 아니지 않겠는가.

마음을 접고 부산으로 가기로 했다. 부산 땅은 밟아 본적도 아는 사람도 없었다. 그곳을 선택한 이유는 서울 다음가는 도시였고 조선소가 많았기에 그만큼 기회도 많으리라 생각했기 때문이었다. 세상 어디를 가도 살아갈 자신이 있었다. 그러나 서울은 싫었다. 고1

때 구두닦이에 신문 배달에 하도 고생을 많이 해서인지 왠지 서울은 피하고 싶었다.

우선은 나 혼자 부산으로 내려가 일자리와 집을 얻은 후 가족들을 부르기로 했다. 짐이라고 해야 단출하기 그지없었다. 독일에서 들고 온 캐리어 여행 가방 하나만으로도 충분했다.

부산에 도착하자마자 영도 조선소를 찾아갔다. 조선소 기술부장을 만나 내 소개와 독일 용접사 자격을 이야기하자 바로 취업이 확정되었다. 당시만 해도 우리나라에서는 독일 자격증과 경력 정도면 어디를 가나 대환영이었다.

부산 충무로에 있는 쌀집 2층에 1백만 원짜리 전세를 얻어놓고 아내를 불렀다. 아내는 짐은 별도로 보내고 아이들과 함께 기차를 타고 내려왔다. 그 시절엔 집집마다 전화가 없을 때라 쌀집에 있는 주인집 전화로 연락했다.

그즈음 독일에 있는 알렌에게선 하루가 멀다 하고 동해 고향 집으로 편지가 온 모양이었다. 독일어로 된 편지를 알 길이 없으니 오는 대로 쌓아 놓기만 했다.

그런데 서울에서 대학을 다니다 방학을 맞아 인사차 들린 친척 동생을 통해 편지 내용이 탄로가 났다. 가족들도 알렌과의 관계를 알게 되고 아내에게도 전해졌다. 나는 나중에야 그 소식을 들었지만 어쩔 수 없는 일이었다. 그저 부산 앞바다에 보름달이 떠오르면, 저 멀리 지구 반대편에 있을 그녀의 얼굴을 떠올리며 그리워할 뿐 아무것도 할 수 없었다.

그 일을 계기로 아내는 한층 예민해졌다. 무언가 불만이 생기거나 못마땅한 일이 생길 때마다 알렌과의 일을 꺼내 닦달하곤 했다.

세상의 모든 것을 치유하는 만병통치약이 시간이라 했던가. 그럭저럭 세월이 흐르니 그리움도 아쉬움도 아련히 잊혀갔다.

독일에서 익힌 용접 기술로 새로운 항해

차츰 조선소 일에 적응이 되어가고 있을 때 반장이 나를 불렀다. 당신은 여러 가지로 뛰어난 인재인데 이곳에서는 능력에 합당한 대우를 해줄 수가 없다. 당신이 원한다면 내가 추천해 줄 테니 창원에 있는 코리아 타코마라는 회사를 가보라고 했다.

무슨 회사인지도 모른 채 대우가 좋다는 그의 말을 믿고 회사를 찾아갔다. 그런데 경비가 삼엄하고 일반 회사와는 달리 헌병들이 보초를 서고 있었다. 일단 소개받은 사람을 찾았더니 나의 이력서만 가지고 들어갔다. 그런데 몇 시간을 기다려도 연락이 없다가 날이 어두워질 때쯤에서야 신원조회 때문에 늦었다며 기숙사로 안내했다.

그 회사는 무기를 만드는 곳이며, 매우 중요한 군사 보안구역이라고 했다. 그렇게 간단하지만 엄격한 절차를 거쳐 새로운 직장을 얻게 되었다.

다음 날 아침 작업장에 가보니 전 과정이 알곤 용접을 하고 있었다. 당시만 해도 우리나라에는 알곤 용접은 생소한 때였다.

나는 독일의 요트회사에서 늘 알곤 용접만 해 왔기에 매우 익숙한 일이었다. 내 자리를 확인한 후 지급받은 포장도 안 뜯은 새 용접기를 조립했다. 마침 그 용접기도 독일제니 당연히 설명서도 독일어로 되어있어 친숙하기까지 했다.

그렇게 어려움 없이 일을 시작한 지 며칠 지나지 않아서였다. 웅성거리는 소리와 함께 한 무리의 사람들이 작업장 앞을 지나가고 있었다. 그런데 가운데 키가 큰 갈색 머리의 외국인도 눈에 띄었다.

나는 그저 독일에서처럼 별생각 없이 "구텐 탁"하며 인사를 했다. 그러자 이 외국인이 가던 길을 멈추고 나에게 다가오더니 독일어를 아느냐고 했다. 나는 함본 광산에서 일했고 독일 면허를 가지고 요트회사에서 용접사로 근무 했다고 하니 반갑다며 인사를 나누고 지나갔다.

그 일행이 지나간 후 얼마 지나지 않아 기술주임이 찾아왔다. 그는 사무실로 나를 안내하여 사정을 이야기했다. 용접한 제품에서 계속 하자가 발생하니 원인을 분석해 달라고 했다.

내가 '구텐 탁'하며 인사를 한 독일 엔지니어가 제품을 검사한 모양이었다. 우리 부서에 용접사가 50명인데 내가 용접한 제품만 엑스레이 투시 결과 모두 하자 없이 완벽하다는 것이었다.

오늘부터 용접사 5명씩 조를 편성해 3일씩 교육만 하라고 했다. 입사 일주일도 안 되어 졸지에 기술 교관이 된 것이었다. 한 달 후 봉급 30만 원을 받았다. 대단한 대우였다.

여자는 사랑하는 사람을 위해 목숨을 바치고 남자는 자기를 알아주는 사람을 위해 목숨을 바친다고 했던가. 가자마자 능력을 인정받고 최고의 대우를 받으니 더없이 행복했다. 나는 뭐든지 한 가지 시작하면 그 일에만 몰두하는 성격이다.

그렇게 두어 달 지났을 때 아내가 창원의 공장 사무실로 전화를 해왔다. 왜 연락도 한번 없느냐고 난리였다. 꼼짝없이 주말에 부산 집으로 갔다. 아내는 불같이 화를 냈다.

"나는 이제 애들 당신 회사에 데려다 놓고 고향으로 가겠다."라고 했다. 일만 알고 자신만 생각하는 당신과는 더 이상 살 수 없다는 폭탄선언이었다.

"결혼하자마자 독일 갔다 와서 이제 또 애들은 나한테 맡겨놓고, 이게 가정이냐?"라며 푸념하는데 나도 할 말이 없었다. 그러면서 아내는 나에게 '부산에서 자신과 같이 장사를 하자'고 제안했다. "갑자기 자본금도 정보도 없이 무슨 장사를 하느냐"고 물었다.

아내는 "이번엔 자신을 믿어보라." 했다. 그야말로 굿이나 보고 떡이나 먹으라는 말이었다. 실은 아내도 어려운 살림에 아이들 키우느라 찌들어 그렇지 영민하고 사려 깊은 여자였기에 믿어보기로 했다.

처음에 가지고 온 3백50만 원 중 1백만 원과 회사에서 받은 봉급 60만 원을 주었다.

아내는 부산에서 가게 터를 잡아놓고 부를 때까지만 창원에서 회사를 다니고 있으라고 했다. 나도 그러마고 약속하고 회사로 돌아왔다. 그리곤 6개월 후 회사에 퇴직신청을 하게 됐다. 회사에서는 깜짝 놀라며 너무나 아쉬워했다. 조금만 더 근무하면 봉급도 올려주고 조직개편 하면 승진도 시켜 주겠다고 했다. 실은 나도 아쉽기는 마찬가지였지만 어쩔 수가 없었다.

독일에서 천신만고 끝에 받은 자격과 기술을 인정받아 고액 연봉과 안정된 생활이 보장되는데 6개월 만에 퇴직하려니 미련은 많이 남았다. 마치 굶주린 맹수가 먹이를 눈앞에 두고 쓸쓸히 돌아가는 꼴이 되고 만 것이었다. 그래 기회는 또 만들면 되리라고 자위하며 부산으로 돌아갈 가방을 챙겼다.

아내의 권유 따라 자갈치 시장으로

아내의 연락을 받고 가 본 현실은 초라하기 그지없었다. 자갈치 시장 한구석에 자리 잡은 조그만 상점에는 크고 작은 소주 몇 박스와 담배, 라면 그리고 약간의 생필품들이 다였다.

둘러본 순간 부아가 치밀어 올랐다. 이 구석진 구멍가게에 앉아 무얼 하라고 잘나가던 나를 불렀단 말인가. 여기서 벌어서는 우리 식구 밥 먹고 살기도 어려울 것 같아 답답하고 한숨이 절로 나왔다.

그래도 아내는 뭔가 믿는 구석이라도 있는 듯 의기양양했다. 며칠 지내며 눈여겨보니 의외로 장사가 제법 잘되는 것 같았다.

그것은 주민을 상대로 한 장사가 아니고 먼 바다로 나가는 배에 생필품들을 배달해 주는 가게였다. 즉 큰 배들이 잡아 온 생선이나 선적물을 옮기는 시간에 그들이 필요한 품목을 주문한 대로 배로 전달해 주는 상점이었다.

나는 그런 물건들을 배달하며 시간을 보냈다. 간혹 큰 배가 들어오면 술이며, 담배, 라면 등 엄청난 물량을 배달하기도 했으니 수입도 예상보다 많았다.

그 생활에 익숙해질 무렵 새로운 사업에 눈을 뜨게 되었다. 자갈치 시장에서 경매업무를 보는 친구들을 사귀면서 알게 된 일이었다. 객지라 외롭기도 하고 친구도 필요하니 술도 사고, 커피도 마시며 각별히 지내던 친구가 '젊은 놈이 가게 물건배달이나 해서 되겠느냐'며 같이 수산물 중개업을 해 보자고 했다. 늘 듣던 이야기도 있고 새로운 일에 대한 호기심도 있기에 그러자고 했다.

다음날 새벽시장에서 만나 장화와 앞치마, 쇠갈고리를 가지고 생선을 나르며 일손을 거들었다.

우리가 하는 중개업이란 5인 1조가 되어 당일 경매 받은 생선을 중간 도매업자들에게 팔아 수수료를 나눠 갖는 방식이었다.

첫날 아카모치(붉은 볼락)를 상자당 만오천 원에 2백 상자를 낙찰받아 당일 팔았다. 오후에 다 팔고 나니 총무가 이익금이라며 5만 원씩을 나눠 주었다. 시간이 오후 3시쯤 되었을 때였다.

그때가 1980년이었으니 5만 원이면 어지간한 직장인 한 달 봉급이었다. 그런데 단 몇 시간 만에 이런 돈을 벌다니 참 신기하고 구미 당기는 일이었다.

집사람에게 그 돈을 건네며 자랑했다. 그러자 아내는 남자가 돈 몇 푼에 뭘 그러느냐며 그 돈으로 같이 식사도 하고 잘 지내며 일을 제대로 배워보라며 등을 떠밀었다. 아내가 그렇게 응원해 주니 더욱 신이 나서 친구들과 어울리며 일에 재미를 붙이고 있었다.

그런데 역시 장사란 그날그날이 다르고 기복이 심했다. 하루는 물건이 영 팔리지를 않아 안달이 나고 답답했다. 나이 지긋한 경매

부산에서 수산물 사업을 하던 시절 아내와 함께 나들이

인에게 물어보니 오늘 공동어시장에 그 생선이 개락이라고 했다. 즉 그 생선이 엄청나게 잡혀 다른 어시장도 물량이 넘친다는 소리였다.

친구 따라 몇 번 재미를 본 후 천지분간 못한 채 바람이 들어 돌아다녔는데 어슴푸레 감이 왔다. 수산물 가격은 여러 곳의 어시장 어황에 따라 연동된다는 것이었다. 물건이 안 팔리는 날이면 냉동창고에 입고하는데 박스 당 매일 4백 원씩 수수료를 내야 하니 상품 가치는 떨어지고 지출만 늘어나곤 했다.

그렇게 한두 달쯤 지나니 자연스레 부산지역의 어가 형성 매커니즘이 보이기 시작했다. 그때부터는 남들보다 더 일찍 일어나 부산에서 제일 큰 남부민동어시장 등 몇 군데를 돌아보니 그날그날 동향파악이 되었다. 부산바닥의 어획동향을 읽고 난 다음부턴 보조가 아니라 주전멤버로 위상이 바뀌게 되었다.

하루는 다른 어시장에 전갱이가 전혀 안 보이기에 당일 전갱이 7백 상자를 전매하자고 했다. 친구들은 아직 나를 애송이로만 보고 있는데 그렇게 우겨대니 난리였다.

나는 이미 다른 몇 곳의 시장을 돌아보고 온 터라 자신 있게 입찰을 보았다. 그런데 친구들은 빨리 팔아야 하니 늘 하던 대로 상자당 1만5천 원만 받자고 했다.

높이 나는 새가 멀리 보고 일찍 나는 새는 굶지 않는다고 했잖은가? 나는 이미 전갱이는 여기밖에 없다는 걸 알고 있었다. 그래서 2만5천 원을 불렀다.

친구들은 놀란 눈으로 쳐다보았지만 하루 만에 상자 당 1만원이 올랐는데도 거래가 되었다. 몇 시간 지나서 나머지는 2만 원에 모두 팔았다. 당초 받으려던 1만5천 원을 제하고도 수백만 원이 남았다. 실은 나도 깜짝 놀랐다.

총무에게 6등분을 시켜서 중매인 몫까지 챙겨주었다. 원래 중매인은 수수료 7%만 주는 것이 관례인데 생각지 못한 큰돈을 받은 그는 너무나 고마워했다. 그 일을 계기로 중매인은 확실한 나의 우군이 되었다. 내가 부산에서 수산물 유통업을 하는 동안 계속해서 많은 도움을 주었다.

졸지에 부자 됐다가 한순간에 주저앉아

채 1년이 안 되는 짧은 기간이지만 부산의 수산물 유통구조를 꿰뚫고 관련 업계 종사자들과도 교분을 쌓게 되었다. 10년을 넘게 그곳에서 일해도 생각 없이 시키는 일만 하면 아무것도 몰랐다. 비록 당일치기 중간 도매상이긴 하지만 그렇게 단단하게 자리를 잡아 가고 있었다.

하루는 총무를 맡아 나를 이끌어주던 친구가 본격적으로 수산물 유통업을 해 보는 것이 어떻겠냐고 권유했다. 자신의 작은 아버지가 수산물 도매업을 하는데 나이도 들고 해서 정리하려고 한다는 것이었다. 자신은 적성에 안 맞으니 날 보고 맡아서 해 보라는 것이었다.

그래서 구경삼아 친구와 함께 가 보았다. 상가는 자갈치 시장 한편에 있는데 유동인구도 많고 괜찮을 것 같았다. 보증금 8백만 원에 월세가 2백50만 원인데 백색전화를 끼워서 주겠다고 했다. 지금이야 상상이 안 되는 이야기지만 그 당시 백색전화 하나만도 월 50만 원씩 할 때였다. 그때쯤엔 나도 수산물 유통의 흐름과 묘미를 어느 정도 알고 있었기에 관심은 있었다. 단 돈이 부족한 게 문제였다.

아내에게 이야기하자 자기가 어떻게든 돈을 마련해 볼테니 한번 해 보라며 용기를 주었다. 그 일로 아내의 수완과 통 큰 것을 실감했다. 하루 이틀 돈 구할 궁리를 하던 우리 부부는 과일 한 박스를 사 들고 집주인을 찾아갔다.

집주인은 쌀집도 크게 했지만 계주를 오래 해서 돈이 많은 사람이었다. 그에게 수산물 도매업을 하려는데 4백만원 정도 융통해 달라고 부탁했다. 당시 부산의 어지간한 집 한 채가 3백만 원쯤 하던 때였다. 그는 잠시의 망설임도 없이 도와주겠다고 했다. 이미 아내가 그가 계주인 계모임에 8구좌를 들고 있었고 신뢰하는 관계였기에 잘해 보라며 격려까지 해 주었다.

그렇게 빌린 돈과 아내의 가게를 정리한 돈을 모아 그 도매상가를 8백만원에 계약했다. 나머지 돈까지 긁어모아 냉동시설을 갖추다 보니 당장 물건 살 돈이 한 푼도 없었다. 어쩔 수 없이 또 소개한 그 친구에게 사정을 이야기했다.

그러자 돈 가지고 장사하냐며 내일 저녁이나 사라고 했다. 남포동 고급 일식집에 가니 웬 신사를 데리고 나와 있었다. 오양냉동 영업상무라고 했다. 친구가 소개하며 잘 도와 달라고 부탁을 하니 내일 아침 10시까지 회사로 오라고 했다.

다음 날 아침 일찍 회사를 찾아갔다. 어제 만난 상무 이야기를 하며 창구 앞 직원과 상의를 하며 가자미 2백 상자, 조기 5백 상자 등 필요한 양을 쭈~욱 적었다.

그걸 보던 상무가 내가 알아서 줄 테니 일단 가지고 가라고 했다. 조기 1천 상자를 포함해 대략 2천만 원은 족히 넘는 양이었다. 심장이 두근거리고 겁이 났다. 그렇게 주는 대로 가지고 와 일단 장부를 정리하고 보관해 놓았다.

친구는 또 이 업계에서 능력 있는 사람이라며 신 씨라는 직원도 소개해 주었다. 아예 봉급도 30만 원 정도 주라며 못을 박았다. 역시 그 사람은 경험도 풍부하고 수산물 유통업계의 마당발이었다.

이틀째 되던 날 20일 안에 냉동고에 있는 고기를 싸게라도 팔자고 했다. 그는 싸게 파는 거야 쉽지만 자기가 알아서 하겠노라 했다. 그렇게 신 씨 덕분에 높은 가격으로 월말까지 다 팔았다.

생선값 2천만 원을 가지고 가니 오양냉동에서 깜짝 놀랐다. 이번엔 5천만 원어치를 준다고 했다. 그렇게 갑자기 바람이 드니 자신감이 하늘을 찌를 듯했다.

당시 수산물 유통은 고려냉동, 대림수산 등 대형 업체들이 좌지우지하고 있었다. 원양어선에서 잡아 오는 수산물을 자기들 냉동회사에서 보관하고 팔릴 때까지 냉장 보관료를 챙겼다. 그런데 돈이 되는 것과 안되는 것이 있으니 신용도에 따라 적절히 섞어서 주었다. 즉 신용이 좋으면 좋은 것과 나쁜 것을 7:3 정도로 주고 신용이 나쁘면 좋지 않은 고기의 비율을 더 높여서 주는 방식이었다.

그렇게 몇 개월간 착실히 매출을 올리고 있을 때 웬 신사 한 사람이 찾아와 공손히 인사를 했다. 고려냉동 영업부장이라고 했다. 그는 다짜고짜 "사장님 소문 듣고 찾아 왔습니다. 오양냉동만 거래하지 마시고 저희와도 거래하시면 잘해 드리겠습니다."라고 하면서 대뜸 6:4로 1억 원 어치를 주겠다고 제안했다.

짧은 기간이지만 벌써 내 소문이 나는 것 같았다. 그들이 먼저 부탁하러 찾아오니 어깨가 으쓱해졌다. 그러나 기분은 좋지만 그 많은 물량을 받아낼 자신이 없었다. 신씨에게 전화했다. 그는 나와는 달리 태연하게 받으라고 했다. 그 말을 믿고 입고증을 받아들고 왔다. 그는 이제부터는 물량이 많아졌으니 지방의 대상들과도 거래하겠다고 했다. 그렇게 하루가 다르게 거래량을 늘려나가니 월매출이 금세 3억에서 5억까지 늘어났다.

갑자기 사업이 번창하니 주체할 수 없을 정도로 돈이 들어왔다. 우선 대신동에 정원 달린 넓은 2층집으로 이사를 했다. 쪽방살이 몇 년 만에 정원이 있는 대저택의 주인이 된 것이었다.

그때쯤엔 나 스스로도 경계가 안 될 만큼 교만에 빠져들고 있었다. 어찌 보면 잠시 흐름을 잘 탔을 뿐인데 능력으로 이룬 것이라 착각한 것이었다.

돈이라는 마약에 마비라도 된 듯 다른 사람의 조언 따위는 들리지도 않고 겁날 것도 없었다.

사업 규모는 점점 커져 일손도 많이 필요했다. 우선 재무담당으로 강릉에 있던 처조카를 불러왔다. 업무는 세금관리나 물건을 보내고 수금하는 간단한 일이었다. 그래도 워낙 물동량이 많고 빠르게 돌아가니 챙길 일들은 많아졌다.

나 또한 노련한 경험이나 치밀함보다는 사업 확장에만 몰입하다 보니 속으로 곪아가고 있는 것을 미처 깨닫지 못하고 있었다. 재무를 담당하던 조카마저 채 사업을 파악하기도 전에 너무 많은 외상을 주다 보니 수금에 어려움이 생기기 시작했다.

앞서 이야기한 대로 냉동회사들은 철저히 신용에 따라 잘 팔리는 고기와 인기 없는 고기의 비율을 맞춰준다. 그러니 오양냉동도 신용이 좋을 때는 7:3을 주다가 입금이 지연되자 5:5까지 떨어졌다.

보통 안 팔리는 고기는 손해를 보고 잘 팔리는 고기에서 이익을 남기는 시스템이다. 수금이 늦어질수록 안 팔리는 고기의 비중은 늘어났다. 당연히 재고는 늘고 수금은 더더욱 지연되니 여기저기서 불길한 조짐들이 나타나고 있었다.

뒤늦게 문제의 심각성을 깨닫고 급한 대로 지방의 큰 거래업자 몇 군데를 찾아갔다. 그러나 그들은 이미 작정하고 재산을 모두 빼돌린 뒤였다.

잡힐 듯 잡히지 않는 신기루를 쫓다 날개도 없이 추락하는 거지꼴이 되고 말았다. 사업도 우리네 삶처럼 오랜 세월 부침을 겪으며 성장해야 단단해진다. 뿌리 깊은 나무라야 바람에도 잘 견디는 법, 모래 위에 세운 성이 그리 오래 갈 수가 있겠는가?

마당 너른 2층 양옥에서 아이들과 고기 구워 먹으며 꿈같이 살던 영화는 길지 않았다. 그렇게 5년이라는 짧은 기간 화려하게 쌓아 올렸던 금자탑은 일장춘몽이 되고 말았다.

아무리 생각해도 회생은 불가능했다. 하루라도 빨리 정리하는 것이 현명할 것 같았다. 집과 냉동차 등 돈 될 만한 것들은 모두 정리해 부채를 청산하고 나니 달랑 4백만 원이 남았다.

그 돈으로 남부민동 상가 3층 단칸방에 가족들을 옮겨놓았다. 좁은 방에 들어앉아 아이들을 보고 있노라니 현실을 인정하고 싶지 않았다.

부산이 싫었다. 어디든 떠나야만 했다. 그러지 않으면 미쳐 버릴 것만 같았다. 가장 빨리, 가장 멀리 떠날 수 있는 길을 찾기로 했다.

또다시 해외로 열사의 나라 사우디에서 3년

77년부터 불꽃같이 살았던 부산에서의 5년. 드라마틱한 성공과 고통스러운 실패의 기억을 가슴에 묻고 사우디로 떠나기로 했다. 물론, 결심하기까지 가족들에 대한 걱정과 재기를 위한 도전 등 고뇌와 번민으로 숱한 밤을 지새웠다.

나이가 어느덧 40대 초반이지만 자존심을 조금만 버리고 5년 전의 초심으로 시작한다면 그간 이 바닥에서 쌓아 온 인맥과 노하우로 충분히 재기할 수도 있었다. 그러나 믿어왔던 사람들로부터의 배신감과 자존심의 상처가 너무나 깊었다. 단 하루도 부산 바닥에서 호흡하며 지내던 사람들을 마주하고 싶지 않았다.

무조건 부산을 떠나기로 했다.

그렇게 생각해 낸 도피처가 사우디였다. 사우디로 갈 결심을 한 이유는 내심 독일을 가고자 한 혼자만의 생각이 있었다. 독일은 언어 소통은 물론 이미 5년여의 생활경험과 최고 용접사 자격이 있었기에 두려움이 없었다.

무작정 서울역 앞의 미륭건설 해외인력본부를 찾아갔다. 당시 해외인력부장은 나의 오랜 친구였다. 고향에서 같이 자라 군대도 같이 가고 바쁜 사회생활을 하면서도 늘 막역하게 지내 온 터였다.

갑자기 찾아온 나를 본 친구는 반가워하면서도 적지 아니 놀랐다. 그는 내가 부산에서 수산물 유통업으로 크게 성공해 눈코 뜰 새 없이 바쁘게 지낸다고 알고 있었기 때문이었다.

같이 친구의 집으로 가서 식사하며 이야기를 시작했다. 그는 내

사우디로 떠나기 전 아내와 아이들의 모습을 담아가고자 단칸방에서 사진을 찍었다.

이야기를 듣고도 못 보내 주겠다고 했다. 망했다곤 하지만 한때 성공한 사업가로 승승장구하던 내가 열사의 나라에 가서 외국인 근로자들과 막일한다는 것이 내키지 않는다는 것이었다. 그래도 뜻을 굽히지 않자 밤새워 마시던 술자리 끝에 '알겠노라' 확답해 주었다.

바로 다음 날 친구와 같이 회사로 가서 구비서류 목록을 받아 적어냈다. 즉시 신체검사 등 각종 서류를 챙겨 1주일 만에 서류접수를 끝냈다. 일사천리로 출국일이 결정됐다.

일단 한국을 떠날 수 있게 된 것만으로도 답답했던 가슴이 조금은 트이는 기분이었다. 게다가 독일까지 갈 수만 있다면야 또 한 번

도약의 계기를 만들어 볼 요량이었다.

그러나 김포공항에 도착하자마자 독일행 꿈은 이루어질 수 없다는 것을 알게 되었다. 비행기는 사우디 담낭까지 직행하는 전세기였기 때문이었다.

비행기에 오르는 순간부터 가슴이 조여 오는 것 같았다. 불과 몇 개월 전까지 부산에서는 누구에게도 꿀릴 것 없던 수산물 유통회사 대표였는데 공사장 잡역부를 자처하다니 참 인생이란 알 수 없는 일이었다.

지루한 여정 끝에 내린 담낭 공항에는 버스가 대기하고 있었다. 열사의 나라답게 공기가 후끈한 것이 숨이 탁 막히는 기분이었다. 줄을 서서 버스에 오르니 여권을 회수해 갔다. 귀국 시에 돌려주겠다는 것이었다. 공사장 인질이 되는 것 같은 느낌이라 기분이 좋지 않았다. 이젠 피할 수 없는 사우디 공사판의 노동자가 되고 만 것이었다.

원래 독일로 갈 생각에 조건은 따지지도 않고 온 터라 배수로 파는 팀에 배속이 되었다. 밖의 온도는 40℃를 넘나들었다. 나이 마흔을 훌쩍 넘겨 막일을 손에서 놓은 지도 오래다 보니 하루하루가 고역이었다.

공사현장은 킹사우스 왕궁을 짓는데 원청은 독일이고 미륭건설이 하청받아 기반 공사를 하고 있었다. 현장 직원이 2천여 명이나 되는 거대한 토목공사였다.

어렵게 생활에 적응해가며 한 2주쯤 지났을 때였다. 제법 여러 명의 관리자와 설계도를 든 외국인 남자가 지나갔다. 나는 외국인

사우디 근무할 당시 사막 여행 중

만 보면 늘 그래왔듯이 "구텐 탁"하며 인사를 했다. 가던 길을 멈춘 그는 반갑게 악수하며 독일어를 아느냐고 했다. 나는 독일에서 5년간 일을 했었노라며 독일어로 이야기했다.

그렇게 일행이 지나가고 얼마 후 노무과에서 나를 찾는 방송이 흘러나왔다. 웬일인가 하며 사무실로 달려갔다.

나를 본 주임이 대뜸 독일어를 어떻게 그렇게 잘하느냐며 이런 저런 신상을 물었다. 누구의 소개로 왔느냐고 했다. 어차피 이야기 하던 끝이라 묻는 대로 대답했다.

본사 해외인력부장이 친구라고 하자 깜짝 놀랐다. 자기도 강원도 삼척사람인데 인력부장과 친구라는 것이었다. 결국은 고향 친구의 친구가 되는 셈이었다.

현장은 왕궁건립을 위해 언덕과 호수 등 자연적인 환경을 만드는 방대한 공사였다. 또한 각종 지하 차수벽과 배수로, 정화조 등 다양한 공사들이 진행되고 있었다.

독일인 공사감독관은 한 달에 10일 정도 상주하며 업무를 지휘하고 있었는데 나를 보고 감독관이 상주하는 동안 그를 보좌해 달라고 했다. 독일어 능력 하나만으로 보직이 변경된 것이었다.

역할이 바뀌니 복장과 모자부터 달라졌다. 하루아침에 공사판 노동자가 관리자의 반열에 오른 격이었다. 그러나 규정상 현장에서 임의로 시급을 올릴 수는 없었기에 근무시간을 늘려서 어느 정도 보충해 주었다. 그래도 나로서는 업무도 수월해지고 봉급도 조금이나마 오르게 되었으니 더없이 좋은 일이었다.

당시의 봉급은 30만 원 정도였다. 그 시절 직장인들의 봉급에 비하면 적은 돈은 아니었으나 한때나마 사업가로서 큰돈을 만지던 나로서는 그리 만족할 만한 수준은 아니었다.

그렇게 1년쯤 지났을 때 잠시 휴가차 한국으로 귀국을 했다. 그리고 친구의 도움을 받아 정식으로 용접기술자로 계약조건을 바꾼 후 사우디 현장으로 복귀했다. 시급이 6달러로 조정되니 당시 사우디 파견기술자로서는 최고 수준이었다.

보직을 중기부로 받았는데 부장은 나에게 외국인 용접사들의 기술 지도를 맡아 달라 했다. 당시 사용하던 장비나 재료가 모두 독일제라 나로서는 더욱 편하게 일을 할 수 있었다. 그뿐 아니라 전용 GMC픽업도 한 대 배차해 주었다.

세월이 좀 흐르긴 해도 내 전공 분야라 업무적으로도 인정받고 일도 보람이 있었다. 그때는 시간적 여유도 많아 가끔 차를 몰고 외부로 다니며 현지인들의 장비 수리도 지원해 주었다. 요즈음 말로 재능기부로 현지 주민들에게 봉사도 하며 나름 재미있게 생활했다.

당시 월급은 60만원 정도였는데 아예 한국 본사에서 아내의 통장으로 입금하였다. 그렇게 사우디에서의 3년 생활을 모두 마치고 귀국하였다.

위태로운 도로 위, 화물차 기사로 고단한 삶

귀국하자마자 또 무엇을 해야 하나 고민하며 새로운 일자리를 찾아야 했다. 그때 마침 아내가 강원도 사람이 세관에서 나오는 화물을 전담하는 회사를 운영하는데 차 한 대를 지입해 운영하면 수입이 짭짤하다고 했다. 그럴싸한 생각이 들어 이야기나 들어보고자 다음 날 그 회사를 찾아갔다.

사장은 관세청에서 퇴직 후 세관 화물을 전담하다 보니 물량도 고정돼 있어 수입이 보장되는 안전한 회사라고 했다. 그러면서 마침 다른 운수업체에서 화물차 5대를 사려고 하는데 나보고 한 대를 인수하라고 했다. 마치 고향 사람을 만나 특별히 배려해 준다는 듯한 뉘앙스였다.

그런데 차를 보니 형편없이 낡은 차인데 8백만원이라 했다. 결국 번호판 값이었다. 그 시절엔 번호 따기가 쉽지 않을 때라 빨리 구하려면 어쩔 수 없었다.

차가 어찌나 낡고 오래됐는지 어지간한 고개는 넘지를 못했다. 어쩔 수 없이 껍데기만 남기고 2백만 원을 들여 모두 수리를 해야만 했다. 결국 천만원짜리 차가 된 셈이었다.

수리가 끝나자 열심히 일을 시작했다. 처음엔 월수입이 백여만 원은 되었다. 그때가 85~86년 무렵이니 1백만원이면 큰돈이었다. 수입에 비해 일도 많이 어렵진 않았다. 그땐 일본과 교역을 많이 할 때라 일본에서 수입품이 오면 마산 자유무역지역에 전달해 주고 또 거기서 생산된 제품을 다시 부산 부두로 가져오곤 하였다.

그렇게 순탄하게 생활하고 있는데 사장이 슬슬 외부 차에게 일을 시키며 우리 물량을 줄여나가는 것이었다. 아무래도 처음에 호의적으로 대해 준 것도 낡은 자동차를 고가로 팔기 위한 수작인 듯 싶었다.

할 수 없이 그곳과 거래를 정리하고 부산 연산동 화물터미널과 서울 양재동 화물터미널이 협업하는 운송업체를 찾아갔다. 화물차 등록만 해 놓으면 순번대로 일을 주고 소개비를 받는 곳이었다. 그곳은 주로 이삿짐을 취급했는데 목적지가 일정하지 않았다.

첫 번에 받은 화물은 영등포로 가는 짐이었다. 그때까지만 해도 서울 지리는 잘 모를 때였다. 물어물어 찾아가 하차하고는 또 다른 화물을 받으러 양재동으로 갔다. 거기서 받은 화물 또한 영등포로 가는 짐이었다.

초행길이라 종이에 약도를 그려서 갔는데도 쉽지 않았다. 3시에 출발했는데 길 위에서 헤매다 보니 저녁 8시에 도착을 했다. 날은 이미 저물었다. 그나마 안도를 했지만 너무 늦게 물건이 도착해 못 받겠다고 했다. 그야말로 환장할 노릇이었다.

어쩔 수 없이 저녁도 굶은 채 짐을 되돌려 주고자 짐 실던 곳으로 돌아가니 밤 12시가 되었다. 돈도 없고 갈 곳도 없으니 차 안에서 웅크리고 밤을 새웠다.

그런데 웬일인지 다음 날 아침이 돼도 사람이 안 보였다. 해장국집에서 물어보니 그날이 노동절이라 휴무라고 했다. 참 허탈하기 짝이 없었다.

단돈 7만 원을 받고 이틀을 길거리에서 헤맸으니 남는 것도 없고 짐까지 실려 있어 오도가도 못 하는 신세가 되었다. 그런 나를 딱하게 여긴 식당 아주머니가 그러지 말고 길 안내하는 똘마니를 태워 다니라고 귀띔해 주었다.

그 녀석들은 대략 10대 중후반쯤 되는데 일당 5천 원을 주면 조수석에 앉아 길 안내를 해 준다고 했다. 그야말로 인간 네비게이션인 셈이었다.

똘마니를 태우고 다니니 운전은 한결 수월해졌다. 그러나 거리에서 살아온 녀석들이라 어찌나 입이 거칠고 버릇이 없는지 스트레스가 이만저만이 아니었다. 혹 좌회전이나 우회전을 하라는데 끼어드는 차 때문에 잠시 머뭇거리거다 지나치기라도 하면 온갖 욕을 해댔다.

나는 40대 후반에 이르렀고, 똘마니는 자식들보다 어린 10대였다. 당시만 해도 장유유서라는 사회적 분위기가 있어 어른에게는 조심하는 분위기였지만 이놈들은 아래위도 없고, 감정표출이 상스럽기 짝이 없었다.

그래도 목구멍이 포도청이라 울며 겨자 먹기로 그 녀석들을 태우고 3개월쯤 속을 끓이다 보니 서울 길은 어지간히 알게 되었다.

그런데 문제는 내 생활이 말이 아니었다. 그야말로 화물을 쫓는 불나방처럼 마산, 창원, 부산을 누비며 길거리 삶을 살아가야 했다.

오후에 부산 가는 화물이라고 싣게 되면 저녁 7시쯤 출발해 부산에 새벽 4시쯤 도착했다. 운임 7만원을 받고 거기서 또 화물을 실으면 서울로 오는 식이었다.

집에는 어쩌다 타이밍이 맞으면 일주일이나 열흘에 한 번 갈까 말까 하는 정도였다. 밤낮이 뒤섞여 피로가 쌓이니 박카스를 입에 달고 살았다. 어쩌다 평지에 올라서면 반은 눈을 감다시피 하고 비몽사몽 간에 달리고 있었다.

한번은 신설동에서 청계고가를 탔는데 뒤따라오던 택시들이 어찌나 크락숀을 울려대는지 미칠 지경이였다. 나중에 알고 보니 규정상 화물차는 고가도로를 못 타게 돼 있었다.

그 시절엔 도로 사정도 나쁘고 타이어도 질이 떨어져 수시로 문제가 생겼다. 한밤중에 달리다 '빵구'가 나면 갓길에 차를 세우고 몇 시간씩 혼자서 타이어를 갈아 끼우곤 했다.

돌이켜 보면 정말 광대들의 외줄타기 인생만큼이나 사선을 넘나들며 살아온 시기였다. 그런 생활을 2년 정도 했는데 그 기간이 내 인생에 가장 위태롭고, 처절하며 힘든 시기였다.

그 시절엔 사망 사고도 많이 나서 내가 알던 사람들도 여럿 죽었다. 아무리 롤러코스터 같은 삶을 살아온 나였지만 더는 못할 것 같았다.

아내와 상의하곤 바로 차를 정리했다. 2백만원을 받았다. 그야말로 고물값이었다.

그렇게 2년 동안 열사의 나라 사우디에서 번 돈은 모두 날리고

만 셈이었다. 그간 내가 얻은 것이라곤 결국 길거리 인생의 고달픔을 깨달은 것뿐이었다.

이제는 부산을 떠나 서울로 가기로 했다. 어차피 새로 바닥 인생을 시작하기엔 서울이 기회가 많으리라 생각했기 때문이었다. 그렇게 다시 한번 더 단단히 신발 끈을 조여 매며 이삿짐을 꾸렸다.

뒷골목 채소 장수 거쳐 토목업자로 변신

초라한 이삿짐 보따리가 그간의 궁핍함을 말해 주었다. 마치 피란 짐 같은 이불 보따리 두어 개와 약간의 옷가지들, 살림 모두를 다해도 조그만 화물차 반도 채우지를 못했다.

서울의 빈민가, 방배동 언덕 위 부엌도 없는 반지하 방 한 칸을 얻어 짐을 풀었다. 보증금 백만 원에 월 7만 원이었다. 아이 셋과 부부가 발을 펴고 누울 수가 없었다. 공부 잘하던 큰아들은 대학 가겠다는 말도 못 꺼낸 채 피란하듯 부사관에 지원해 입대했다.

나도 체면도 자존심도 다 던져 버렸다. 오직 절치부심 재기만을 위해 뛰어야 했다.

장안평 중고차 시장으로 가서 폐차 직전의 2톤 고물차를 한 대 샀다. 그때나 지금이나 내 몸으로 할 수 있는 일이라면 겁날 게 없었다. 이젠 운전도 어지간한 정비도 자신 있었다.

무조건 새벽 3시면 가락시장에 가서 상추, 배추, 무 같은 야채를 사다가 골목골목 다니며 장사를 시작했다. 남보다 일찍 일어나 시장 한 바퀴를 돌아보고 제일 좋은 물건을 가지고 방배동 카페 골목과 식당을 집집이 다녔다. 그렇게 하면 잘 되리라 생각했다.

그것은 착각이었다. 문을 연 식당 20여 호를 들렀지만 배추 한 포기, 무 하나를 팔지 못했다. 하루 종일 팔다가 저녁이 되면 아파트 정문 앞에 차를 대고 떨이로 팔았다. 그래도 못 팔면 버스정류장 옆에 세워놓고 퇴근길의 주부들에게 무료로 나누어 주었다. 어떤 사람은 버스 토큰을 주기도 하고 또 어떤 이는 다음날 어제 받아간 배추 값이라며 주고 가기도 했다. 그래도 매일같이 식당을 들러 인사를 하며 다녔다.

나중에 알고 보니 식당마다 이미 단골 장사가 있어서 전날 저녁 주문을 하면 아침에 배달을 다 해 주고 있었다. 그래도 매일 인사를 하며 얼굴을 익혀 나갔다. 혹시 청소라도 하는 식당을 보면 내일처럼 달려가 짐도 옮겨주고 청소도 도와주면서 단골을 늘려 나갔다.

그렇게 3개월쯤 지나니 매출도 제법 오르기 시작했다. 그때가 86년 경인데 하루 평균 10만 원 벌이는 됐다. 이미 자리를 잡은 셈이었다. 그렇게 2년 반쯤 지나니 1천8백만 원이 모였다.

당시 서울은 88올림픽 때문에 여기저기 건설 경기가 대단했다. 곳곳이 건설 현장인데 그걸 보며 다니자니 마음이 요동을 쳐 미칠 지경이었다. 누가 뭐래도 지세(地勢)를 읽을 줄 알고 땅을 파는 토목에는 자신이 있기 때문이었다.

배추 장사도 제법 수입이 늘고, 안정적이었으나 만족 할 수 없었다. 집사람에게 넌지시 이야기해 보았다. 이제 배추 장사 접고 건설업을 해보고 싶다고 하자 펄쩍 뛰었다. 그 고생을 해서 자리도 잡고 수입도 쏠쏠한데 하루아침에 정리하겠다니 아내는 극구 반대였다.

아내의 심정도 모르는 바는 아니었다. 그동안 지나온 내 고달픈 삶이나 아내의 곤궁하고 힘겨운 삶이 어찌 경중을 가릴 수 있겠는가? 그래도 더 큰 희망을 품고 새로운 길을 가기로 했다.

우선 아이들도 커가니 집부터 장만하기로 했다. 안양시 비산동에 있는 25평형 아파트를 현금 6백만 원과 대출 6백만 원으로 계약했다. 나머지 돈으로 덤프트럭을 구입할 생각이었다. 그런데 그때는 건설 경기가 좋아 자동차회사에서 수요를 감당하지 못해 차 사기가 무척 어려웠다. 고물을 싣고 다니던 10.5톤 차도 3천2백만 원이나 했다.

고민 끝에 신설동에 있는 대우차 대리점에 가서 상담했다. 생각했던 대로 지금 계약하면 1년 후에나 차를 인수할 수 있다고 했다. 3일을 쫓아다니며 애를 써도 진전이 없었다. 그러나 어떻게든 트럭을 사야만 했다.

뒷자리에 앉아있는 부장의 얼굴을 유심히 봐두고 퇴근 시간과 버스 타는 곳까지 확인해 두었다. 그의 퇴근 시간은 일정했다. 며칠 후 우연을 가장하며 쫓아가 반갑게 인사를 했다. 사무실엔 3일을 쫓아다녔으니 그 사람도 나를 알아보았다. 그러면서 부장님께 긴히 드릴 말씀이 있다고 잠시만 시간을 달라고 부탁을 했다. 미리 봐둔 식당으로 안내를 한 후 앉자마자 차 한 대 뽑을 수 있게 도와 달라고 사정했다. 일언지하에 안 된다고 거절을 했다.

나는 포기할 수 없었다. 독일 광부에서부터 사우디 파견 노동자로 다녀온 이야기까지 구구절절 살아온 이야기를 해가면서 매달렸다. 그러자 딱하다는 듯 내일 사무실에서 보자고 했다.

아침 일찍 찾아갔다. 그는 창구의 대리를 불러 한참 이야기를 하더니 5대를 계약하면 빨리 받을 수 있도록 해 보겠다고 했다.

그러나 나는 당장 단 한 대 살 돈도 부족한 입장이었다. 계약금이 한 대당 2백만 원이라 다섯 대면 1천만 원이 아닌가. 지금 내가 가진 전 재산이 5백만 원밖에 없다며 사정을 했다. 무슨 수를 쓴 것인지 우선 5백만 원만 내라기에 입금하니 한 달 만에 차가 나왔다.

역시 사람 사는 세상이란 의지를 가지고 부딪치면 길은 있는 법이다. 부족한 돈은 36개월 분납 조건이었다.

그런데 덤프트럭을 운행하려고 하니 막상 대형면허가 없었다. 사우디의 공사 현장에서 수년간 다양한 장비들을 다루었고 경험도 많았지만 현실은 무면허였다. 너무도 급한 마음에 바늘허리를 묶고 바느질을 하려고 덤빈 꼴이 되고 말았다.

그래도 일단 트럭의 짐칸을 높이는 보강 작업을 맡기기로 했다. 일주일이 걸린다고 했다. 일주일을 온전히 쉬며 기다릴 수가 없었다. 숨 가쁘게 달려온 긴 세월 잠시도 가만있지 않는 것이 습이 되었기 때문이었다.

문득 면허도 없이 새롭게 시작하는 사업에 대한 불안감 때문일까? 갑자기 부처님 전에 기도라도 올리고 싶은 생각이 들었다.

아내와 함께 구인사에서 4박5일

절에 가자는 말에 아내는 신이 났다. 아내는 원래 모태신앙이 불교였다. 특별히 알고 있는 사찰도 없었기에 단양에 있는 구인사로 가기로 했다.

그곳은 한 번도 가본 적은 없었다. 하지만 당시 꽤 소문이 자자한 절이라 간단하게 짐을 챙겨 떠났다. 오랜만에 아내와 이런저런 이야기를 하며 저녁 6시경 구인사에 도착했다. 구인사의 기도는 한 과정이 4박 5일, 저녁 9시부터 다음 날 새벽 3시까지 오직 '관세음보살'만을 반복하여 읊는 방식이었다.

남녀로 구분된 방을 배정받고 기도실로 올라갔다. 기도실엔 앉을 틈이 별로 없을 정도로 이미 수많은 사람이 자리 잡고 있었다.

어떻게 기도해야 하는지 방법도 몰랐다. 방석을 깔고 옆 사람들과 대충 줄을 맞춰 앉았다. 모든 사람이 눈을 감고 합장을 한 채 "관세음보살"을 읊기 시작했다. 처음 한두 시간은 사람들의 관세음보살 소리가 어찌나 시끄럽고 소란스러운지 정신을 못 차릴 지경이었다.

밤이 깊어지며 나는 누구인가? 나는 왜 여기에 와있는가? 이런저런 생각에 빠져들자 옆 사람의 기도 소리는 들리지 않았다.

자연스레 그간 살아온 내 삶을 반추하니 어리석음과 부끄러움과 죄스러움에 하염없이 눈물이 흘러내렸다.

독일에서 나만을 믿고 사랑하던 여인을 배신한 일, 부산에서 사업하며 교만하게 생활한 일 등등 가지가지 많은 일이 주마등처럼 스치며 주체할 수 없이 눈물이 북받쳐 올랐다. 언제부터인가 나도 모르게 합장한 두 손은 저절로 가슴을 두드리고 있었다. 그 참회의 기도는 밤새 계속되었다. 다시 부처님 전에 무릎 꿇고 앉아 지나온 잘못을 참회하며 앞으로 전개할 사업의 번창을 빌고 또 빌었다.

기도 하는 모습. 사진은 성지순례로 미얀마 처음 방문했을 때

그렇게 내 모든 것을 던져가며 사흘째 기도를 올리던 마지막 날 밤이었다. 자정이 가까워지는 시간이었는데 아무 소리도 들리지 않고 코끝에는 알 수 없는 향기가 맴돌며 물아일체에 도달한 듯했다. 그렇게 잠깐 무아에서 깨어나 시간을 보니 한 시간 반이 훌쩍 지난 상태였다. 아 이것이 기도로구나. 이제 모든 일을 함에 있어 구인사의 기도를 떠올리며 혼신을 다하리라 다짐했다.

새벽이 되자 기도하던 그 수 많은 사람은 잠시의 휴식을 위해 각자의 방을 찾아 흩어졌다. 나는 피곤하지도 졸리지도 않았다. 마음은 평화롭고 몸은 구름 위를 걷는 것처럼 가벼웠다. 늘 들떠있던 내 마음도 산사에 깔린 새벽안개처럼 차분하고 고요해졌다. 마치 어머니의 품속인 듯 편안하고 행복했다.

나는 채 먼동이 트기도 전 겨울 찬바람을 맞으며 고요한 적멸보궁으로 올라갔다. 그리곤 최고의 경의를 담아 부처님께 삼배를 올렸다. 법당에 스며드는 찬 공기가 내 몸속 세포 하나하나를 다 흔들어 깨우는 것 같았다. 잠시 숙소에 들러 세수를 하고 공양간으로 내려갔다.

때마침 식사하러 온 아내의 얼굴을 볼 수 있었다. 내 마음의 번뇌를 털어낸 탓인지 아내도 어제의 그 사람이 아닌 것 같았다.

그렇게 기쁘고 가벼운 마음으로 4박5일의 기도를 마쳤다. 며칠새 다른 사람이 된 듯 몸과 마음은 하늘을 나는 것 같았다.

아내와는 전날 저녁 약속을 했기에 아침 공양을 마치고 서울로 올라갈 참이었다. 그런데 아내는 어찌 부부가 나흘이나 불공을 드리고 보시도 안 하고 가느냐고 했다. 나는 모든 돈을 긁어모아 덤프트럭을 산 마당에 돈이 있을 리 없었다. 그래도 아내는 간절한 기도만큼이나 부처님 전에 정성을 보이고자 했다.

그렇게 같이 찾아간 곳은 비구니스님들이 노트를 펼쳐놓고 보시할 목록을 작성하는 곳이었다. 아내는 평소에도 통이 큰 여장부 스타일이기는 하지만 한마디 상의도 없이 5백만 원을 쓰는 것이었다. 옆에서 보던 나는 깜짝 놀랐다. 순간 50만 원을 잘못 쓴 것을 아닐까 하고 물어보니 아무 말도 못하게 했다.

올라오는 길에 다시 물었다. 아무리 이해하려 해도 우리 형편에 5백만 원은 너무 과한 것 같다고 했다. 아내는 부처님 전에 약속한 일을 그렇게 생각하면 될 일도 안 된다며 입을 막았다.

어쩔 수 없었다. 이미 마음속으로 큰 깨우침과 위로를 받았으니 기꺼이 받아드리기로 했다. 아내는 그간 곤궁하기도 했지만 두부 한 모를 사는 것도 망설이는 검소한 사람이었다. 10원을 아끼려 어지간한 거리는 시내버스조차 타지 않는 사람이었는데 얼마나 간절하기에 5백만 원이라는 거액을 써내겠는가?

나도 이제는 부처님 전에 올렸던 참회의 눈물을 새기며, 늘 양보하고 배려하며 더 열심히 살아가리라 다짐했다.

덤프트럭 한 대에서 토건 기업으로

적재함 보완 수리를 맡겼던 덤프는 말끔하게 새 단장을 하고 나를 기다리고 있었다.

설날이 막 지난 2월 20일부터 일을 시작했다. 3월부터는 아예 기사를 채용했다. 낮에는 기사가 운전하고 무면허인 나는 밤에 운행하게 되었다.

처음 맡은 일거리는 미사리에 있던 삼표골재장에서 상봉터미널 옆의 아주레미콘에 돌 자갈을 운반하는 일이었다.

한 차에 2만7천 원을 받았다. 낮에는 10번 밤에는 내가 12번을 날랐다. 새 차라 그동안 운행하던 고물차들과는 다르게 힘도 좋고 고장도 없었다. 그래도 적재적량이 10.5톤인데 적재함을 높여 18톤을 싣고 다니니 브레이크 작동이 안 될 지경이었다. 물론 불법이고 위험하기 그지없었다. 그 시절은 작업량은 많고 차가 부족하니 너나 할 것 없이 그렇게 하고 다녔다.

밤낮없이 일한 결과 3월 한 달에 6백만 원을 벌어들였다. 그 시절 봉천동 같은 곳의 웬만한 집 한 채 값이었다. 깜짝 놀랄 일이었다. 그러나 머지않아 큰돈을 벌 수 있을 것 같던 분위기는 6월에 들어서자 바로 사라지고 말았다. 트럭의 공급량은 급격히 늘어나고 장마철이라 작업량이 줄어든 탓이었다. 나로서는 운전뿐 아니라 물량 확보가 시급한 과제였다.

5월부터는 아예 퇴근도 안 하고 암사동 작업장에서 기사와 트럭을 교대하고 승용차에서 쪽잠을 잤다. 출퇴근해서 씻고 쉬는 시간을 줄이기 위해서였다.

낮에는 운전기사에게 트럭을 넘겨주고 나는 서울 시내 전역을 돌아다녔다. 그러다가 지하실이나 땅을 파는 곳이 있으면 흙을 나르게 해달라며 사정했다. 모두 허사였다. 뒤늦게야 알았지만 공사가 시작되면 벌써 터파기, 목공, 레미콘 등이 이미 팀이 짜인 상태였다.

몇 개월째 돌아다녀도 가는 곳마다 손가락질을 받고 시간만 허비하고 말았다. 지금은 많이 순화됐지만 당시 공사판 분위기는 거칠기 짝이 없었다. 어떤 사람은 '아침부터 재수 없는 놈'이라며 심한 욕설을 해대기도 했다.

지치지도 않고 3개월을 헤매고 다닐 때였다. 그날은 논현동 지하 터파기 공사장엘 갔는데 H빔을 박으려고 용접기로 철골을 절단하고 있었다. 그런데 장비를 다루며 일하는 모습이 한눈에 보아도 어설프기 짝이 없었다. 주제넘은 일이지만 가만히 보고 있자니 답답해서 참을 수가 없었다. 독일에서 인증받은 최고 용접사인 내 실력을 보여주고 싶었다.

다소 결례가 될 수도 있었지만 그의 용접기 산소 불대를 빼앗다시피 받아들었다. 오랜만에 잡아보는 불대였지만 익숙하고 깔끔하게 작업을 마무리 지었다. 일하던 사람들이 모두 내 주변에 둘러서 넋을 놓고 바라보았다. 그러면서 자신들이 어렵다고 밀어놓았던 일들을 이것저것 내게 부탁했다. 나로서도 어차피 시작한 일 제대로 마무리하기로 했다. 온몸이 땀에 젖도록 두어 시간을 일하고 나니 돈 되는 일은 아니어도 자존감도 살아나고 기분이 좋았다.

일을 마칠 때 쯤 작업장에 왔다가 내가 일하는 것을 지켜본 중년의 신사가 내 손을 이끌며 차 한잔하자고 했다. 현장 사무실엔 여직원도 두 명이나 있었지만 직접 커피를 타서 권했다. 나름 예의를 갖추는 것 같았다.

그리곤 자기가 이 공사장 사장인데 우리 용접사와 선생님과는 차원이 다르다며 좀 도와 달라고 했다. 그야말로 나로서는 학수고대 기다리던 일이었다.

간단히 내 소개를 하자 오히려 용접은 물론, 토목공사까지도 맡아달라며 매달렸다.

생각지도 못한 일감을 받고 다음 날 새벽 5시 현장에 도착했다. 늘 그래왔듯이 깨끗하게 주변 정리를 마치고 6시부터는 작업이 시작되도록 했다. 그렇게 본격적으로 시작한 일이니 피곤한 줄 몰랐다.

늘 새벽 3시 반이면 일어났다. 아내가 차려준 간단한 요기를 하고 나가 6시에 하루 일과가 시작되면 9시쯤 함바집에서 아침 식사를 했다. 결국 하루 네 끼씩 먹으며 일했다.

그렇게 한 달 만에 터파기 공사를 마치고 정산을 하니 2천만 원을 번 것이었다.

그래도 오히려 사장은 나에게 고맙다며 흡족해했다. 그리곤 내가 보는 자리에서 여기저기 지인들에게 전화를 돌리더니 한 분에게 정말로 일 잘하는 사람이 있다며 소개해 주었다.

그리고 사장은 나에게 송파에 가서 김 사장을 만나보라고 했다.

소개받은 김 사장의 현장을 찾아가 잠시 설명을 듣고 보니 그곳은 규모가 더 큰 곳이었다. 즉시 그 자리에서 용접사들 교육을 시켜가며 또다시 일이 시작되었다.

공사를 총괄하고 트럭 기사 운영도 해야 되어 늘어나는 수입만큼 업무량도 늘어났다. 할 수 없이 그간 보아 온 기사 중에 양심적이고 눈치 빠른 젊은 친구를 총무로 시키고 업무를 가르쳤다.

그렇게 몇 번의 크고 작은 공사를 하면서 동종업계에서는 일 잘하고 틀림없다는 나의 이미지가 입소문을 타기 시작했다. 그러다 보니 내 트럭까지 운영하며 사업을 컨트롤하기엔 이미 사업이 너무 커져 있었다.

그즈음 트럭을 정리하고, 본격적으로 토목회사의 규모를 갖추어 나가기 시작했다.

업무가 많아지자 초기에 총무로 채용한 직원으로는 감당이 안 되었다. 그때 마침 고향 친구가 사람을 소개해 주었다. 나도 잘 아는 동해의 토호이자 명문가의 자제였다. 우선은 단순한 일보정리 정도만 맡기기로 했다.

그런데 사람은 뽑았지만 사무실이 없었다. 그때까지만 해도 혼자 자동차를 타고 다니며 장부 정리와 업무처리를 했으니 딱히 사무실이 필요치 않았다. 사업자로 등록된 회사도 아니었지만, 갑자기 규모가 커지니 그리된 것이었다.

이제는 새로운 직원도 채용했으니 당장 근무처가 필요했다. 가까운 봉천동에 사무실을 얻고 회사의 외형을 갖추었다.

한창 잘나가던 시절의 가족사진(1996년)

사업 규모가 커지자 어음도 많이 들어오고 하루하루 움직이는 자금의 규모도 늘어났다. 나는 초심을 잃지 않고 내가 줄 돈은 언제나 약속한 기한 내에 늘 현금을 가지고 찾아가 지불했다. 그러다 보니 나와 거래를 해본 사람들은 누구를 막론하고 내 보증인이 되었다. 그렇게 다져 온 신용은 최고의 백그라운드가 되었다.

삼성동 포스코 빌딩 터파기 공사는 하청을 받은 세화토건이 먼저 연락해 수주하게 되었다. 면적 5천 평에 지하 32m를 파는 공사였다. 기존에 해오던 일과는 비교할 수 없는 서울에서 제일 큰 토목

현장이었다. 작업량도 많았다.

당시 서울 시내에서 나오는 공사장의 흙은 대부분 미사리 뚝방길과 하천변의 골재를 채취하며 생긴 웅덩이를 메우는데 쏟아부었다.

우리 현장에서도 하루 수십 대가 작업했다. 그런데 거리상 하루 10회 이상 나를 것 같은데 7회도 겨우 채우고 있었다.

운송횟수가 바로 수익과 직결되는 나로서는 답답하기 짝이 없었다. 운송로를 따라 현장을 가보니 여기저기서 들어오는 수많은 차가 줄지어 대기하고 있었다. 이유는 간단했다. 들어가는 입구도 좁고 바닥이 고르지 못하니 차량의 출입에 속도가 나지 않는 것이었다.

한눈에 보아도 출입구를 넓히고 바닥 평탄작업만 하면 바로 소통이 원활하게 될 것 같았다. 보자마자 화가 치밀어 참을 수가 없었다. 그들은 입구에서 표만 받을 뿐 토목공사에 관한 기초상식조차 없는 놈들이었다.

다짜고짜 입구에서 표 받는 덩치 큰 놈에게 다가가 소리를 질렀다. '돈만 받아 처먹고 진입로 관리를 안 해서 일이 진척이 안 된다'고 소리를 질렀다. 그러자 그놈은 온갖 상스러운 욕과 함께 주먹질하며 달려들었다.

그런 놈들에게 기죽을 나였다면 애초에 시비도 걸지 않았을 터였다. 잠퍼를 벗어 던지고 그놈과 엎치락뒤치락 싸우고 있는데 검은 세단을 타고 온 중년의 신사가 차에서 내렸다. 그때 갑자기 나와 싸우던 놈은 벌떡 일어나 90도로 배꼽 인사를 했다. 그리곤 대뜸

이놈이 시비를 붙기에 혼내주려고 한다며 이야기를 했다.

나는 그에게 일이 진척이 안 돼 답답해서 그런다고 했다. 건달도 역시 높은 놈은 말귀를 알아먹는 것 같았다. 내 말만 들으면 우리나 당신들이나 다 좋을 거라고 하니 어떤 방법이라도 있느냐고 했다. 그래서 입구를 좀 더 넓히고 개울 바닥을 평탄하게 하면 지금보다 훨씬 많은 차가 다닐 수 있을 거라고 했다.

그는 나에게 친근하게 다가서며 사장님이 좀 도와달라고 했다. 그러면서 예의 그 부하 놈에게 정 사장님 말씀 잘 듣고 협조하라고 했다.

나는 그 자리에서 제안했다. 앞으로 3일간 모든 차량의 출입을 막아라. 그리곤 입구도 좀 넓히고 깊은 웅덩이엔 현장에서 나온 풍암을 깔고 다지며 평탄작업을 했다.

그러자 차량의 출입이 수월하게 됐다. 결국 한번에 한두대가 겨우 드나들던 출입구로 5~6대가 족히 드나드니 하루 500대 이상을 수용하게 되었다. 그뿐 아니라 계속해서 들어오는 흙도 돌자갈과 뻘 흙을 어떻게 받을지도 교육해 주었다. 그야말로 누이 좋고 매부 좋은 형국이 되었다.

그렇게 입구 정비를 마치고 실적이 나타나니 그렇게 사납던 녀석도 나에게 깍듯이 예의를 갖추었다. 알고 보니 그들은 강남의 주먹들이라고 했다. 멋도 모르고 강남 조폭들과 주먹다짐을 했으니 하마터면 큰 봉변을 당할 뻔한 일이었다. 그 후 두목으로 보였던 그 사람이 식사대접을 하겠다며 연락이 왔지만 내 목적은 달성되었기에 응하지는 않았다.

그 방대한 공사장에서 흙만 실어 날라서는 일을 할수록 손해를 보는 형국이었다. 그래도 작업을 추진하는 이유는 대략 7m 정도의 흙을 걷어내면 바위가 나올 것을 확신했기 때문이었다. 그것은 막연한 짐작이 아니고 주변 상황을 통해 알 수 있었다. 특히 그 지역에서 나오는 청암의 경우 할증을 2백 퍼센트로 보았다. 그러니 암반이 나오기만 하면 흙을 운반하며 본 손해는 금방 만회하고도 큰 이익을 볼 수 있는 것이었다.

암반의 경우 실어 나르고 받는 차 당 단가는 같으나 흙처럼 버리는 것이 아니라 골재공장에 판매하기 때문이었다. 나는 기회 있을 때마다 그 일대 지하철 공사장 등 많은 현장을 둘러보며 땅속의 암반 지도를 예측했다. 게다가 암반의 경사와 강도, 주변에 납품할 수 있는 골재공장 분포까지도 미리 파악하고 있었다.

그즈음 바위가 드러나니 작업 진도가 늦어지기 시작했다. 더구나 지하철과 가까운 곳이라 발파에도 많은 제약이 따랐다. 작업공정이 점점 늦어지니 건축공사를 맡은 동아건설은 몸이 달 수밖에 없었다.

그때 원청과 하청 등 모든 관계사가 대책회의를 하게 되었다. 뾰족한 대안이 없자 세화토건에서는 일개 재하청업자에 불과한 나를 자기회사의 반장 자격으로 참석해 달라고 했다.

회의에는 동아건설과 포스코건설의 과장 이상 간부와 세화토건의 사장과 상무가 참석했다. 그러나 회의장에서는 별다른 대안도 없이 그저 더 열심히 하자는 원론적 의견들만 오가고 있었다.

듣다 보니 너무 답답하여 내가 250톤짜리 불도저로 밀어야 한다는 의견을 냈다. 나는 이미 사우디에서 그런 경험을 해 보았기 때문에 확신이 있었다. 그것은 장비라기보다 괴물이라는 표현이 걸맞는 무지막지한 장비였다.

우여곡절 끝에 부산에 있는 불도저업체를 부르게 되었다. 얼마나 장비가 큰지 대형 트레일러 세 대에 나눠 싣고 올라와 일주일 동안 조립을 했다. 완성된 불도저의 역량은 기대 이상이었다.

돌 틈에 삽날을 끼워 힘을 쓰면 집채 같은 바위가 벌떡벌떡 일어났다. 두 달 이상 지지부진했던 공사가 눈에 띄게 진척되자 장비 소개만으로 그들은 나를 다시 보는 것 같았다. 위세 당당하던 동아건설 토목부장도 나에게 예의를 갖추었다.

그렇게 공사 진척에 따라 대량으로 쏟아져 나오는 암반을 세곡동 골재장으로 나르는데 차 한 대가 22번을 운행했다. 그렇게 하루 80대의 차량이 암반을 실어 나르니 그 수입은 눈덩이처럼 쌓였다.

차 한 대당 2만5천 원과 바위값 8천 원을 더하면 한 대당 3만3천 원이었다. 차 한 대당 하루 임대료 18만 원을 계산해도 어마어마한 수익이었다. 그간 흙만 퍼내며 쌓인 손실금 3억5천 원은 순식간에 메우고도 남았다.

나도 수입이 불어 좋았지만 세화토건이나 동아건설도 너무나 좋은 일이었다. 그쯤 되니 모든 관리자들이 나에게 형님이라며 깍듯이 예우를 했다.

그래도 나는 늘 그들에게 예의를 갖추고 공사장 관리까지도 깔끔하게 해 나갔다. 그리곤 공사 감독관이나 현장소장 등 관계자들에게 수시로 선물도 하고 인사도 게을리 하지 않았다. 물론 떳떳한 일은 아닐지라도 산전수전 다 겪고 살아온 나의 삶의 방식이기도 했다. 그렇게 신용과 배려의 자세로 2년 정도의 사업을 마무리하면서 제법 많은 수입을 올리게 되었다.

나는 그때나 지금이나 술을 즐겨하진 않는다. 그래도 강남의 일급 살롱 마담들은 어디서 냄새를 맡았는지 우리 공사장을 어슬렁거리다 나를 보면 얼른 다가와 인사를 하며 고급 양주 한 병과 명함을 주고 가곤 했다. 그것도 그들에겐 매우 소중한 정보며 비즈니스가 아니겠는가. 아마 그때쯤엔 강남의 화류계에서 조차 나를 최고의 영업 상대로 꼽을 만큼 알려진 것 같았다.

그때는 수익으로만 보면 내 인생 최고의 전성기였다.

평생 기억에 남는 의사의 경고!

몇 년간 밤낮없이 일에만 몰두하다 보니 91년부터는 알 수 없는 피곤함이 몸의 이상을 알리고 있었다. 돈 벌고 사업을 키우는 재미는 있었지만 내 몸은 늘 천근만근이었다. 보는 사람마다 안색이 안 좋다며 건강을 염려하곤 했다.

함바집에서 아침 식사하다가 너무나 피곤한 나머지 그 자리에서 기절하듯 쓰러져 잠을 잔 적도 한두 번이 아니었다. 그러던 중 9월 어느 날. 아내의 강력한 권유에 못 이겨 큰맘 먹고 병원을 찾게 되었다. 압구정 사거리에 있는 제법 큰 내과병원이었다. 당시만 해도 건강검진이라야 대학병원이 아니면 소변과 혈액검사 X-Ray 정도가 기본 검사항목이었다.

3일 후 결과를 보기 위해 다시 찾은 병원에서 의사는 말없이 나를 쳐다보았다. 그리곤 간호사를 부르더니 이 환자분과 3층과 4층 한 바퀴 돌고 오라 했다. 영문도 모른 채 따라간 병실은 모두가 인공호흡기를 꼽고 있거나 반신불수가 된 환자들이었다. 대부분 나이도 그리 많지 않아 보였다. 참 묘한 기분이었다.

돌아보고 온 나에게 의사는 '잘 둘러보았냐'며 한마디를 던졌다. "선생님의 상태는 오늘이나 내일 그렇게 될 수 있습니다."라고 했다. 그리곤 "사업과 건강 중 지금 당장 선택하라."라고 했다. 망치로 뒤통수를 맞은 느낌이었다.

건강이라면 누구보다 자신 있던 나였지만 과로와 스트레스가 내 몸을 다 무너뜨리고 있는 것 같았다.

내 나이 50이면 한창 일할 때가 아닌가. 그러나 이젠 고집만으로 버틸 때는 아닌 것 같았다. 병원을 나서며 건강부터 회복하기로 결심하고 회사로 향했다.

점심을 마치고 온 직원들을 소집시켰다. 나는 당분간 요양을 위해 사무실에 나오지 않을 생각이다. 그러니 총무의 책임 아래 사업을 잘 관리하라고 당부를 했다. 그래도 총무가 처조카였기에 다소나마 마음은 놓였다.

다음날 아내와 늘 다니던 백화점 스포츠용품점을 들려 등산복을 사 입고 강원도 정선으로 향했다.

기약 없는 여정이었다. 정선은 중학교를 졸업하고 17살에 임계 장거리에서 아이스크림을 팔고 과자공장에서 일하던 추억이 있는 곳이었다. 그렇게 찾아간 정선, 북평, 임계는 무려 30여 년이 지났지만 큰 변화가 없어 추억이 새로웠다.

그렇게 마음을 비우고 다닌 지 불과 4, 5일 만에 몸과 마음은 한결 가벼워졌다. 정말 수십 년 만의 휴가이자 일탈이었다.

다음날은 동해안을 따라가 대명콘도에 숙소를 잡고 속초항으로 나갔다. 비릿한 바다 내음, 시끄러운 갈매기 울음소리, 요란한 어시장의 호객 소리가 사람 사는 세상 같았다.

바다는 내가 태어나 자란 마음의 고향, 냄새만으로도 마음이 편해졌다. 해질녘, 아내와 함께 둘만의 저녁준비를 위해 시장을 보는 것만으로도 행복했다.

들뜬 기분에 이것저것 사다 보니 잔치라도 벌여야 할 듯 짐이 많았다. 그렇게 아무 생각 없이 며칠을 지내다 보니 속초가 좋아졌다.

길거리를 거닐다 게시판에 붙은 중앙동 아파트 매물이 눈에 띄었다. 가격도 저렴했다. 들어가 보니 아담하고 바다가 보이는 것이 마음에 들기에 그 자리서 계약했다. 몸이 고달팠던 대신 경제적 여유는 있었기에 그 정도는 부담도 없었다.

바로 도배를 시키고 입주를 했다. 살림이라야 당장 거주할 침대와 이불, 냉장고와 TV, 그리고 약간의 그릇이면 족했다.

매일 아침 눈을 뜨면 명상으로 하루를 시작했다. 그렇게 한 달을 쉬고 나니 건강이 완전히 회복되는 것 같았다. 건강뿐 아니라 마음도 내려놓으니 한결 여유로웠다.

그간 모든 것을 혼자 짊어지고 챙기려던 삶의 태도도 고치기로 다짐했다. 어느 정도는 역할이나 권한도 분담해서 시간적 정신적 여유를 가지고자 했다.

휴식이 시간 낭비가 아니라 멀리 가기 위한 재충전이라는 평범한 진리를 돌고 돌아 뒤늦게 깨닫게 된 것이었다.

라이온스클럽 회원 되어 봉사에 눈 뜨다

라이온스클럽과 처음 연을 맺게 된 것은 참으로 우연한 계기였다.

토건회사 설립 전 크고 작은 공사를 통해 그 바닥에서 이름을 알리며 열심히 사업을 확장해 나가던 때였다. 워낙 건설경기가 좋고 여러 곳에서 사업을 하다 보니 경제적으로는 전혀 어려움이 없었다.

곳간에서 인심 난다는 말처럼 자연스레 주변을 돌아볼 여유도 생기고 마음도 한결 너그럽게 생활할 수 있었다.

94년 하왕십리 청계 벽산아파트 건설현장에서 터파기 공사할 때였다. 수시로 주변 공사장을 둘러보며 작업을 독려하곤 했다. 그 시절 공사현장은 어수선하기 짝이 없는 그야말로 난장판 같았다.

일부 경제적 여력이 있는 사람들은 보상을 받고 이주를 했지만, 세입자들이나 돈이 없어 오도 가도 못하는 사람들은 철거현장 주변에 천막이나 거적 대기로 움막을 꾸려 생활하고 있었다. 대부분 어린아이들은 집에 둔 채 부부가 현장에서 리어카를 끌거나 품팔이 막노동을 하며 살아가는 사람들이었다.

돌봐주는 이 없는 아이들이 삼삼오오 모여 있는 모습을 보면 측은한 마음이 들어 모른 채 지나칠 수가 없었다. 곤궁했던 내 어릴 적 시절이 떠오르기도 했다. 또 사업을 하는 사람들은 현지인들과 관계가 좋아야 모든 것이 잘 풀리는 법이다.

그래서 현장에 갈 때마다 빵과 과자 등 아이들이 좋아할 만한 군

것질거리를 차에 가득 싣고 다니며 나눠주곤 했다. 아이들이 좋아하는 모습을 보면 한결 마음이 가볍고 기분도 좋았다. 또 그렇게 사업을 하다 보니 내 공사현장은 어디에도 민원이 없었다.

그즈음 내 이야기를 들은 원청업체 사장이 일부러 나를 찾아왔다. 그리곤 훌륭한 하청업체를 만나 민원도 없고 사업진척도 잘되니 기분이 좋다면서 저녁을 사겠다는 것이었다. 나로서야 오히려 잘 보여야 하는 입장이니 감지덕지였다.

아내와 정장을 하고 며칠 후 홍대 쪽에 있는 서교호텔로 오라고 했다. 속으론 저녁 한 끼 하는데 뭔 정장까지 챙기나 하면서도 호텔이라 격식을 차려야 되나 보다 했다.

그런데 막상 약속 날이 다가오는데 입고 갈만한 변변한 옷 한 벌이 없었다. 떡 본 김에 제사 지낸다고 내친김에 아내와 함께 백화점에서 코디를 받으며 제대로 된 정장 한 벌씩을 장만했다.

약속한 날 호텔을 찾아가니 우리만 초청해서 식사하는 자리가 아니었다. 커다란 연회장에 많은 사람들이 앉아 있었고 현수막엔 '국제라이온스클럽 354C지구 라이온스클럽 창립 기념식'이라고 쓰여 있었다.

사전에 아무런 교감도 없이 식사하러 갔다가 엉겁결에 신입회원 인사와 선서까지 하고 나니 조금은 어안이 벙벙했다. 그래도 인사를 나누고 주고받은 명함을 보며 훌륭한 분들과 교유한다고 생각하니 마음이 뿌듯했다. 더욱이 사회적 지위와 재력뿐 아니라 봉사라는 대의명분 아래 모인 분들과 같은 회원이라니 내심 어깨가 으쓱해지는 것 같았다.

금화라이온스클럽 회장을 맡고 있을 당시 국제라이온스 354C지구 안두훈 총재께 봉사금을 전달했다.

사실 그때까지는 오로지 돈과 성공만을 위해 달리다 보니 때로는 지치기도 하고 더러는 허전함도 느끼며 지내던 때였다. 타의에 의해 엉겁결에 가입한 클럽이었지만 구성원들 대부분이 돈벌이보다는 의미 있는 삶과 사회봉사에 관심 있는 분들이었다. 자연스레 회원들과 교류하며 봉사라는 새로운 세상에 눈을 뜨고 빠져들게 되었다.

클럽에 가입해서도 열정적으로 활동하다 보니 98년엔 회원들의 추대로 지구 회장이 되었다. 라이온스는 창립 모토가 "We Serve! 우리는 봉사한다."이다. 그러니 클럽활동을 하는 동안 다양한 봉사 체험도 하게 되었다. 어찌 보면 그것이 내 삶에서 봉사의 의미와 즐거움을 깨우쳐 준 계기가 된 것 같았다.

98년 회장이 되어 활동할 때였다. 늘 해오던 언챙이 수술, 청력과 시력 회복을 위한 환자 치료비나 장학금 지원은 계속하지만 좀 더 의미 있는 봉사처를 찾고 있었다.

그때 마침 봉천동 언덕바지에 월남전에 참전했던 상이용사가 자신의 연금으로 가난한 중증장애인을 돌보고 있다는 소식을 듣게 되었다.

현장을 방문해 보니 재정, 인력, 환경 등 한두 가지 문제가 아니었다. 게다가 기피시설이라 지역주민들이 계속 민원을 제기하고 이주를 요구하는 상황이었다.

나는 그 시설을 새로운 봉사처로 정하고 지원하기로 했다. 그러나 얼마 지나지 않아 강원도 인제의 국유림 골짜기에 컨테이너 박스로 주거를 마련하고 옮겨 가게 되었다.

라이온스 지역부총재를 맡고 있을 당시 불우 청소년 학자금 지원하는 모습

라이온스클럽 임원들과 인사를 나누고 있다.

지금이야 사회봉사니 후원이니 하는 일들이 일반화 되고 음으로 양으로 지원도 많이 받지만 당시는 다 같이 어려운 시절이라 개인이 운영하는 장애인 시설은 비참하기 이를 데 없었다.

그래서 우리 회원들은 정기적으로 인제로 원정 봉사를 다녔다. 갈 때마다 목욕과 청소를 도와주곤 했는데 올 때는 늘 가슴으로 눈물을 흘려야 했다. 돌아오는 버스 안은 피곤함과 측은지심이 더해 늘 적막감이 돌았다.

한번은 버스에서 회원들에게 이 시설을 계속 돕자고 제안하니 어느 누구도 이의 제기 없이 단번에 2천만 원을 모금한 일도 있었다.

그때 봉사를 다니며 남의 도움 없이 목욕은 물론, 대소변도 밥숟가락도 못 뜨는 그들을 보면서 나도 언젠가는 어려운 이들을 위해 손과 발이 되리라 수 없이 다짐하곤 했다.

그렇게 입회 후 6년 동안 지대위원장과 지역 부총재까지 역임했지만 2004년 아내를 먼저 보낸 후로는 활동을 멈추게 되었다. 특히

라이온스클럽은 봉사의 의미를 배우며 아내와 함께 활동한 추억 서린 단체이다. 라이온스클럽 행사에 참석한 며느리가 손주를 안고 온 옛 사진을 보니 봉사는 다음 세대를 위한 일이라는 생각이 든다.

라이온스클럽은 부부가 함께 참여하는 행사가 많아 더더욱 참여하기는 쉽지 않았다.

돌이켜보면 10여 년의 클럽활동 기간 아내와 함께 좋은 분들과 교유한 일들이 많은 추억이 되었다. 그때의 인연으로 몇몇 회원들과는 늘 변함없이 연락하며 지내고 있다.

최근에는 과거 입회 시 우리 지역 총재로 연을 맺었던 안두훈 전 국제 이사를 만났다. 회원으로서도 많은 도움을 받았지만 내가 미얀마에서 침뜸봉사를 한다는 소식을 듣고는 여러 가지 지원방안을 제안해 주었다.

그중 내가 봉사하던 따바와센터에 언챙이 수술지원 거점 마련과 협약병원의 노후장비 지원계획도 논의했다. 하루아침에 성사될 일은 아니겠지만 이루어질 수만 있다면 매우 의미 있는 일이라 생각한다.

나 또한 라이온스클럽을 통해 봉사의 의미를 깨닫게 되었고 라이온스클럽의 모토 또한 봉사이니 초록은 동색이 아니겠는가.

토건 회사 무너지고, 사랑하는 아내는 암

94년, 만으로 53세. 장극토건을 설립하고 본격적으로 토건업계에 명함을 내밀게 되었다. 89년 어렵게 덤프트럭 한 대를 구입하여 밤낮없이 일하며 이룬 결실이었다.

이때는 몇 년간 크고 작은 여러 공사를 시행하면서 토건업계에서도 어지간히 내 이름이 알려져 있었다. 나 또한 포스코 사옥 터파기 공사를 거치면서 자신감도 충만해 있었다. 이제 그간의 경험과 인맥으로 내 앞에는 꽃길만 펼쳐지리라 확신했다.

그러나 그 꿈에서 깨기까지는 오래 걸리지 지 않았다. 혼자 하청을 받아 일할 때는 비록 몸은 고달파도 부지런함과 성실함으로 얼마든지 버텨 나갈 수가 있었다. 그러나 회사의 형식과 규모를 갖추다 보니 총무와 회계, 공무 등 갑자기 50여 명으로 늘어난 인력관리도 해야 했고, 대외적인 활동도 큰일이었다.

가지 많은 나무 바람 잘 날 없다는 말이 실감 났다. 더욱이 세금문제도 개인적으로 사업 할 때와는 엄청난 차이가 있었다.

공사입찰을 받으면 공무 담당이 필요한 장비와 인력, 소요 기간 등 원가분석을 하고 그것을 바탕으로 역할분담을 하며 호흡을 맞추는 일이 마음 같지 않았다. 그뿐 아니라 대외 협력과 사업 확장을 위해 채용한 회장에 대한 예우와 관리도 부담이었다. 이래저래 장악력은 떨어지고 힘이 분산되니 자금관리와 업무 효율성에도 많은 문제가 생겼다.

한마디로 덩치는 커졌으나 수입보다 지출이 더 많은 속 빈 강정이 되어가고 있었다. 영입한 회장의 인맥은 화려하나 그를 통해 수주되는 일들은 실속 없이 허울뿐인 사업들이었다.

제법 큰 프로젝트인 경주의 골프장 공사도 그와의 인연으로 맡게 되었지만 아이러니하게도 그 일이 계기가 되어 사업이 기울기 시작했다. 2년 동안 35억의 공사비를 투입했지만 이익은 고사하고 채권단 순위에 밀려 원금 회수조차도 불가능하게 되었다. 오랜 기간 수십 명의 직원과 상주하며 공들인 사업을 돈 한 푼 못 받고 철수하고 만 것이었다.

결국은 그 일이 치명타가 되고 말았다. 피땀으로 이룬 토건회사가 설립 후 날개 한번 크게 펼쳐보지 못한 채 꺾이게 된 것이었다.

돌이켜 보면 지나친 자신감에 내실보다 너무 빨리 몸집만 키운 허장성세가 탈이었다. 어쨌든 합리적인 경영능력이 부족했다고 할 수밖에 없었다.

원래 불행은 겹쳐서 온다고 했듯이 극심한 스트레스로 또다시 건강도 나빠지기 시작했다. 92년 병원에서 강력한 경고를 받은 후엔 나름 건강에 신경을 썼지만 사업을 하는 한 어느 정도의 스트레스와 과로는 피할 수가 없었다.

설상가상 2000년엔 아내마저 병을 얻게 되었다. 처음엔 옆구리가 아프다고 했다.

고려대 병원에선 늑막에 물이 찬 것 같다고 했다. 한 20여 일 약을 먹고 증상도 호전되니 대수롭지 않게 생각했다.

그렇게 완치된듯하여 얼마 후 포천으로 등산을 갔다 오는데 몹시 피곤해했다. 그러더니 다음 날 아침 그 부지런한 아내가 일어나지를 못했다.

서둘러 병원에 입원을 시키고 정밀진단과 조직검사를 받았다. 선암이라고 했다. 선암이 뭔지는 모르지만 암이라는 말만으로도 가슴이 덜컹 내려앉았다.

오진이기를 고대하며 원자력병원으로 옮겨 정밀검사를 받았다. 결과는 마찬가지였다. 그렇게 졸지에 암으로 진단을 받고 치료를 시작했다.

말로만 듣던 항암제가 어찌나 독한지 3번 치료를 마치니 온몸의 털은 모두 빠지고 밥도 못 먹어 며칠 새 몰골이 말이 아니었다. 그 무시무시한 항암치료 8번을 마치고는 몸조차 못 가눌 정도로 급격히 쇠약해졌다.

그때부터 사업은 직원들에게 맡기고 전적으로 아내의 병간호에 매달렸다. 돌이켜 보면 암이라는 말 한마디에 1차 충격이 오고 독한 항암치료가 2차로 건강을 더 무너뜨린 것이 아닌가 싶기도 하다. 그렇게 되니 24시간 간호가 필요했다.

어쩔 수 없이 남양주 수동면에 있는 요양원으로 들어갔다. 그곳은 환자가 2백50여 명쯤 되는데 한 달 경비가 5백만 원 가까이 들었다. 보통사람으로서는 감당할 수 없는 큰돈이었지만 아내에게 조금이라도 도움이 된다면 아까울 것이 없었다. 평생을 가슴 조이며 고락을 함께한 나의 반쪽이 아니던가.

나도 서울에서 살던 큰 아파트를 정리하고 요양원과 가까운 마석에 작은 아파트를 장만했다. 아침저녁 요양원으로 출퇴근하며 뒷바라지를 했다.

늘 헌신적이었던 아내

가끔 사무실에 나가 급한 업무를 처리하곤 거의 종일 아내와 함께했다. 어찌 보면 내 일생 지근거리에서 가장 오랫동안 아내와 함께한 시간이었다. 그렇게 2년 정도 지극정성으로 관리를 하다 보니 어느 정도 회복되어 하루 8Km까지도 산책을 할 수 있게 되었다.

매일 함께 산책하며 충분히 회복되었다고 판단한 나는 독일로 여행을 가자고 제안을 했다. 아내는 뛸 듯이 기뻐했다.

그러면서 시험 삼아 멀지 않은 곳에 산행했는데 다음 날 아침 갑자기 힘도 못 쓰고 일어나지를 못했다. 또다시 정밀검사를 하니 암이 재발했다고 했다. 재발이라는 한마디에 오랜 세월 공든 탑이 무너진 듯 앞이 캄캄했다.

그때부터는 병세가 걷잡을 수 없이 진전되었다. 문제는 암종의 크기보다도 통증이 더 사람을 괴롭혔다. 여러 병원을 전전하며 치료를 받았지만 본인이 포기하는 듯했다.

그래도 나는 일본으로 가서 선진의료의 힘을 빌려 최고의 치료를 해보고자 절차를 밟고 있었다. 그 이야기를 들은 간병인은 나에게 "사모님은 이미 마음을 정리하신 것 같다."라고 전하며 "링거를 꽂아 놓으면 다 뽑고 치료를 거부한다."라고 말했다. 가슴이 아팠지만 나도 마음을 정리해야 할 때가 왔음을 직감했다.

아내도 마음을 정리해서인지 표정은 평온했고 나나 아이들에게 원망 한마디 없었다. 미안하고 고맙고 가슴 한 켠이 아려왔다.

같은 병실 내 환자들의 반응은 각양각색이었다. 평생 당신과 가족을 위해 희생만 했는데 억울하다며 소리치는 사람, 그동안 쌓인 한을 주저리주저리 엮어내는 환자 등 천태만상이었다.

그러나 아내는 떠날 준비라도 하는 듯 나에게 집으로 가자고 했다. 집에 와서는 생전에 미안했던 일, 고마웠던 일들을 반추하며 하나하나 감사와 용서와 화해를 하며 이생의 모든 숙제를 끝내려는 듯했다.

아내와의 이별이 가까워 오자 나는 유명한 풍수와 함께 여러 날 경기도 인근의 산 자리를 찾아 헤매고 다녔다.

하루는 양지바르고 좋은 산 자리를 마음속으로 정하고 돌아오니 아내가 오랜만에 밝은 모습으로 맞아 주었다. 웬일이냐고 물으니 "당신 지금 묫자리 보고 오셨지요?"하는 것이었다. 깜짝 놀라 어떻게 알았느냐고 하니 잠시 전 꿈을 꾸었는데 양지바르고 온갖 꽃이 만발한 언덕 위에 많은 사람들이 나를 맞아주었다고 했다. 참 신기한 일이었다.

며칠 후 맑고 쾌청한 날. 나들이 겸 아내의 손을 잡고 영면할 자리를 보여주었다. 그리고 며칠 후 아이들이 모두 모인 가운데 사연 많은 이생에서의 작별을 고하게 되었다.

그렇게 아내를 먼저 보낸 후 그때까지 명맥만 유지하던 회사도 정리하기로 마음을 먹었다. 10여 년 영혼을 갈아 만든 회사였지만 아내를 잃고 나니 몸도 마음도 피폐해지고 돈도 명예도 다 허업인 듯 아무것도 할 수가 없었다.

아내 떠난 뒤 방황, 정신 차리니 부처님 손바닥

아내를 보낸 후 한동안 제정신이 아니었다.

꽤 오랜 투병을 했기에 이별을 준비하고는 있었지만 막상 떠나보내고 나니 현실은 생각과 달랐다.

누워있어도 대화를 할 수 있고 얼굴을 볼 수 있을 때는 몰랐다. 한동안은 자다가도 아내를 챙겨야지 하며 깜짝 놀라 일어나기도 여러 번 했다.

세상의 마지막 약은 시간이라 했건만 어찌된 영문인지 시간이 지날수록 점점 아내 생각에 잠을 잘 수도 밥을 먹을 수도 없었다. 점점 증상이 악화하자 현실 인식조차 힘든 환각 상태에 빠져 결국은 정신과 병원을 찾게 되었다.

병원에서는 심각한 우울증이라고 했다. 그렇게 6개월을 약으로 버티다가 문득 이것이 아내나 나를 위한 길은 아닐 것이라는 생각이 들었다.

역시 인간이 힘들 때 의지할 수 있는 것은 종교라 아내를 생각하며 부처님을 찾게 되었다. 혼신의 힘을 다해 100일 기도를 올렸다. 서서히 죽음에 대한 생각을 바꾸자 마음도 안정이 되었다.

2006년이 되어서는 심리적으로도 어느 정도 평정심을 찾게 되었다. 그리고는 양재동에 있는 천태종 관문사 불교대학에 입학했다. 60대 중반에 다시 학생이 되었다.

전체 학생이 250여 명인데 입학한 지 얼마 안 돼 학장 스님이 학생회장을 맡아달라고 권유했다. 그렇게 또다시 새롭고 바쁜 생활을 하며 마음수행을 하다 보니 정신도 한결 단단해지고 완전한 평온을 되찾게 되었다.

내 천성이 그렇듯 그곳에서도 모범적인 수행과 회장 활동으로 많은 이들로부터 인정받았다.

2학년 때에는 부처님 오신 날을 기념하고자 동기들과 뜻을 모아 소 조형물이 움직이는 심우도를 만들어 구인사에 기증하기도 했다. 더욱이 그 해는 소해였기에 더 큰 의미가 있는 것 같았다. 경사스러운 날에 특별한 조형등을 만들에 전시하니 분위기도 살고 보시도 늘어나 사찰에서도 좋아했다. 불교대학 졸업생 중에서도 특별하게 인정받게 되었다.

다음 해 방학에는 학생들과 구인사에 내려가 한 달간 봉황등 만드는 자원봉사를 하였다. 그런데 어찌나 열심히 철사 꼬는 작업을

금강불교대학 수료식 2008.2.24

불교대학 성지순례로 처음 미얀마 방문.

했는지 어깨도 아프고 팔이 퉁퉁 부어 움직일 수가 없었다.

나이가 들면 더러는 자신을 돌아볼 줄도 알아야 하건만 언제나 마음이 앞서 물불을 가리지 않으니 그리된 것이었다. 원래 한 달 계획으로 시작했으나 통증 때문에 20일 만에 그만두어야 했다. 원광대병원에서 검사 결과, 어깨의 인대가 다 손상되어 결국 수술을 받았다. 그렇게 불교대학을 마친 후에는 의왕에 있는 대안사 신도회장까지 하게 되었다.

2008년 강남지역에 엄청난 수해가 발생했다. 뉴스를 보니 불교대학이 있는 양재동 관문사 주변인 것 같아 사찰을 방문했다. 예상대로 사찰에도 엄청난 수해를 입었다.

주지 스님은 한숨만 쉬고 계셨다. 단층의 부지 면적만 400여 평인데 지하 4층까지 모두 물과 펄에 잠겼으니 기가 찰만도 했다. 수많은 신도들이 모여 모두 넋을 잃고 바라만 볼 뿐이었다.

그러나 내가 누구인가. 동서양을 누비며 토목공사로 잔뼈가 굵은 공사판의 백전노장이 아닌가. 그 엄청난 수해 현장을 보니 잠자던 공사판 승부사의 욕구가 꿈틀거렸다. 나는 주지 스님에게 "염려 마세요. 퍼내면 되지요."라며 위로했다. 그러자 주지 스님은 반신반의하며 무슨 방법이라도 있느냐고 물었다.

나는 즉시 예전 사업할 때부터 잘 알고 지내던 양수기업체 사장에게 전화해서 5인치 모터 4대를 요청했다. 문제는 수중양수기로 그 물을 푸려면 대형 모터를 지하로 옮겨야 한다. 그러나 그 무거운 쇠덩이를 지하로 옮긴다는 것 자체가 경험이 없는 사람은 엄두도 못 낼 일이었다.

나는 즉시 자원봉사 나온 군인 중 덩치 큰 여섯 명을 뽑아 호흡을 맞추며 교육시킨 후 차례차례 지하실 입구로 옮겼다. 그리곤 4대의 대형 양수기로 퍼내니 물은 도랑을 이루며 빠지기 시작했다. 그래도 워낙 많은 양의 물에 잠기다 보니 꼬박 이틀이나 걸렸다.

물을 다 퍼내니 주지 스님은 물론, 보는 이들이 모두 놀라워했다. 물론 그것은 누구나 할 수도 있지만 그러한 일을 안 해 본 사람은 엄두조차도 못 낼 일이었다. 그리되니 천태종에서는 정일교라면 알만한 스님들은 다 아는 정도의 유명인이 되었다.

하루는 구인사에서 등 만드는 일을 전담하는 스님에게서 전화가 왔다. 재무부장 스님이 100주년 기념행사 기념물 제작 문제로 나를 찾는다고 했다. 스님 말로는 100주년 기념조형물을 설치하려고 시안 수십 개를 받았는데 모두 마음에 안 든다며 나와 상의하고 싶다고 했다는 것이었다.

그 말을 듣고 예전부터 알고 지내던 조형물공예사 사장을 데리고 내려갔다. 이미 우리는 차 안에서 많은 대화를 나누며 아이디어를 좁혀가고 있었다. 스님은 2억 상당의 의미 있는 조형물을 만들고 싶은데 디자인해 보라고 했다. 나는 차 안에서 구상한 아이디어를 이야기하자 도안을 만들어 보여 달라고 했다.

구인사 상월원각 대조사 100주년 법어등을 제작하고 찍은 기념사진.

우리는 구인사가 자리해 있는 소백산의 9봉 8계곡을 상징하여 아홉 마리의 용과 8불 신장이 상월원각 대조사를 상징하는 보름달을 떠받치는 형상물을 제안했다. 재무부장 스님은 매우 흡족해하셨다.

재질은 탈색이 되지 않는 수지로 만들어 반영구적으로 보존할 수 있게 하였다. 스위치를 넣으면 회전을 하는데 그것은 지금도 구인사의 상징물로서 대웅전 앞마당에서 형형하게 빛나고 있다.

침뜸에 입문하고 미얀마 정글로

불교 공부에 심취하다 보니 돈과 인연에 대한 생각도 어느 정도는 정리가 되었다.

이번엔 남은 인생을 어떻게 설계하고 엮어나갈 것인가가 화두였다. 비록 사사로운 탐욕에서는 어느 정도 벗어날 수 있었지만 부지런한 천성마저 억누른 채 놀며 지낼 수는 없는 일이었다.

고민하며 인터넷을 검색하다 봉침에 대하여 알게 되었다. 봉침이 시술도 간단하며 효과도 탁월하다는 이야기였다. 즉시 양봉하면서 봉침을 가르치는 분을 찾아 3개월간 교육받았다. 그리고는 아예 의왕의 이동 양봉업자를 찾아가 양봉기술부터 배우기로 했다.

양봉은 밀원이 풍부한 깊은 산속이 아니면 대부분 개화 시기에 맞춰 이동하며 채밀했다. 즉 2월이 되면 전라남도 땅끝에서 시작하여 강원도 비무장지대까지 올라가면서 꿀을 떴다.

몇 주에 한 번씩 사전에 이동할 장소를 확인하고 밤중에 옮기는 일을 반복해야 했다. 꽃을 따라 숲속에서 생활하니 보기에는 제법 낭만적인 직업 같아 보이지만 그 또한 만만찮게 힘든 일이었다.

그렇게 7개월을 동행하며 양봉기술도 배우고 내 몸을 재료 삼아 수없이 벌침을 시술해 보았다. 그러나 효과도 체험했지만 부작용이 없다는 말과 달리 가렵고 두드러기가 생겼다. 간혹 가까운 지인들에게 시술해 본 결과 약간 씩은 부종과 소양증이 생겨났다. 나 같은 무면허자는 비록 무료봉사라 할지라도 부작용이 있으면 안 될 일이었다. 그렇게 해서 여름이 지날 무렵 양봉과 봉침에 대한 미련은 접기로 했다.

그때쯤 성남시 용현동에서 해외파견 선교사나 전도사들을 대상으로 침뜸교육을 한다는 이야기를 듣게 되었다. 무조건 찾아가 등록을 하고 몇 개월 공부했다. 교육과정이 그렇게 체계화된 것 같지는 않았다. 약간의 이론교육과 자기 몸이나 상대 교육생들에게 실습하며 침술을 익혀 나가는 방식이었다. 침과 뜸을 각각 3개월씩 배웠다.

어설프지만 그렇게 조금씩 침술의 묘미를 알아 갈 때쯤이었다. 대안사 신도회장 시절 신도들과 함께 봉정암 등반을 가게 되었다.

수백 명이 단체로 가다 보니 여기저기서 발목을 삐끗한 사람, 쥐가 나서 주저앉는 사람 등등 환자가 발생했다. 그때마다 어설픈 솜씨로 침을 놓았는데도 부처님의 가피력인지 대부분 증세가 호전되었다. 저녁때는 심지어 내 숙소까지 찾아와 질병 상담을 하는 사람도 있었다.

그즈음 오랜 고향 친구로부터 사업을 도와달라는 제의를 받았다.

몇 해 전부터 미얀마 정부로부터 2억 평의 임야를 50년간 임대해서 팜 농장을 추진 중인데 사업에 진척이 없어 어려움이 많다고 했다. 그쪽 방면엔 문외한인 친구가 소위 전문가라는 사람들의 말을 듣고 시작했지만 사업 진척도 안되고 수렁에 빠진 모양이었다.

그러니 나에게 기술고문으로서 현장 총괄을 해 달라는 것이었다. 그는 80년대부터 국내 최초로 전자감응센서 제조회사를 운영하며 크게 성공한 친구였다.

그는 평소 무슨 일이든 시작하면 치밀하면서도 불도저처럼 밀어붙이는 내 성격을 잘 알고 있었다.

나는 한창 새로운 공부에 재미를 붙이고 있었지만 또다시 새로운 사업제안을 받으니 그간 잠자던 사업가의 DNA가 꿈틀거리는 것 같았다. 승낙하자 며칠 지나지 않아 출국일이 정해졌다.

함께 침뜸공부를 하던 동료들에게 미얀마에 가게 되었다고 인사겸 이야기했다. 그러자 그중 해외 봉사 경험이 많은 분이 저개발국에 가려면 구급 약품과 몇 가지를 꼭 준비해 가라고 권유했다. 그러면서 마침 오늘 종로 5가에 갈 일이 있다며 같이 가자는 것이었다. 어차피 약품에 대한 전문지식이 없으니 그의 조언에 따르기로 했다.

약국에서는 해외에 나간다고 하니 기본적인 구충제, 소화제, 마이신 등을 소개해 주었다. 약사가 권하는 대로 사다 보니 200만 원 상당의 약품을 구입하게 되었다.

먼 길을 떠나려니 이것저것 내 가방도 제법 큰 데다 침뜸 재료부터 약품까지 두 박스가 추가되어 항공 비용도 만만치 않았다. 처음 얼굴을 대하고 동행하게 된 회사 직원의 표정이 좋지 않았다.

그래도 다행히 미얀마 공항에서 짐 때문에 문제는 없었다. 미리 그쪽 사정에 밝은 지인의 코치대로 약 상자 표면에 NGO봉사 약품이라고 써 붙였기 때문이었다.

공사 현장은 미얀마 남부지역 타닌타이(Tanintharyi)주 피지만

다잉(Pyigyimandaing) 밀림지대에 있었다.

미얀마는 언제나 여름, 상하(常夏)의 나라다. 늘 무덥지만 8월은 장마철이었다. 앞이 안 보이는 장대비가 수시로 쏟아지니 습도도 매우 높았다.

양곤공항에는 농장의 한국 관리자들이 마중을 나와 있었다. 호텔에 도착해서 짐을 풀고 현지 관계자들과 인사를 나눴다. 왠지 그들은 나에게 보고 경계의 눈빛을 보였다.

그들의 말에 따르면 원래 미얀마 정부에 제출한 계획은 2012년부터 2013년까지 600에이커를 개간하기로 했는데 현재 200에이커밖에 못해 허가가 취소될 위기에 놓여 있다고 했다. 그러면서도 이미 열대지방 특유의 생활방식에 익숙해진 듯 지금은 장마철이고 갈 길도 머니 양곤에서 2~3일 쉬다가 들어가자고 했다.

그 이야기를 듣자 열통이 터졌다. 몇 년이 지나도록 목표를 달성 못 해 허가 취소를 운운하는 상황인데 쉬다 가자니 한심하다는 생각이 들었다.

나는 단호히 말했다.

"지금 당장 가장 빠른 항공권을 예약하세요."

그들은 70세도 넘은 고문이라는 사람이 보인 뜻밖의 반응에 놀란 듯 다음 날 아침 출발하는 비행기가 있다고 하였다. 아마 그들도 모처럼 도시에 나왔으니 원님 덕에 나팔 불 듯 여흥도 좀 즐기고 며칠 쉬다 갈 요량인 듯했다.

그렇게 서둘러 다음 날 오전부터 비행기와 자동차, 배를 갈아타며 15시간의 이동 끝에 밤 12시 넘어서야 현지에 도착했다. 그날은 온몸이 파김치가 되었는데도 더위와 모기, 사업에 대한 걱정까지 밀려와 밤 새 뒤척였다.

아침이 되어 그곳의 책임자들에게 사업추진 상황을 보고 받았다. 어제 양곤에서 듣던 대로 여러 가지 사업 진척이 늦어지고 있었다. 이유는 하나같이 철이 우기라 힘들다 위험하다 부정적인 이야기들만 늘어놓고 있었다.

그들은 그저 나를 은퇴한 회장의 친구 정도로 알고 있었던 듯했다.

내가 물었다. “시도는 해 보았습니까?” 모두들 눈만 껌뻑이고 있을 뿐 대답하는 사람이 없었다.

나는 이미 새벽에 지형을 돌아보고 보유한 장비의 성능까지 파악한 상태였다.

내가 누구인가. 18살에 탄광의 막장 광부를 시작으로 독일 광부로도 다녀오고, 사우디 열사의 건설현장에서 온갖 종류의 수많은 대형장비를 다루며 기름밥으로 잔뼈가 굵은 사람이 아니던가. 어디 그뿐이랴 토건 회사를 운영하며 산전수전 다 겪고 세상을 겁 없이 살아온 공사판의 백전노장이었다. 한마디로 우기라서 작업을 못 한다고 하는 것은 내 사전에는 어린애 잠꼬대 같은 소리였다.

다음날 유능한 불도저 기사 한 사람을 뽑아달라고 하여 안전교육을 시키고 작업을 시작했다. 이렇게 비가 오고 경사진 곳에서 작업하려면 불도저를 앞뒤로 운전하며 밀어야지 옆으로 작업을 하면 미끄러져서 사고가 난다.

선수는 선수를 알아본다 했던가. 불도저 기사도 벌써 안전교육

미얀마 남부의 밀림지대. 타닌타이(Tanintharyi)주 피지만다잉(Pyigyimandaing) 농장 개발 현장. 2014.12.01, 아래 2014.04.17

을 하고 일 시키는 나를 보며 꾀부릴 생각은 안 했다.

그리고는 나도 언덕 위에 올라가 함께 비를 맞으며 공사현장을 지휘했다. 저녁 6시에 일을 끝내고 GPS로 한 바퀴 체크를 해보니 우중에서도 하루 7에이커(약 28,000m^2)의 실적을 냈다. 나는 자신이 있었고 속으로 쾌재를 불렀다. 지금 농장에 보유한 불도저가 8

대이니 하루 56에이커를 할 수 있다는 계산이 바로 나왔다.

나는 매일 아침 작업 전 안전교육을 철저하게 시켰다.

일의 성과도 좋지만 타국에서 사고가 나면 예기치 못할 어려움도 생기고 직원들의 사기도 떨어지기 때문이었다. 그렇게 건기인 연말에는 잡목을 베어 불태워가며 한건의 사고도 없이 2014년 2월까지 400에이커가 넘는 팜 농장 개간을 완료하게 되었다.

밀림지대에서의 임목 조사는 그 지역 지리를 잘 아는 사람이 있어야 한다. 그래서 나는 그 지역의 산하를 손금처럼 꿰고 있는 카렌족 군 출신의 젊은이 30명을 채용했다.

먼저 임목조사 요령 및 판단기준, 표식방법과 안전교육을 했다. 다음엔 각자의 구역을 지그재그로 왕복하며 임목으로서의 가치가 있는 나무에 페인트로 'A-1, 식으로 구역과 일련번호를 쓰면서 일일이 확인하는 방식이었다. 물론 시간도 걸리고 위험한 방식이지만 역시 공들인 만큼 정확한 조사가 되기 때문이다. 담당구역은 지도를 펴놓고 등고선을 따라 일정한 간격으로 구역을 나누었다.

그리고 각 5명을 1개 조로 5개 팀을 편성하여 담당구역을 정했다. 팀 구성이 끝나면 5일 치의 식량과 각자의 소지품인 밀림용 장칼, 천막용 비닐 등 최소한의 장비를 휴대하고 입산했다. 이때 조장은 지도와 총, GPS 무전기를 소지했다. 물론 총은 불법이지만 밀림지대에서는 예측할 수 없는 위험 때문에 묵시적으로 인정한다.

대개 월요일에 입산하면 토요일쯤 하산하는 방식이었다. 물론 감독관인 나도 수시로 교신하며 GPS로 위치를 확인하고 부식 등

위: 미얀마 오지 공사 현장의 아침 조회. 2014.12.10.
아래: 현장 직원을 위해 새로 지은 숙소. 2015.01.26

보급품을 전달하며 작업 상태를 확인했다. 보급품은 쌀과 새우젓 비슷한 젓갈 종류와 충전된 GPS무전기를 교체해 주는 정도였다. 그들은 항시 총을 휴대했기에 강가의 자라나 뱀, 원숭이 등 다양한 야생동물을 잡아먹기도 했다.

한번은 검고 큰 퓨마를 잡았는데 가까이 다가서기도 섬짓한 기

위: 현장 작업 회의 2015.05.20. 아래: 현장에서 안전을 기원하며 독경 기도하면 직원들은 합장했다. 2015.05.12

분이 들었다. 카렌족 군인들은 언제나 게릴라전을 대비해 자기들만이 아는 방식으로 요소요소에 쌀을 묻어 보관한다. 그래서 카렌족 출신인 우리 직원들도 여러 곳에 보관된 비상식량을 가끔 이용하기도 했다. 밀림지대의 생태계는 우리가 상상하지 못하는 위험이 항상 도사리고 있다. 나도 현장에 갈 때는 현지 직원 두 명과 반드시 동행했다.

하루는 밀림지대를 지나가는데 나무 위에 있던 큰 뱀이 사람의 체온을 감지하고 떨어져 혼비백산한 적도 있었다. 물에 들어가지 않아도 족히 10cm는 될 것 같은 대형 거머리들이 팔과 목 등에 붙어 피를 빨리는 경험도 했다.

산 생활을 하는 현지인들은 동물과 같은 원초적 감각이 살아있어 위험에 대처하는 능력이 탁월하다. 도시 생활에 익숙한 우리와는 사뭇 다른 동물적 본능이 있기에 그들과 함께하면 비교적 안전하다.

또한 그들만의 정서와 문화를 모른 채 우리의 감정대로 일을 처리하다가는 큰 위험에 처할 수도 있다. 그래서 민감한 일은 반드시 현지인 매니저를 통해 처리해야 한다.

특히 해고나 사고 처리에 있어서는 리더십, 카리스마가 있는 사람이 아니곤 위험하다. 전해 듣기로 내가 가기 전해에 매니저가 불성실한 직원을 꾸짖다 몸싸움을 한 적이 있었는데 이에 앙심을 품은 직원이 야밤에 도끼를 들고 쳐들어와 만행을 저지른 일도 있었다고 했다.

사업장은 워낙 방대하고 도로 사정도 열악했다. 차량전복 등 사건 사고도 자주 일어났다. 안전교육은 물론 사업장을 출발할 때마다 전 직원을 모아놓고 천수경을 외우며 고사를 지냈다. 고사가 끝나면 직원들은 그 앞에 올려놓았던 물을 한 병씩을 가지고 떠났다. 정확한 의사소통은 안 돼도 정성스런 독경소리를 들으면 그들의 마음도 숙연해지는 듯했다.

위: 피지만다잉 마노론(Manoron) 마을 방문 시 길가에서 쉬는 주민들과 함께
아래: 유아다이 초등학교에 구급약품을 전달하고 나서 침뜸봉사하던 마을의 주민들과 함께. 2013.10.26

사업이 계획대로 진행되자 한결 여유가 생겼다.

한번은 인근 지역의 여건도 파악할 겸 허가구역을 돌아보다가 빨간 글씨의 통행금지 팻말을 발견했다. 내용은 허가 없이 출입 시에는 사살하겠다는 무시무시한 경고였다. 주도로로 통행을 못 하면 큰일이었다. 현지 감독자에게 물으니 카렌족 군인들의 영역인데 민원이 생겨 그리되었다고 했다.

그쪽의 문화도 민원의 내역도 모르니 답답할 뿐이었다.

며칠 후 한국에서 가지고 간 약품을 인근 초등학교에 전달하고자 방문했다. 그곳의 선생님들과 대화 도중 한 여선생님이 문제의 발단을 들려주었다.

그 지역을 담당하는 소령급 책임자가 인근 학교에 필요한 노트북 컴퓨터 한 대와 함석 200장 그리고 약간의 목재를 협조해 달라고 한 것을 농장에서 거부하자 그리 되었다는 것이었다. 그 말을 들으니 내 얼굴이 다 화끈거렸다.

사업을 하려면 지역민들의 마음을 얻는 것이 우선일진대 그런 사소한 요구사항 때문에 문제를 야기했다니 한심한 일이었다. 나는 그 자리에서 즉시 지원하겠노라 약속을 했다. 그리고 돌아오자마자 한국 본사에 현지 분위기를 전하며 지원 승낙을 받았다.

국내외를 막론하고 사업하는 사람들은 현지인들과 긴밀한 관계를 유지해야 한다는 것은 기본 중의 기본이다. 그 일은 결국 현지인들을 얕잡아본 교만과 사업가가 갖추어야 할 자세를 망각한 처사가 초래한 실수였던 것이다.

공사 현장 인근 마을에 약품을 전달하고 침 치료 후 주민들과 함께. 2014.01.05

그렇게 미얀마에서 6개월 동안 농장개발에 전력을 다했다. 그리고 남은 기간에는 인근 마을과 학교를 다니며 현지인들과 다양한 교감을 하게 되었다. 매주 주말이면 인근 마을을 돌아다니며 봉사했다. 이때 여기저기 눈에 띄는 환자들에게 침을 놓아주었다. 그러나 더러는 효과를 보기도 했지만 생각한 만큼 만족할 만한 성과는 내지 못했다.

지금 생각해보면 어설프기 짝이 없는 모험 같은 치료였다. 그래도 다행인 것은 별다른 부작용도 없었고 조금이나마 통증은 완화되는 것 같았다.

그렇게 길고도 짧았던 6개월을 보내며 미얀마에서 농장개발업무는 마무리하고 2014년 2월에 귀국했다.

효과적인 침술 익혀 다시 미얀마로

세상일이란 역시 내 마음대로 되는 것은 아이었다.

귀국해서 내 길을 가리라 다짐했지만 그간 나의 추진력을 높게 산 최 회장은 미얀마에 다시 들어가 전반적인 관리를 해 달라고 부탁했다. 심지어는 내가 거부할 것을 예상하여 고향 친구 여러 명을 함께 불러 그 자리에서 압박했다.

한편 생각하면 이미 퇴직한 나를 그렇게 필요로 한다니 아직 존재감은 있구나 하는 생각에 기분이 나쁘지는 않았다. 봉급도 넉넉히 주겠다고 하니 대우도 그만하면 괜찮은 편이었다. 나로서는 이미 그곳 사정을 꿰고 있었고 큰 어려움도 없었기에 다시 돌아가기로 했다.

이번에는 스스로 종로에 있는 대형 약국을 찾아가 좀 더 다양하고 필요한 약품들을 준비했다.

그런데 출국 이틀 전 갑자기 동탄을 가고 싶은 생각이 들었다. 내 평생 동탄은 가본 일도 없고 아는 사람조차 없는 생경한 곳이었다.

나는 살아오면서 마음이 가면 우선 시행부터 하는 사람이다. 아침 식사를 하고 목적도 없이 동탄으로 가서 시장통을 한 바퀴 돌아본 뒤 조용한 식당을 찾았다.

식사를 마치고 나오려니 주인인 듯한 중년의 사내가 한 손에 침을 꽂은 채 계산하고 있었다. 그 자리에서 호기심에 "선생님께서는

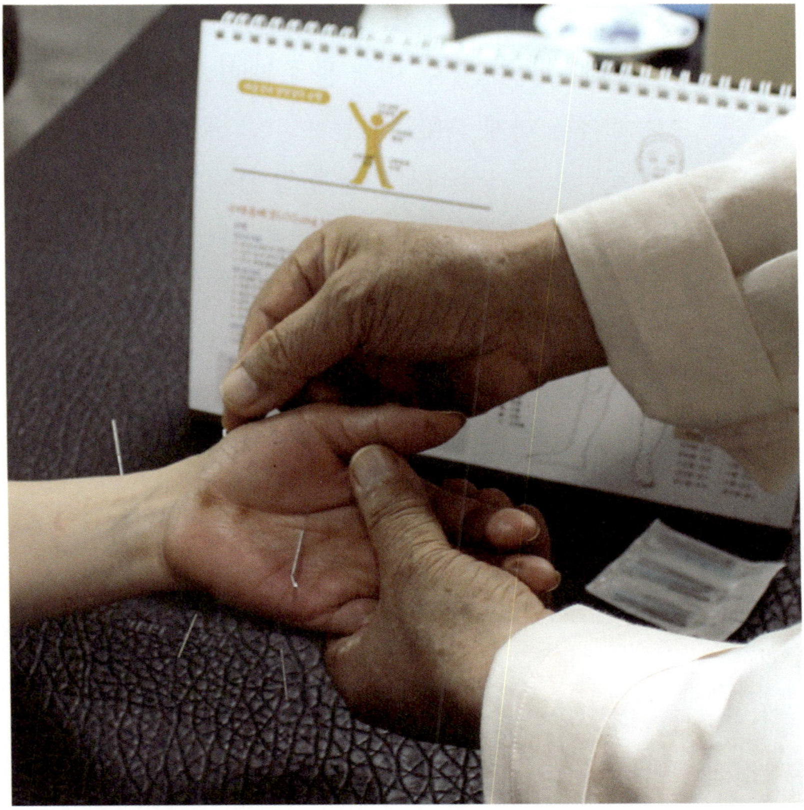
손발의 12개 화혈과 임맥 독맥의 교회혈 2개를 자극하는 방법을 배웠다.

침에 조예가 깊으신 것 같군요"라고 말을 건넸다. 나를 힐끗 쳐다보던 그 사람은 "선생님은 침을 좀 아세요?"라고 반문했다. 내가 기다리던 반응이었다.

"네 제가 미얀마에서 봉사하며 지내는 사람인데 침을 조금 배워 치료해 보니 생각 같지 않습니다. 괜찮으시다면 선생님의 지도를 받고 싶습니다." 간곡히 부탁했다.

그는 오늘은 시간이 없으니 "침을 배우고 싶다면 내일 이맘때 이곳으로 다시 오세요"라고 했다. 이에 문득 '내가 저 귀인을 만나려고 이곳으로 걸음을 하게 되었나'하는 생각이 들었다.

다음날 일찍 동탄으로 가서 다시 그분을 만났다. "연세도 지긋한 분이 봉사하신다기에 조금이나마 도움을 드리겠다."며 인사를 했다.

그분의 침은 매우 간단하고 독특했다. 사전에 양해를 구하고 녹음하며 집중했다. 침술 공부의 경지가 높은 분인데 나의 실력이 대단치 않음을 알고는 간단하면서도 효과가 좋은 화혈 자극요법을 알려 주었다. 즉 손발의 12개 화혈과 임맥 독맥의 교회혈 2개를 자극하는 방법이었다. 현대인의 질병은 대개 염증과 스트레스성 질병이 많으므로 화혈의 자극만으로 대부분 질병에 효과가 있다는 것이었다.

약 한 시간 정도 녹음한 내용을 다시 미얀마에 도착하는 순간까지 수십 번을 들었다. 그러다 보니 거의 다 외워지는 것 같았다. 빨리 돌아가 임상에 적용해 보고 싶은 마음에 몸이 달아올랐다.

이틀 후 미얀마 현장에 도착하자 몇 개월 만에 다시 만난 현장 사람들이 반겨주었다. 물론 한국 관리자들은 또 무슨 일을 벌일지 긴장하는 눈치도 역력했다.

이번에는 다리부터 놓으리라 마음먹었다. 평소 강폭이 30미터 정도 되는 강물 때문에 두 시간이나 돌아다니는 비효율을 두고 볼 수가 없었다.

미얀마 타닌타이 다리 공사 현장 2014.05.17

사람들은 한여름 장마가 지나면 흔적도 없이 사라질 헛일을 한다고 수군댔다. 이번엔 한국인뿐 아니라 현지인들도 쓸데없는 짓이라 했다. 그러나 내 머릿속엔 이미 다리설계가 끝난 상태였다.

강폭은 평소 30미터 정도지만 우기가 되면 200미터 이상으로 늘어났다. 그러나 그 강은 우리나라 하천과는 달리 유속이 빠르지 않았다.

다음날부터 주변의 나무들을 자르고 깎아 강바닥에 1.5미터 깊이로 다리발을 박으며 다리를 놓았다. 영화 속 콰이강의 다리보다도 더 든든한 다리였다. 비록 철근이나 시멘트를 사용하진 않았지만 탱크가 지나가도 끄떡없는 정도였다.

그 다리를 보는 많은 사람들은 장마 전까지만 사용하리라 수군거렸다. 그러나 그것은 그들의 생각일 뿐, 7~8년이 지나 여러 번 크고 작은 장마를 지나고도 아직까지 제몫을 단단히 하고 있다. 우

2014년에 완공한 다리. 2018년 방문했을 때 모습. 여름 우기를 여러 번 지나도 튼튼하게 유지되고 있었다. 2018.01.04

공이산(愚公移山), 미련한 사람이 세상을 바꾸는 법이다.

다리를 완공한 다음에는 벌채한 임목을 배로 실어 나르는데 필요한 접안시설을 만들었다. 대형 선박과 트럭이 자유롭게 오가니 농장 개발뿐 아니라 모든 작업들이 수월하게 진행되었다.

그때부터는 시간이 될 때마다 마을과 학교를 찾아다니며 약품을 나눠주고 공동수도 시설을 지원하는 등 원주민들의 신뢰를 쌓아 나갔다.

2013년 처음 타닌타이의 팜농장 개척 당시부터 인근의 마노론(Manoron) 초등학교에는 3년간 구급약품을 제공했고, 학용품 구입비로 매월 10만 짯씩 기부했다. 연말연시에는 과자, 빵 등도 위문품으로 전달했다. 얼마 되지 않는 돈이지만 화폐 가치가 한국에 비해 10배 이상이라 거기선 적지 않은 금액이었다.

마노론 초등학교에 학용품 및 약품 전달하고 월 10만 짯씩 지원했다. 초등학교 교실에서. 2013.10.11

밀림 지역의 오지이다 보니 이웃이라고 해도 걷거나 오토바이로 다니니 가까우면 두 시간 좀 먼 곳은 네 시간이 걸렸다.

한번은 봉사 중에 어린아이가 왔는데 가시에 찔린 발에 염증이 생겨 있었다. 구멍이 날 정도로 심각한 중증이었다. 그러나 부모는 병원도 멀고 돈도 없다며 나에게 치료받기를 원했다.

나는 아이를 보고만 있을 수 없어 오토바이 세 대를 불렀다. 급한 대로 두 시간 거리의 따웅애에 있는 약국에 가기로 했다. 요금은 왕복 8천 짯씩 2만4천 짯이라고 했다.

환자와 부모, 통역과 나까지 함께 가 간단한 치료와 약을 구입했다. 약값과 치료비도 당연히 내가 내야 했다. 그래도 내가 할 일이라고 생각하니 돌아오는 길은 마음이 홀가분했다.

인근 람폰 마을의 초등학교에서는 집단 눈병이 발생하여 안약을 전하며 치료하는 봉사활동을 했다. 그리고 학용품을 전달하고, 매월 10만 짯의 현금도 지원했다.

이 마을에는 공동수도를 마련하고, 학교에 식수를 공급하는 시설을 지원했다. 공동수도 사업은 식수원에서 파이프로 람폰(Lampon) 마을 공동식수장까지 500미터를 연결하고, 또 그곳에서 람폰 초등학교까지 200미터를 연결하는 공사였다. 이 사업에 들어가는 PVC파이프와 양수기 한 대를 지원했다.

이 지역에서는 감사의 뜻을 표할 때 두 팔을 겹쳐 팔짱을 하고 앞으로 흔든다. 람뽀간 초등학교에 수도시설을 지원하고, 학용품과 약품을 지원하자 어린 학생들은 그렇게 팔짱을 흔들며 감사하다고 했다.

람폰(Lampon) 초등학교 교실. 아이들이 앞으로 팔장을 흔들며 감사의 뜻을 나타내고 있다. 2014.08.27

람폰 마을에 파이프와 양수기 지원하여 식수원에서 연결한 공동수도시설. 2014.08.26

공사현장 인근의 유아다이 초등학교에도 매월 10만짯(약 8만원) 정기후원하고, 비상 약품도 전달했다.

한 번은 이런 일도 있었다.

그날도 일요일이라 이것저것 챙기며 쉬고 있는데 한 사람이 환자를 업고 예닐곱 사람이 함께 나를 찾아왔다. 얼굴을 보니 일단 우리 직원들은 아니었다.

통역도 없었다. 업혀 온 환자를 보고 알았다. 뱀에 물린 것 같았다. 발등에 뱀에 물린 이빨 자국이 선명했다. 얼마나 시간이 지났는지 발등에서부터 허벅지까지 검붉게 부어오르고 있었다. 통역을 부를 여유도 없었다.

아마도 퍼지는 뱀독을 막으려는 듯 종아리와 허벅지 두 군데를 등나무 줄기로 묶은 상태였다.

나도 뱀에 물린 환자를 치료해 본 적은 없지만 병원도 없는 그곳에서 나를 찾아온 그들을 돌려보낼 수도 없었다.

할 수 없이 사혈침을 꺼내 뱀에 물린 부위를 여러 차례 찔렀다. 그리곤 땅바닥에 엎드려 그의 퉁퉁 부은 발등을 힘껏 빨아 검붉은 핏물과 독수를 뽑아내었다. 발등은 온갖 흙먼지와 핏물과 땀으로 범벅이 되었지만 그런 것을 의식할 겨를조차 없었다.

한참을 그렇게 빨아내니 환자의 표정도 밝아졌고 부기도 조금은 가라앉는 것 같았다.

해독혈인 축빈과 간경의 화혈인 행간에 자침하고, 정혈인 발끝도 모두 사혈했다. 다음엔 독사의 이빨 자국 위에 뜸을 뜨기 시작했다. 그때쯤 통역도 도착했다.

무척 강한 독을 가진 코브라에 물렸다고 했다. 제때에 치료받지 않으면 죽을 수도 있다는 것이었다. 한참을 사혈과 침뜸으로 치료하고 나니 환자가 쑤시고 아픈 것이 훨씬 편해졌다고 했다. 환자를 둘러싼 동료들과 주변 사람들이 그의 이야기를 듣고 모두 박수를

2014.07.15.

카렌군 킬러에게도 인술

카렌군의 정보 담당이자 킬러로 알려진 50대 중반쯤 되는 남자가 견비통으로 치료받으러 왔다. 카렌족 군 운영비 충당을 위해 수백 킬로미터 떨어진 다른 도시까지 평지가 아닌 산길로 다닌다고 했다.

말없이 굳은 표정을 보면 눈빛이 얼마나 강렬한지 마치 먹이를 노려보는 맹수 같아 섬뜩한 느낌이 들 정도였다. 그의 성품이 거칠고 사나워 우리 농장의 미얀마 매니저도 그 앞에서는 말도 제대로 못 할 정도였다. 그러나 견비통은 물론, 아내까지 나에게 침 치료를 받으니 내 앞에서는 늘 겸손하고 친절했다.

쳤다.

꾸준히 지원하고, 봉사활동을 계속하다 보니 그 일대에선 나를 모르는 사람이 없을 정도가 되었다.

벽지에서 빛난 인술

팜농장 개간을 진행하고 있을 때였다. 그 시기엔 챙겨야 할 일들이 많고 늘 현장에서 시간을 보내다 보니 일과가 끝나고 나면 온몸이 녹초가 되기 일쑤였다. 그래도 직원이나 주변에 눈에 띄는 환자

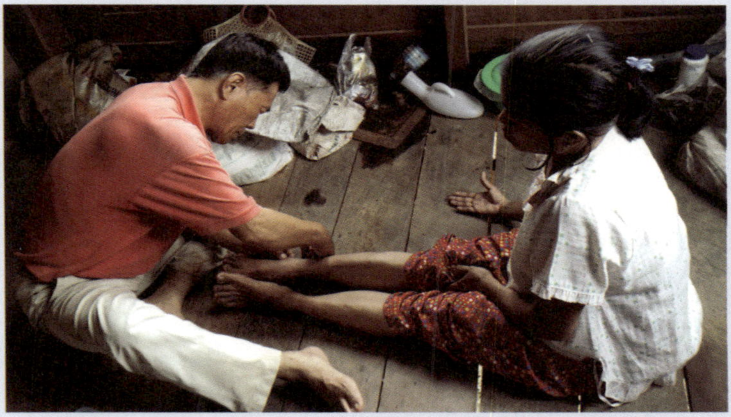

2014.07.11.

마음이 아픈 환자에게도 침

특별히 아픈 곳은 없어 보이는데 아프다고 호소하는 마음이 아픈 환자도 있었다.

미얀마 삐지만다이 마노론(Manoron)마을. 30대 후반 여성이 가족들을 피하여 산속으로 들어가는 등의 정신 증상을 보인다고 했다.

화혈침을 놓고 노궁 소부 등 심을 다스리는 혈을 주로 염전했다. 그리고 머리의 방광경과 담경의 혈자리에도 자침했다. 저녁에도 오고 주말엔 낮에도 오곤 하여 두 달 정도 치료 후 호전됐다.

가 있으면 두고 볼 수 없어 침으로 치료해 주곤 했다.

의료시설이 열악한 환경 탓에 현지 주민들도 몇 시간씩 걸어와 일이 끝나는 시간에 침을 맞기도 했다.

화혈침을 놓은 후로는 침의 효과도 뚜렷이 좋아져 밤낮없이 환자들이 찾아 들었다. 내가 즐거워 자초한 일이기는 했지만 지칠 때도 많았다.

젊어 고생은 사서도 한다는 말과 같이 한평생 수많은 난관과 고통을 헤치며 살아온 나로서는 피곤함보다는 존재감을 확인받는 것만으로도 행복했고 즐거울 뿐이었다.

화혈침법으로 중풍 치료 시작

열여덟과 스무 살 형제가 용접사와 불도저 기사로 농장에서 근무하고 있었다. 이들의 어머니가 몸이 많이 불편한데 치료를 부탁한다고 했다. 내게 직접 말하기는 어려워 자신들의 매니저를 통해 청탁해 온 것이었다.

그들을 불러 물어보니 어머니가 40대 중반인데 6개월 전 중풍을 맞아 병원에서 치료받았으나 차도가 없어 집에서 돌보고 있다고 했다. 대소변도 다 받아내야 하니 화장실 출입만이라도 하게 해달라고 간청했다.

그들은 공사 현장에서 내가 침놓는 것을 가끔 보면서 우리 어머니도 고칠 수 있을까 하며 생각했다고 했다. 어머니가 있는 곳이 현장에서 차로 두어 시간 거리에 있었다.

화혈침으로 무장하고 만나는 첫 환자였다. 내 마음은 마치 어렵게 구한 명검을 들고 전쟁터에 나가는 기분이라 조금은 설레기까지 했다.

그의 집은 시골이지만 생각보다 규모도 크고 생활도 그리 어렵지 않은 듯했다.

누워있는 환자의 상태는 녹록지 않았다. 더구나 멀리서 명의가 왔다는 소문에 동네 사람들 여러 명이 몰려들어 내말 한마디 일거수일투족에 집중하고 있었다.

나는 평소 환자와 술자의 믿음과 신뢰를 중요하게 생각하기에 먼저 그에게 한마디 했다.

"당신은 나을 수 있습니다. 걱정하지 마세요"

그 말 한마디에 벌써 환자는 눈물을 주르르 흘리고 있었다.

나는 먼저 십선혈(손가락 끝)과 기단혈(발가락 끝)을 모두 따서 사혈했다. 그리곤 12경맥의 화혈과 임독맥의 교회혈인 열결과 후계에 침을 놓았다.

다음에는 풍시, 풍지, 풍문과 예풍 등 풍자 혈에 자침했다. 그리고 침 열 개를 엄지와 검지로 모아 쥐고 묶음침으로 독맥과 방광 1선 및 2선의 등쪽과 머리 부위 전체를 속자속발로 훑어 내렸다. 제법 따끔거리고 아플 텐데도 아무 소리 없이 잘 참아내고 있었다.

화혈에 놓은 침은 10분에 한 번씩 계속 염전을 해 주었다. 그렇게 혼신을 다 하여 한 시간 반 정도 씨름했더니 환자도 나도 땀에 흠뻑 젖었다.

마지막으로 심유와 신유, 간유와 백회, 대추 그리고 곡지, 족삼리, 현종, 중완, 관원에 다섯 장씩 직접뜸을 뜨고 두 시간의 치료를

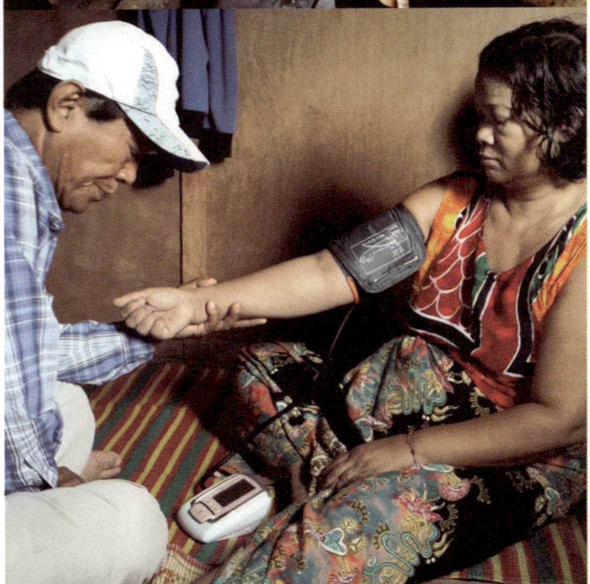

화혈침으로 치료한 첫 번째 중풍 환자. 위: 2014.06.10. 중풍 환자에게 침을 놓고, 누워서라도 운동을 계속하라고 요청했다. 아래: 2014.06.15

모두 마쳤다.

팔다리를 주물러 준 후 나는 환자에게 "이제 일어나 앉아 보세요" 라고 했다. 그는 놀라운 듯 반신반의하더니 안간힘을 쓰며 일어나 앉았다.

그 치료과정을 숨죽이며 지켜보던 동네 사람들도 환자가 일어나자 약속이나 한 듯 환호성을 질렀다.

나는 다시 일어서 보라고 했다. 혼자서 일어나는 것은 좀 무리가 있는 것 같아서 아들에게 부축해서 일어서도록 했다. 힘겹게 일어선 그에게 걸어보라고 했다. 비록 부축받기는 했지만 몇 걸음이나마 움직이고 있었다.

다시 한번 동네 사람들의 박수와 환호가 터져 나왔다. 나도 새삼 화혈침의 효과에 놀라지 않을 수 없었다. 참으로 경이적인 일이었다.

나는 그에게 말했다.

"병은 자기 스스로 고치는 것입니다. 오늘부터 어떠한 어려움이 있어도 두 시간씩 운동하세요. 그러면 치료가 됩니다."

그렇게 효과가 좋은 날이면 몸은 비록 파김치가 될지언정 마음만은 하늘을 나는 기분이다.

3일 후 그 직원이 다시 찾아왔다.

어머니가 많이 좋아졌다며 감사의 인사와 함께 몇 번만 더 치료해달라고 애원했다. 알고 보니 두 형제가 우리 사무실에서 가까운 곳에 임시 거처를 만든 후 어머니를 모셔다 놓았다고 했다.

효성이 지극한 그들을 보니 피할 수 없었다. 그렇게 일주일에 두 번씩 한 달을 치료하니 화장실 출입은 물론 걷고 생활하는 데 큰 불편이 없을 정도로 호전되었다.

그 일이 계기가 되어 우리 농장은 물론 그 일대에 소문이 나며 특히 중풍 환자들이 많이 찾아왔다.

그 후 미얀마에서 봉사하면서 특히 중풍 후유증으로 신체가 자유롭지 못한 환자에게 침뜸을 하여 큰 효과를 봤다.

오가는 길 삼거리의 환자

2014년 8월. 중풍을 맞고 누워있던 사람이 몇 번 치료 후 걸어 다니니 소문이 안 날 수가 없었다. 농장직원으로부터 중풍 환자를 침으로 치료한 이야기를 듣고 또 한 사람의 중풍 환자가 방문했다.

그는 제2팜농장 가는 길가 삼거리에 살았는데 그 지역 큰 사찰의 신도회장이었다. 소위 그곳에서는 지역유지인 셈이다. 나름대로

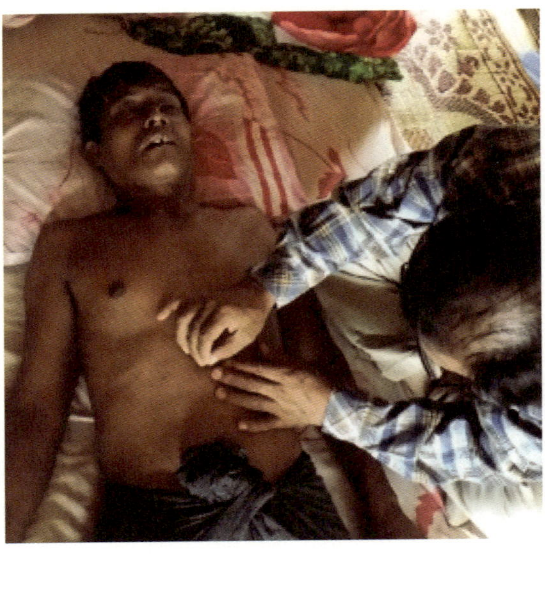

따웅애 마을의 두 번째 중풍 환자 U Than Kyi 53세. 2014.08.02

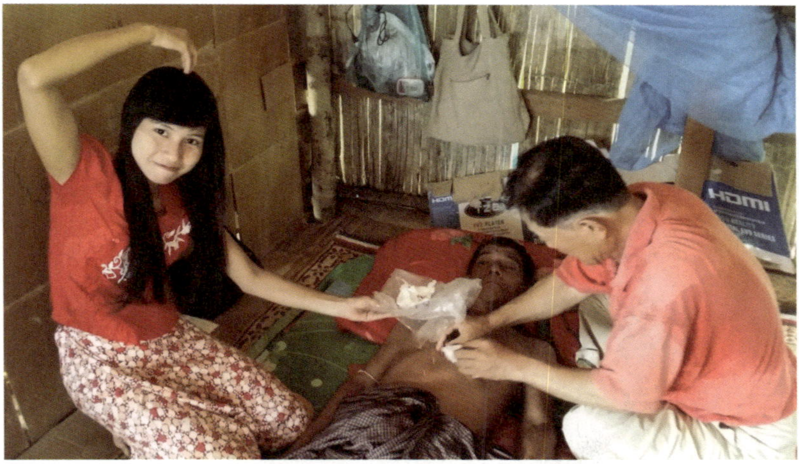

아버지의 중풍 치료를 돕는 어린 딸. 2014.09.14

경제적 여유도 있고 육식과 술을 즐겨하다 보니 고혈압에 당뇨병까지 있다고 했다.

상태는 매우 심각해 보였다. 얼굴과 입이 돌아가 말도 못 하고, 반신불수로 누어서 밥도 먹여주어야 하는데 반은 삼키고 반은 흘리는 정도였다. 그렇게 자기 손으로는 아무것도 못 한 채 누워서 지내고 있었다.

농장 일로 그 집 앞을 지나다니니 거의 매일 같이 치료하다시피 했다. 나 또한 이미 화혈침으로 중풍 후유증이 치료되는 것을 경험한 터라 더 의욕과 자신감이 더욱 불타오를 때였다.

물론, 화혈침만 쓴 것은 아니었다. 중완에도 침을 놓고, 사관과 팔관도 썼다. 하반신 마비 치료를 위해 둔압과 풍시에 장침을 놓으니 의외로 효과가 좋았다.

건측 팔의 화혈에 자침하고 10분 정도 염전하고 아픈 팔을 들어

중풍 후유증
치료 후
그의 집 앞에서.
2015.02.24.

보라고 하면 마술처럼 팔이 올라갔다. 또 그것을 본 사람들은 자연스레 침술의 효과를 믿기 시작했다.

욕심이 지나쳐 침수가 너무 많아지면 환자가 견디지를 못하고, 반대로 자극이 약하면 효과가 더디다. 환자의 건강 상태와 나이, 증상을 감안하여 가감을 잘해야 한다.

아무튼 이 환자는 3일은 제대로 침을 놓고 하루는 간단히 경락만 돌려주는 식으로 치료했다. 그에게는 운동과 식이요법도 철저히 하도록 하여 혈압과 당뇨도 함께 조절하니 하루가 다르게 치료 효과가 나타났다.

처음에는 이 환자를 보는 순간 치료가 쉽지 않겠다고 생각했다. 하지만 결과는 예상외였다.

내 말을 믿고 불편한 몸이지만 온몸을 굴려 가며 하루 두 시간씩 운동하고 철저히 식이요법을 하니 그 중증의 환자가 두어 달 만에 걸어 다니는 기적을 보였다. 그 이후 발 없는 말이 천리를 가듯 원근 거리에서 수 많은 환자들이 모여들어 한동안 쉴 틈이 없었다.

그러니 보통 저녁 식사를 하고 여섯 시부터 환자를 보는데 어떤 날은 새벽 한 시가 되어서야 끝이 나곤 했다.

소문 듣고 배 태워 모셔 온 반신마비

중풍을 잘 고친다는 소문을 듣고 멀리서 배를 타고 환자가 왔다. 60대 초반의 여성으로 딸과 함께 왔는데 어머니에 대한 보살핌이 지극했다.

이 환자 또한 중풍 특유의 반신마비인데 특히 말을 거의 못하는 것이 특징이었다. 한마디로 언어중추에 손상이 크게 온 것 같았다.

그래도 중풍이라 치료 방법은 대동소이했다. 단지 치료할 때마다 중침으로 혀 밑의 금진 옥액혈을 깊게 찔러 피를 내주었다.

이 환자도 본인의 의지가 굳고 딸의 정성 때문인지 예상 밖으로 빠른 회복을 보였다. 대략 한 달쯤 치료하고 나니 언어는 물론, 거동에 지장이 없을 정도가 되었다. 그렇게 채 두 달이 되기 전에 언뜻 보아서는 알 수 없을 정도로 회복이 되어 돌아갔다.

집으로 돌아갔던 그녀가 얼마 후 자기 친척들까지 대동하여 떡이며 과일, 선물 등을 가지고 와서 내게 삼배로 감사의 인사를 했다. 술자로서는 돈으로 바꿀 수 없는 보람이자 행복한 순간이었다.

그 후 이 사람의 마을에서도 한동안 많은 환자들이 방문하여 치

2014.11.09.

두 시간 쪽배로 와 공사 현장 숙소에 '입원'

2014년 11월에 나이가 60이 넘은 중풍 환자가 멀리서 찾아왔다. 따응애에서 내가 거주하던 곳까지는 노를 젓는 쪽배로 두 시간이나 걸리는 곳에서 왔다고 했다. 배를 타고 근처까지 오긴 했는데 축 늘어진 환자를 업고 올 사람이 없어 배에 내려서는 나뭇가지로 틀을 짜고 밀차를 만들어 끌며 밀며 왔다고 했다. 환자의 사정이야 누구나 딱하고 안스럽지만 통나무로 바퀴를 만들면서까지 나를 찾아왔으니 외면할 수가 없었다. 공사현장 근처 숙소에서 머물도록 했다. 2개월 정도 침치료를 하니 스스로 걷고 생활하는 데는 불편함이 없게 되어 돌아갔다.

료받았다.

다양한 중풍 환자를 치료해 보니 어떤 경우라도 반드시 효과는 있고 심지어 발병한 지 몇 년이 지난 환자도 일정 정도는 회복되는 것을 경험하였다.

단지 환자의 체력, 기저질환 여부, 병증의 경중에 따라 차이가 있을 뿐이었다. 또한, 식이요법과 운동을 병행할 때 환자와 술자가 신뢰를 바탕으로 노력하면 종종 기대 이상의 효과를 얻을 수도 있다는 것이었다.

예로부터 중풍은 병중의 왕이요 일단 발병하고 나면 치료가 어렵다는 인식이 일반적이다. 하지만 중풍은 고칠 수 없는 병이 아니라 완치가 어려운 병일 뿐이다.

스님의 중풍 치료로 따바와센터와 인연

따웅에 마을은 강변을 따라 수상가옥 형태로 형성된 인근에서 제일 큰 마을이다. 대략 300여 호에 천여 명 정도가 살고 있는데 주택은 모두 밀물과 썰물의 수위를 감안하여 지상 2미터 내외로 기둥을 세워 그 위에 집을 짓고 생활했다.

그곳은 집안에서 대소변과 식수 문제까지 해결하는 문화라 위생이라는 개념은 별로 없는 듯했다. 그러니 침을 놓는 동안 무어라도 대접하려고 내오는 음식을 보면 선뜻 먹을 수가 없었다.

그 마을은 원래 배를 타고 걷고 하며 한 시간이 넘게 걸리던 곳이었으나 내가 다리를 놓은 후로는 차로 30분 거리로 가까워져 접근이 매우 편리했다.

2014.10.22.

딸이 밝힌 등불 아래서 침 시술

농장에서 멀리 떨어진 마을에 침봉사를 갔을 때였다. 거기서 중풍 환자는 두 번쯤 침을 맞고 호전되는 기미가 보였다. 그러자 그 가족들이 몇 시간 거리에서 배를 타거나 업고서 나를 찾아왔다.

결국 내 숙소 옆 직원 숙소에 거처를 마련해 주고 침치료를 했다. 낮에는 일해야 했기 때문에 저녁마다 치료했는데 전깃불이 없으니 침을 놓을 때는 옆에서 딸이 전등불을 들어 비춰주곤 했다. 치료 방법은 늘 같았는데 두어 달 치료 후 거의 완치가 되어 돌아갔다.

농장에서 가깝다 보니 휴일에 가끔 침술봉사를 하곤 했는데 2014년 8월 마을의 사찰에 들렀다가 중풍 걸린 스님을 보고 침을 놓아주었다.

미안마는 어디를 가나 스님들이 많은데 술과 고기는 물론, 담배도 허용되기 때문인지 의외로 환자가 많은 것 같았다.

이 스님은 나이가 30대 중반쯤 되어 보였는데 다행히 아주 중증은 아니었다. 대부분의 중풍 환자가 그렇듯 스님도 언어장애와 편마비가 있었다. 쓰러진 지 몇 개월 지났다고는 하는데 별다른 치료는 받지 못한 것 같았다.

사찰이다 보니 많은 스님들이 둘러앉아 침놓는 것을 구경하고 있었다.

나는 늘 하던 방식대로 먼저 십선혈과 기단혈을 따고 서너 번씩 피를 짜냈다. 스님은 그것만으로도 저리던 손발이 가볍고 편해지는 것 같다고 좋아했다. 치료 효과가 좋을 것 같은 기분이 들었다.

화혈에 침을 놓고, 중완에는 다소 긴 침을 끝까지 밀어 넣었다. 중풍의 원인이 수없이 많지만 위 부위를 눌러보아 딱딱하게 긴장되어 있으면 그것을 풀어주는 것이 대단히 중요하기 때문이다. 그리고는 사관과 팔관에도 침을 놓고, 화혈에 침을 놓았다. 일단 그 정도만 해도 대부분의 환자들은 심신이 편안해짐을 느낀다.

그리고 뜸을 뜨는데 중풍의 경우 중완과 관원, 곡지, 족삼리, 현종에 미립대(쌀알 크기) 정도 약간 큰 뜸으로 다섯 장 정도씩 직구로 뜸을 떠 강하게 자극을 주어야 한다.

다음엔 등쪽에서 신유와 간유, 폐유, 대추와 견정, 백회와 오방

따응애 마을의 사찰에서 30대 중반 스님의 중풍 치료. 이 치료가 인연이 되어 그 사찰의 주지 스님이 따바와센터를 소개해 주었다. 2014.08.14

뜸까지 뜨는데 이 모든 혈자리를 하루에 다 쓰면 환자가 너무 힘들기 때문에 환자의 상태를 보아가며 적절히 조절해야 한다. 몇 개씩 격일로 치료해도 좋은 효과를 볼 수 있다.

그리고 침을 한 10개쯤 모아 쥐고 묶음침으로 등쪽의 독맥 라인과 방광경의 1선 및 2선을 훑듯이 자극을 주면 환자가 고통스럽긴 해도 매우 효과적이다.

그렇게 주말마다 7, 8차례를 치료하니 생활에 큰 어려움이 없을 정도로 호전되었다. 이 스님은 강한 자극에도 비교적 잘 견디니 치료가 더 효과적이고 빨랐다.

스님에게도 만날 때마다 운동 여부를 확인하고 독려하니 방문할 때마다 좋아지는 것을 확인할 수 있었다. 역시 병이란 제때 알맞은 치료를 하는 것도 중요하지만 환자 스스로 의지를 가지고 노력할 때 더 빠른 효과가 난다.

이 치료가 인연이 되어 그 사찰의 주지 스님이 양곤 인근 따바와 명상센터를 소개해 주었다.

Ⅲ 막장의 추억

가난 속에서 짧게 끝난 서울 유학

41년생인 우리들의 유년시절은 해방과 6.25전쟁의 소용돌이 속에서 살았다. 그땐 생존 그 자체가 가장 절실한 의미이자 가치였다. 전쟁이 끝난 후에는 어느 곳이나 할 것 없이 가난이 큰 시련이었다.

그런 어려움 속에서도 8남매의 맏이로 태어났으니 밥 한 끼 배불리 먹는 것도 사치였다.

겨우 동네에 있는 초등학교는 졸업했지만 비싼 수업료를 내며 중학교에 가는 것은 상상도 할 수 없었다.

다행히 묵호 읍내에 정규 학교는 아니었으나 제칠일안식일교회 선교사들이 운영하는 삼육중학교가 개설되었다. 당연히 무료였기에 나도 입학하게 되었다.

비인가 학교였지만 학생 수가 200여 명이나 되었고 나이 든 학생도 많았다. 그래도 원어민 영어를 배울 수 있어 즐거웠고 또래 친구들과 경쟁하며 호연지기를 키우는 데는 부족함이 없었다. 더욱이 미국에서 보내온 구호물자인 청바지 같은 의류나 분유를 받아다 동생들과 함께 나누어 입고 먹는 재미도 쏠쏠했다.

간혹 받아온 분유가 변색 되거나 냄새가 나고 돌덩이처럼 굳은 것도 있지만 먹는 데는 지장이 없었다. 늘 물을 붓고 반죽하여 밥솥에 쪄 먹었는데 지금도 그때 그 맛은 잊을 수가 없다.

통학 거리가 족히 20리도 넘다 보니 기차를 타야 했다. 문제는 차비였다. 처음 며칠은 삼삼오오 걸어 다녀봤지만 매일 그렇게 사오십 리를 걸어 다니는 것은 무리였다.

15~6세 중학교 시절 북평 구호 해수욕장에서 동네 친구들과 함께 수영(뒷줄 오른쪽에서 두 번째)

궁즉통이라 했던가? 떳떳한 일은 아니지만 친구들과 열차를 몰래 타고 다니기 시작했다. 허술한 역사 울타리의 개구멍을 뚫고 들어가 기차가 출발하면 올라타고 검사를 할 때면 서로 신호를 주고받으며 피해 다녔다. 어쩌다 비바람이라도 부는 날이면 무임승차 승객 때문에 검표원도 더욱 신경을 곤두세웠다.

재수 없는 날이면 역무실에 잡혀가 기합을 받기도 하고 반성문을 쓰기도 하였으나 그 도둑 승차는 학교를 졸업 할 때까지 계속되었다. 그렇게 중학교 과정을 마치니 학교는 더 다닐 수가 없었다.

물론 무료인 삼육고등학교 과정도 있었지만 이제 장정이 되었으니 농사일도 거들고 품도 팔며 살림에 도움이 되어야 했다.

그렇게 지내고 있을 때 서울에 유학하다 방학을 맞아 고향에 내려온 친구를 만났다. 한마을에서 자라 초등학교를 같이 다닌 절친이었다.

친구의 아버님은 사업가로 지역에서 유명한 분이셨다. 일찍이 친구네 집은 서울로 이사를 하였고 그는 서울 중동 고등학교에 다니며 사이클 선수로 활동 중이라 했다

어렸을 때부터 이웃하며 자라온 사이라 말은 안 해도 서로의 사정은 누구보다 잘 알고 있었다. 그러나 이미 서울 생활을 통해 일찍 세상에 눈을 뜬 친구는 그래도 고등학교는 나와야 한다며 상경을 권유했다. 참으로 뜬금없는 이야기였다.

마음이야 굴뚝 같지만, 중학교를 제대로 나온 것도 아니고 학비며 숙식은 어떻게 한단 말인가. 요동치는 내 마음과는 달리 현실은 도저히 불가능한 일이었다. 흔들리는 내 눈을 바라보던 친구가 말했다.

"걱정하지 마라. 숙식은 우리 집에서 나와 지내면 되고 입학과 학비 문제도 내가 해결해 줄게"라고 하는 것이었다. 고마운 말이었지만 부담스럽기 짝이 없는 이야기였다.

실제 친구의 생각이야 그렇다 쳐도 부모님은 어떻게 생각하겠는가. 이런저런 걱정이 앞서면서도 철없던 나이라 서울에 갈 수 있다는 이야기만으로도 벅차오르는 가슴을 억제할 수 없었다.

그렇게 친구와 뜻을 모으고 아버지께 말씀을 드리니 그저 천장만 바라볼 뿐 말씀이 없었다. 도움을 줄 형편도 못 되지만 그런대로 품도 팔고 살림에 도움이 되던 장남이 공부하고 싶다니 말릴 수도

없고, 걱정이 태산인 것 같았다.

어렵게 서울로 가기로 결정은 했으나 문제는 당장 갈 교통비도 없었다. 우선 차비부터 벌어야 했다.

당시 아버지 친구가 백연화학이라는 회사에 다니셨는데 아버님에게 부탁하여 잠시나마 일을 하게 해달라고 졸랐다. 석회석을 빻아 화장품회사나 흰 고무신 공장에 납품하는 회사였다. 내가 할 일은 단순했다. 잘게 부순 석회석을 광차에 싣는 일이었다. 그런데 석회석은 독성도 강하고 더욱이 기계로 깬 돌은 모가 났다.

당시만 해도 작업용 장갑이 없던 시절이라 맨손으로 석회석을 광차에 싣다 보니 한나절도 못 가서 여린 손바닥은 다 벗겨져 피가 나고 쓰렸다. 그래도 돈은 벌어야 했기에 아파할 여유도 없었다. 헌 걸레를 찢어 손을 감싼 채 열심히 일할 수밖에 없었다.

6개월 동안 일하니 얼추 서울에 갈 차비와 약간의 용돈은 될 것 같았다.

그사이 어머니는 서울로 떠날 날짜에 맞추어 직접 짠 무명에 까만 먹물을 들여 교복 두 벌을 만들어주셨다. 촌스럽기 이루 말할 수 없지만 목화를 심고 실을 뽑아 손수 짠 무명천으로 정성과 사랑을 듬뿍 쏟아 만든 1백 퍼센트 핸드메이드 교복이었다. 그렇게 출발 준비가 모두 끝났다.

아직은 2월 입학 시즌이라 날씨가 무척 차가웠다. 내복은 고사하고 팬티 런닝조차 없이 맨발로 검정고무신에 달랑 무명 교복만 걸치고 서니 온몸을 파고드는 찬바람에 사지가 벌벌 떨렸다. 어색한 교복을 차려입고 청량리행 기차에 몸을 실었다. 기대와 두려움

용추폭포 앞에서 친구들과 함께(좌에서 두번째)

속에 출발한 야간열차는 채 동이 트기 전에 청량리역에 도착했다.

보따리를 든 많은 사람이 몰려나가는 곳을 따라 역 광장으로 나가니 찬바람에 온몸이 조여 왔다. 이른 새벽임에도 많은 사람들이 분주하게 움직이고 있었다.

입구에서 나를 맞아주는 친구의 얼굴을 보니 반가움과 안도의 한숨이 나왔다. 그런데 그때까지 서울로 온다는 설렘과 기대로 인식하지 못했던 내 복장이 친구의 말끔한 옷차림과 비교되어 우스꽝스럽고 쑥스럽기까지 했다.

친구의 부모님은 예전부터 알고는 있었지만 직접 대면하며 같이 생활하려니 어렵기 짝이 없었다. 그래도 늘 따듯하게 대해 주셨고 숙식은 물론 학비까지 지원해 주시니 더할 나위 없이 고마웠다.

게다가 쌀밥에 고깃국을 배불리 먹는 것이 늘 소원이었는데 밥은 물론이고 철마다 바뀌는 반찬들이 얼마나 맛있었던지 지금도 가끔 그때 생각이 난다. 특히 그 집 식모의 참기름 듬뿍 친 시금치나물은 적어도 그 이전까지 내가 먹어본 반찬 중에서는 가장 고급진 최고의 요리였다.

그런데 생각지 않던 고등학교 입학에 제동이 걸렸다. 내가 졸업한 삼육중학교가 비인가 학교였기 때문이었다. 여차하면 천신만고 끝에 올라와 입학도 못 하고 내려가야 할 판이었다.

뜻이 있으면 길이 있는 법. 마침 중동고등학교에 야간부가 생겼는데 여기에는 입학할 수 있게 되었다.

야간학교 학생들은 대개 낮에 일하거나 나이 든 학생들이 많다 보니 매우 거친 편이었다. 덩치도 작고 검정 고무신에 수제 교복을 입고 다니는 촌놈이 졸지에 그들의 심심풀이 대상이 되고 말았다. 아무런 이유도 없이 오가며 한 대씩 쥐어박기도 하고 발로 걷어차고 다니는 녀석들도 있었다.

돈도 친구도 없다 보니 심정적으로 위축이 되어 찍소리도 낼 수가 없었다. 그렇게 한두 달 지나 옆에 앉은 짝꿍과 친해지자 나의 뒷배가 되어주었다.

하루는 나를 놀리며 툭툭 치고 다니는 녀석을 보며 "야 저놈 별거 아냐. 네가 한번 붙어봐. 내가 도와줄게"라고 하는 것이었다.

실은 나도 그놈에게 쌓인 감정도 있고 자존심도 상해있는 터였다. 싸움이나 하면서 다니는 불량 학생은 아니었지만 몸도 날렵하고 깡다구라면 누구에게도 꿀리지 않을 자신이 있었다.

친구의 응원에 힘을 받은 나는 또다시 시비를 걸어오는 그놈과 한판 싸움을 벌이게 되었다. 친구들은 의아한 눈으로 나를 쳐다보았다. 지금까지 누가 시비를 걸든 맞고만 있던 촌놈이 아니던가.

그날 그렇게 덩치 크고 싸움 잘하는 녀석과 한판 피 터지게 다툰 후 옆자리 친구의 주선으로 화해를 하였다. 그 후 두어 차례 더 다른 녀석들과 싸움도 있었다. 그다음부터는 그들의 심심풀이 대상에서는 벗어나게 되었다.

그럭저럭 학교생활은 안정이 되어 갔지만 용돈과 학비는 벌어야만 했다. 계속해서 친구 부모님께 신세질 수도 없을뿐더러 야간학교였기에 낮에는 시간도 많았다.

당시 고등학생이 할 수 있는 돈벌이란 신문 배달이나 구두닦이가 제일 수월한 편이었다. 하지만 그 세계도 암묵적 영역이 있어서 아무 곳에서 할 수는 없었다.

할 수 없이 발 넓은 학교 친구를 통해 파고다 공원에 구두닦이로 자리를 잡게 되었다. 처음엔 호객행위나 구두를 날라다 주는 일을 했다. 역시 눈치 빠르고 동작이 날래다 보니 누구보다 일거리가 많았다.

구두도 닦고 찐빵집 알바도 하면서 서울 생활에 차츰 적응해 나갔다. 찐빵집 알바는 주로 청소와 설거지 등을 거드는 일이었는데 손님이 남기거나 팔다 남은 찐빵을 먹는 것도 큰 즐거움이었다.

그렇게 1학년은 잘 다녔지만 어쩔 수 없이 모든 것을 정리해야 하는 사고가 발생하고 말았다. 사건의 발단은 참으로 어이없는 곳에서 일어났다.

나를 후원해 주며 함께 지내던 친구가 여자 친구를 폭행했는데 문제가 되자 도주를 한 것이었다.

새벽녘 통금이 해제될 무렵 아무 영문도 모른 채 파출소에 잡혀간 나는 불문곡직 엄청나게 얻어맞았다. 다행히 친구의 부모님이 곧바로 찾아와 나는 무관하다고 말해 줘서 바로 풀려났지만 친구는 어디로 갔는지 연락도 없었다.

사정이 그러니 나 혼자 친구 집에서 학교를 다니지도 못하고 더는 버틸 수가 없었다. 어이없는 일로 어렵게 시작한 유학 생활은 1년 만에 아쉽게 마무리를 하고 다시 고향으로 돌아가게 되었다.

고향 오일장 떠돌다 18세에 광산으로

1년 만에 돌아온 고향은 그대로였다. 꿈도 자존심도 다 무너진 현실이 그저 답답할 뿐이었다.

그래도 중도 하차한 서울 유학 생활이었지만 세상을 보는 눈은 완전히 달라져 있었다. 삶에 대한 용기와 자신감도 넘쳐났다.

동생들은 점점 커가고 양식은 떨어져 보리밥조차 배불리 못 먹는 마당에 무엇이든 하지 않고는 배길 수가 없었다. 돈이 될 듯싶으면 무슨 일이든 가릴 형편이 아니었다.

무엇을 할까!

이런저런 귀동냥 끝에 오일장인 정선장, 임계장 등에 장날마다 장꾼들이 타고 다니는 화물차가 있다는 이야기를 들었다.

나는 북평 읍내의 아이스케키 공장에서 물건을 떼어다가 그 장꾼들 차를 타고 가 임계 오일장에서 팔기로 했다. 당시 임계장의 아이스케키 장사는 내가 처음이었다.

아이스케키 1천 개를 장차에 싣고 임계장에 가서 50개들이 통에 넣어놓으면 시장 아이들이 골목을 누비며 팔아온다. 다 팔면 아이스케키 5개씩을 주었다. 눈치 빠르고 장사 수완이 있는 녀석들은 다섯 통씩도 파는데 어떤 아이는 한두 통도 못 팔아 몇 개씩 녹아서 버리곤 했다.

그렇게 아이스케키를 판 돈은 그 지역에서 싸게 살 수 있는 콩이나 팥, 닭 등 돈 될 만한 것은 무엇이든 사다가 북평장에 되팔곤 했다.

그러나 그 일도 생각처럼 쉽지는 않았다. 장날 새벽 5시면 아이스케키를 사다가 덜컹거리는 장차를 타고 몇 시간씩 깨질까 녹을까 애태우며 다녀야 했다. 어쩌다 소나기라도 쏟아져 일찌감치 파장 분위기가 되어 버리면 미처 팔지 못한 아이스케키가 녹아내렸다. 그렇게 망가진 아이스케키를 보면 어린 내 마음이 녹아내리는 것 같았다. 그렇게 분주하게 애써봐야 큰돈을 모을 수는 없었다.

그때 우연히 정선 임계장터에서 과자공장을 하는 사장을 만나게 되었다. 그분은 자기 공장에 와서 열심히 하면 본인만의 비전 기술을 모두 가르쳐 주겠다고 했다.

당시만 해도 어떤 분야든 기술이 제일이라는 사회 분위기가 팽배한 시절이었다.

여러 가지 고민 끝에 과자공장에 들어가게 되었다.

그분은 함경도 출신으로 일본사람이 운영하는 과자공장 기술자였는데 해방 후 독립 개업했다가 6.25전쟁이 나며 피란을 왔다고 했다. 그렇게 1.4후퇴 때 월남하여 과자공장을 운영하는 사람이었다. 외모도 잘 생겼지만, 과자나 사탕, 빵 등 다양한 제품을 만드는 기술도 좋았다. 그러나 어찌나 주사가 심하고 부인을 때리는지 안쓰럽기 짝이 없었다.

그렇게 2년간 무보수로 일하며 모든 기술을 익힐 수 있었다. 나의 타고난 부지런함과 늘 연구하고 노력하는 모습을 보며 칭찬과 함께 모든 기술과 노하우를 아낌없이 전수 해 주었다.

임계읍내에서는 일흥상회라는 상점에서 제과자재 일체를 대주었다. 우리는 과자를 만들어주고 인건비를 받는 형식이었다. 일흥상회는 여기저기서 찾아오는 소매상들에게 과자도매를 하고 때때로 여량장과 정선장에는 내가 장꾼들 차를 타고 다니며 팔기도 했다.

문제는 일흥상회 사장과 우리 사장간의 갈등이 계속되다 보니 일흥상회에서 나를 공장장으로 채용하려고 했다.

그러나 나로서는 과자 만드는 것은 어렵지 않았지만 어느 한쪽에 치우치기도 편치 않은 입장이었다. 게다가 2년 넘게 무보수로 일을 하다 보니 나이는 열아홉이 되었어도 무일푼 신세는 변함이 없었다.

이래저래 그곳을 떠나기로 하였다. 그렇게 돈 되는 곳을 찾다보니 돈벌이가 괜찮다는 광산으로 가기로 결정했다.

광부 6개월에 막장의 사수 되어

예나 지금이나 입맛에 맞는 일자리 찾기란 쉽지 않다. 당시에는 막일하려고 해도 인력이 넘쳐 나 무엇이든 돈 되는 일자리를 구하기는 더더욱 어려웠다.

그렇게 돈을 따라 찾아간 곳이 황지에 있는 초막광업소였다. 그 광산은 서울 유학을 권유했던 친구 아버님이 운영했는데 마침 사촌 형님이 총무를 담당하고 있어 일자리를 얻기는 어렵지 않았다.

처음엔 광산 입구에서 대형 컴프레서 조수를 했는데 봉급이 하숙비도 안 되었다. 할 수 없이 형님에게 부탁하여 지하 6~70미터 아래서 광차로 탄을 올리는 마끼(상층의 모터로 와이어 감는 장치) 광차 조수를 하게 되었다. 그 일도 3개월을 하고 나니 컴프레서 조수나 별반 다를 것 없이 지루하고 따분했다.

이번에는 막장 채탄부를 지원했다. 막장은 선산부(사끼야마)와 조수(아다묵끼)가 있는데 조수가 항목을 날라다 주면 선산부는 동발을 세워가며 채탄을 하는 것이었다. 일당은 선산부가 쌀 3되, 조수는 쌀 1되 반인데 돈이 없어 쌀 전표로 주었다. 위험을 무릅쓰고 한 달 동안 열심히 일해도 고작 쌀 한 가마도 안 되었다.

3개월 보조를 하고 나니 그 일도 금방 익숙해져 더 배울 것도 없게 되었다. 당시에는 몸도 날래고 눈썰미도 있어 무엇이든 자신감

70년대 강원도 정선 탄광 [연합뉴스 자료사진]

이 넘쳐났다. 근무 기간은 짧았지만 보조 역할로 만족할 수 없기에 반장을 찾아갔다. 거두절미하고 사끼야마를 시켜 달라고 했다.

사끼야마란 막장의 사수를 일컫는 말이다. 그 일은 채탄만 잘해서 되는 것이 아니고 동발(기둥) 설치 등 안전한 작업 준비와 탄맥도 볼 줄 알아야 하기에 보통은 경험 많은 광부가 맡는 것이 관례였다.

갑작스러운 제안에 당황해하며 좀 생각해보자던 반장이 다음날 바로 승인을 했다. 그렇게 사끼야마가 되고 나니 그날부터 일당이 쌀 서 되로 인상되었다. 하루 새 봉급이 두 배로 인상된 격이었다.

광산이란 막장 인생이라는 말과 같이 전국에 사연 많은 사람들이 모여 사는 별세계 같았다. 나이도 학력도 필요 없이 문제가 생기면 어떤 식으로든 스스로를 지킬 힘과 능력을 갖춰야 했다. 조금이라도 약하게 보이면 바로 동료들의 먹잇감이 되는 살벌한 세상이었다. 한마디로 오랫동안 이웃과 정붙이며 살만한 곳은 아니었다.

생활환경 또한 어수선하고 비위생적이었다. 비포장 길바닥은 탄재와 흙먼지로 뒤덮여 있고 흐르는 계곡물은 생명체라곤 살 수 없는 새까만 흙탕물이었다.

산비탈에 늘어선 판잣집에는 별도의 화장실이 없었다. 군데군데 가마니를 둘러놓은 공중화장실이 있는데 아침마다 장사진을 이루었다. 봄이 되면 겨우내 얼어 탑처럼 쌓여있던 분변이 녹아내려 똥사태로 구린내가 진동했다.

그렇게 한겨울 추위가 물러나면 경향 각지에서 온갖 일 없는 건달이나 머슴 살던 사람들이 몰려왔다. 광산에 오면 일자리도 많고 월급도 많이 준다는 말만 듣고 몰려온 그들의 모습은 모두가 비슷했다.

종착지인 통리역에 내린 사람들은 대부분 헐렁한 흰 바지저고리에 괴나리봇짐 하나가 전부였다.

엉성하고 을씨년스럽게 형성된 광산지역에서 어렵게 살아가는 이들이 그들을 반갑게 맞아 줄 리 없었다. 그곳은 그들이 간직한 꿈들을 순순히 이루기 어려운 곳이었다.

당장 춥고 긴 탄광지역의 밤을 지새울 숙소가 필요했다. 집을 얻을 돈 따위는 애초에 없는 그들이었다.

누가 가르쳐 준 것은 아니지만 끼리끼리 모여 살다 보니 경상도골, 전라도마을, 충청도동네가 되는 것이었다.

집이라야 옆집 담의 벽에 덧대어 돌과 흙으로 담을 치고 지붕은 물가의 갈대를 베어다 엮어 얹으면 그만 이었다. 광산은 어디를 막론하고 삼교대로 운영이 된다.

특히 을반은 오후 6시부터 새벽 2시까지 근무인데 혹 퇴근길에 술이라도 한잔하고 취기가 오르면 옆집에 들어가 잠을 자는 일도 흔한 일이었다. 단칸으로 이어 지은 집들은 그렇게 다 똑같은 모양이었다.

그때 내가 스무 살쯤이었는데 사회적으로도 5.16쿠데타가 일어나 사회도 어수선하기 짝이 없었다. 특히 내가 일하던 초막골은 어찌나 산골인지 쿠데타 세력들이 사회악 근절이라는 명분으로 중부권 깡패 수백 명을 그 지역에 수용했다. 그리곤 오로지 삽과 곡괭이만으로 황지에서 통리까지 4차선 도로를 만들기도 했다.

한때 이름 석 자만으로도 사회를 혼란케 하던 임화수도 그곳에 수용되어 연예인들이 위문공연을 오곤 했었다.

1년이 채 안 되는 기간이었지만 많은 경험을 하고 광부로서 자리를 잡아갈 무렵 초막광업소는 더 큰 자본으로 넘어갔다. 때마침 나는 같이 일하던 친구의 주검을 직접 눈으로 본 후라 그곳에 더 머물고 싶지 않았다. 하루라도 빨리 그 광업소를 떠나기로 했다.

그즈음 10월 어느 날 퇴근길에 검정색 지프를 타고 온 사촌 형님과 친구가 함바집 앞에서 나를 기다리고 있었다. 앞뒤 설명도 없이 형님은 강릉에 새로운 탄광을 개발했으니 같이 가자고 했다. 나는 밀린 봉급을 받고 정산을 해야 한다고 했다. 형님은 이미 회사에 퇴사처리까지 하고 나머지 급료도 정산했다며 7만 원을 주었다. 지금 같으면 대리 퇴직에 임금 정산 같은 일은 상상도 못 할 일이지만 그 시절엔 어렵지 않은 일이었다.

정신 차릴 틈도 없이 그날 밤 짐을 정리하여 강릉으로 갔다. 이야긴즉 명주군 강동면에 새로운 사동광업소를 개발했다는 것. 이미 고굿지(채탄 할 수 있는 굴) 일곱 개는 완성이 되었다고 했다. 그런데 자금이 없어 밀린 임금 3백만원을 못 주었으니 경비를 마련해 올 때까지 광산을 관리하고 있으라는 것이었다.

다음 날 아침 약간의 옷과 짐을 챙겨 임곡 현장으로 들어갔다. 광업소는 계곡을 사이에 두고 한쪽은 중국 화교가 오래전부터 운영하는 광산이 있었고 맞은편엔 내가 관리할 사동광업소가 있었다.

11시경이 되어 현장에 도착하자 1백여 명의 인부들이 모여들었다. 형님은 그들에게 이 사람이 내 동생인데 이 광산의 책임자라고 소개했다. 그리곤 자신은 사업자금 때문에 서울로 떠나니 앞으로 광산 관련 업무는 나와 협의하라 했다.

내가 졸지에 광산의 책임자가 된 것이었다.

봉급은 월 4만 원을 받기로 했다. 당시 하숙비는 쌀 7말이었다. 광산이란 폐광을 하지 않는 한 채탄과 관계없이 수시로 갱내를 체크하며 물이 새거나 무너지는 곳을 보수하고 관리해 주어야 했다.

비록 나이는 어렸지만 이미 다른 광산에서 사끼야마까지 경험한 나에게 그 정도는 일도 아니었다. 그렇게 광산을 관리하고 있었지만 겨울이 다 지나도록 서울 간 형님은 소식도 없었다. 그야말로 함흥차사였다.

답답하고 무료하게 지내고 있을 즈음 도벌꾼들을 알게 되었다. 당시만 해도 생계유지를 위해 몰래 산에 들어와 도벌도 하고 숯을 구우며 살아가는 사람들이 많았다.

하루는 그들을 찾아가 일을 도와주었다. 덩치는 작아도 몸도 재고 지개질도 잘하니 그들이 놀라워했다. 그날부터 그들과 친구가 되어 생활비를 벌며 지내게 되었다. 더구나 수시로 광산관리에 필요한 항목을 외상으로 지원해 주었다.

어찌된 일인지 형님은 8개월이 지나도 소식조차 없었다. 당장 하숙비가 밀려도 갚을 방도가 없었다. 그런데 하숙집에서 소 3마리를 키우며 겨우내 외양간 옆에 쌓아놓은 두엄이 산더미 같았다. 당장 미안한 마음에 나는 그 거름을 모두 지게로 져서 감자밭에 퍼내 주었다.

임금이 밀려있는 광부들은 가끔 나에게 항의를 하곤 했다. 하지만 기다려 보자는 이야기밖에 할 수 없었다. 그리곤 하숙비 대신 농사일을 거들어 주는 나를 보며 다 같은 동변상련의 입장이니 크게 불만은 없었다. 그나마 탄광의 사택을 지으려고 준비해 두었던 지붕용 루핑(두루마리로 된 아스팔트 포장재)이나 지렛대 등 쓸 만한 물건 중 그들이 필요하다면 모두 내주었다.

그러던 차에 22살이 되니 군에 입대하라는 영장이 나왔다. 나마저 입대하면 광산을 비울 수밖에 없는 처지가 되었다.

사촌형님은 그제야 경비를 마련했다며 300만 원어치 쌀을 싣고 와서 밀린 임금을 모두 정산했다. 나도 그간 밀린 봉급 40만원과 외상으로 받아 사용한 항목대금 40만 원 등 80만원을 받아야 했다.

하지만 우선 20만 원을 받아 하숙비를 정산했다. 나머지 60만 원은 입대 전까지 주겠다고 했다.

나는 그 돈을 받으면 송아지 열 마리를 사서 시치미를 놓고 떠날 작정이었다. 시치미란 지금 현대인들에겐 생소한 이야기지만 송아지를 사서 농가에 나누어 주고 그 소가 2~3년 후쯤 송아지를 낳으면 어미 소는 원래의 소 주인에게 돌려주고 송아지는 키워준 사람이 갖는 제도였다. 송아지 열 마리가 군 제대 후 큰 소 열 마리가 되어있다면 얼마나 가슴 뿌듯한 일이겠는가.

그러나 입대일은 다가오는데 차일피일 미루기만 하고 돈을 안 주니 마음이 급해졌다.

송아지 시치미는 하숙집 주인이 강력하게 권고해 주었다. 비록 하숙비는 제때에 못 냈지만 성실하게 일하는 나를 좋게 보아 수양아들로 삼았으니 어떻게든 나를 도와주려 하였다. 그 꿈을 실현하고자 형님과 사장님에게 편지도 쓰고 여러 번 사정도 해 보았지만 모두 허사였다.

군 복무 마치고 다시 광산으로

언제나 7월 하순 쯤이면 무더위와 빈곤에 지친다. 더욱이 입대 전 품었던 꿈이 깨지고 나니 몸도 마음도 힘들고 의욕도 없이 시간을 보냈다. 그래도 조금이나마 위안이 되는 것은 이웃과 친척들의 격려였다.

지금이야 군 복무 기간도 짧고 생활환경도 좋아졌지만, 당시만 해도 남자들에게 군 복무란 두렵고 고달픈 마치 성인식 같은 통과의례였다. 그러니 이웃들이 식사에 초대하기도 하고 담뱃값을 쥐여주며 격려해 주곤 했다. 다 같이 어려운 시절이라 식사 초대라고 해 봐야 국수 한 그릇이나 보리밥 한 공기가 다지만 따듯한 정과 온기가 넘치던 시절이었다.

논산훈련소 입대일은 62년 7월 28일이었다. 삼척읍에 집결하여 열차를 타고 이동하는 것이었다. 열차 한 객실에 대략 60여 명 정도씩 탔는데 불안한 마음에 옆 친구들과 삼삼오오 담소를 나누고 있었다.

얼마의 시간이 지나자 덩치 크고 험악하게 생긴 놈들이 거들먹거리며 우리 객실로 들어왔다. 그들은 호송관에게 경비를 주려고 하니 돈을 내라고 했다. 아마도 입영 장정 중 건달 몇 놈이 돈을 좀 뜯고자 하는것 같았다. 당시 사회 분위기는 깡패나 힘센 자들에게 순종하는 분위기였다.

그 칸의 모든 사람들이 얼마씩이든 돈을 내고 그들의 시선을 회

피했다.

내 차례가 되었는데 비위가 상한 나는 못 주겠다고 거절했다. 자존심이 상했는지 인상을 쓰며 욕을 하고 돌아가더니 한참 후 세 녀석이 다가와 나를 에워쌌다.

그중 덩치가 큰 녀석이 건방지다며 다짜고짜 내 앞가슴을 세게 밀었다.

녀석에게 밀리며 의자로 올라선 순간 옆차기로 그놈의 목을 차버렸다. 순식간에 일격을 당한 녀석은 찍소리도 못 내고 통로로 고꾸라졌다. 당황한 녀석들은 쓰러진 놈을 부축해 사라져 버렸다.

그것을 본 주위의 동료들이 전부 놀라며 걱정했다.

이야긴즉 나에게 맞은 녀석이 삼척에서 무도관 관장을 하는데 유명한 건달이라 했다. 나도 그 말을 듣고 보니 괜한 사단을 벌인 것 같아 조금은 긴장이 되었다. 그러나 이미 엎질러진 물 마음을 단단히 먹고 앉아 있었다.

얼마의 시간이 흐른 후 한 놈이 다가와 어디에서 왔느냐고 물었다. 나는 태연하게 배골에서 왔다고 했다. 같은 또래라 한 다리만 걸치면 다 아는 친구들이었다. 그래도 놈들은 동해 삼척에서 천하무적이라며 건들대던 놈들이니 순순히 넘어갈 리는 없을 것 같았다.

결국은 며칠 후 논산훈련소 내무반에서 1대1로 다시 싸움이 붙었다. 그놈은 나보다 덩치가 훨씬 컸지만 나는 싸움에서 절대 밀리지 않았다. 그것을 지켜보던 일행의 만류로 싸움을 끝내고 화해했다. 그 일을 계기로 편한 친구가 되었다.

훈련소 생활은 구타와 배고픔의 연속이었지만 나는 이미 그보다 더한 환경 속에서 살아왔기에 어렵지 않게 견뎌낼 수 있었다.

논산에서 훈련을 마치고 광주 포병학교에 가서 3개월의 후반기 교육을 받았다. 무선통신병이 되어 전방의 추위가 극에 달한 12월에 양구의 21사단으로 배속받았다.

군 병장 시절(1964년)

3년의 군 복무를 마치고 돌아온 고향은 반가움보다는 참담한 현실이 나를 맞았다. 얼마나 빈곤했던지 집 앞 텃밭에 심을 씨감자조차 다 먹어버린 상태였다. 이젠 내가 이 집안을 이끌어 가야 할 텐데 정신이 아득했다.

다음 날 아침 일찍 지게를 지고 동해 삼화사 아래 동네 하천변 사방공사장을 찾았다. 그러나 그 일도 아무나 할 수 있는 일이 아니라고 했다. 사전에 예약된 전표가 있는 사람만 일할 수 있다는 것이었다.

그래도 고향이니 친구들을 비롯해 안면이 있는 책임자에게 무조건 일 좀 하겠다고 졸라댔다. 마지못해 내준 일자리에서 대략 보름쯤 일했다. 안 하던 지게질 때문에 어깨는 다 벗겨지고 말씀이 아니었다.

노임으로 밀가루 세 포와 밀기울 두 포를 집에다 주고 나니 한결 마음이 가벼워졌다. 그리곤 입대 전 일하던 강릉 강동면 사동광업소를 찾아갔다. 광업소가 이미 옥계광업소에 팔려 낯선 사람들뿐이었다.

일단 하숙하던 수양아버지 댁으로 갔다. 오랜만에 찾아가니 매우 반갑게 맞아주셨다. 급한 대로 사정을 하여 씨감자 한 가마니를 얻어서 집에다 실어다 놓곤 임곡의 옥계광업소를 찾아갔다.

항장은 한때 강릉의 조폭 출신으로 주먹 생활도 한 사람이었다. 나는 그를 찾아가 내 소개를 하고 일자리를 부탁했다. 그는 내 이야기를 들어 알고 있다며 내일부터 나오라고 했다.

다음날 출근하여 항에 들어가 보니 선산부나 보조의 일머리가 영 시원치 않았다. 바로 그 자리에서 도끼와 톱을 받아들고 나무를 깎아 동발을 세우는 일을 시작했다.

잠시 일하는 모습을 본 항장은 퇴근하는 나에게 내일부터 도끼와 톱 등 작업 도구를 지참하여 사끼야마(선산부)로 가서 일하라고 했다.

그렇게 다시 광부 생활을 시작했다. 그리고 3개월 만에 광산에 항목을 공급하는 도벌 현장을 보게 되었다. 이미 군 입대 전 벌목 경험도 있으니 그 일에 욕심이 생겼다.

지금으로서는 상상할 수 없겠지만 당시만 해도 도벌 정도는 별

광산의 항목작업은 채굴한 광구가 무너지는 것을 방지하기 위한 것. (사진: 한국광물자원공사)

죄의식 없이 비일비재하게 이루어지는 일이었다. 다음날 항장을 찾아가 항목작업 하는 일을 하고 싶다고 하니 곤란하다고 했다.

사실 그들도 헐값에 도벌목을 납품받고 정목으로 회계 처리하면서 뒷돈을 챙기는 자기들만의 카르텔이 있었기 때문이었다. 그런 내막을 잘 알고 있던 나는 "실은 저도 입대 전 벌목 경험이 있으니 일만 시켜 주시면 항장님의 기대에 어긋나지 않도록 하겠습니다."라며 사정하는데도 대답이 없었다.

나는 내 스타일대로 다음날 무조건 도시락을 메고 두 사람이 일하고 있는 도벌 현장으로 갔다. 당연히 그들도 떨떠름한 표정이었다.

옛이야기를 하며 같이하자고 했다. 그들은 마지못해 통성명하고 일을 시작했다. 그러나 그들은 이미 벌목뿐 아니라 온갖 경험을 해 본 나의 일솜씨를 따라올 수 없었다. 그뿐 아니라 그 일대 지리까지도 훤히 알고 있는 나였다. 그러다 보니 일의 능률도 오르고 수입도 배가되니 자연스레 내가 반장 역할을 하게 되었다.

나이 25세에 그 광산에서만큼은 항장에게도 능력을 인정받고 공고하게 내 위치를 확보할 수 있었다. 게다가 한 달에 한 번 쉬는 공휴일이면 강릉에 있는 술집으로 회사 간부들을 불러 회포를 풀어주니 모두가 대만족이었다.

돈은 버는 대로 강릉의 곡물상에 쌀로 비축해 두었다. 얼마지 않아 쌀 20가마가 되었다. 그 시절만 해도 쌀은 곧 돈이었다. 일 잘하는 상머슴의 1년 치 연봉이라 할 수 있는 새경이 쌀 7, 8가마였으니 그 가치는 지금의 쌀과 비교할 수 없을 정도였다.

그 외에도 여유가 생길 때마다 집에다 송아지를 사 드리거나 틈틈이 씨감자나 마늘 등 종자용 농산물을 사 보내곤 했다.

몸은 멀리 떨어져 있어도 늘 어려운 집안 사정과 여러 동생을 생각하면 항상 무엇이든 보내야 마음이 편했다. 그것은 누가 시킨 것도 아니고 8남매의 장남으로 태어난 나 스스로의 굴레인지도 몰랐다.

옥동광업소 생활은 채탄부로 일하는 것도 아니고 벌목으로 광산에 필요한 항목을 공급하니 부수입도 짭짤하고 생활에 여유가 생겼다.

그러던 차에 정목(합법적으로 허가받고 벌목한 나무)을 취급하는 목상들이 광산에서 도벌목(합법적 허가를 받지 않고 벌목한 나무)만 쓴다며 민원을 제기했다. 문제가 될 것을 두려워한 항장은 정목을 쓰기로 하면서 나를 보고 그들과 함께 일할 것을 권유했다. 그렇게 봉급 4만원을 받는 조건으로 그들과 함께 일을 시작했다.

알고 보니 목상들도 합법적인 벌목만 하는 것은 아니었다. 그들도 나름대로 수많은 편법적 도벌을 통해 수입도 상당한 편이었다.

결혼 후 돌고 돌아 또다시 광산촌에

광업소 근무로 수입도 늘어나고 생활이 안정되니 여기저기서 혼사 이야기가 나왔다. 그 시절만 해도 연애 결혼은 쉽지 않은 때였다. 특히 강릉지역은 유교적 사고가 팽배해 집안도 따지고 절차도 까다롭기 짝이 없었다.

나는 이미 마음에 두고 있는 처자가 있었다. 마땅한 방법이 없어 마음을 끓이다 하숙집 주인에게 중신을 부탁했다.

그녀는 7남매의 막내이자 장모님이 50에 낳은 귀한 딸이었다. 인사를 드리러 가니 장인은 몽둥이를 들고 나설 정도로 엄청난 반대를 하셨다. 이유는 객지에서 굴러온 근본도 모르는 놈이라는 것이었다.

다행인 것은 처남이 나와 오랫동안 거래했고 이미 내 쌀 20가마를 적립해 놓은 양곡상이라 잘 알고 있었다. 결국 처남의 중재와 설득으로 어렵게 결혼을 승낙받았다.

스물일곱 살 신혼생활은 그리 순탄치 않았다.

당연히 신혼은 동해의 좁아터진 고향 집에서 한 칸을 꾸려 지내게 되었다. 아내는 나름 부잣집 외동딸로 고생이란 모르고 살아오다가 나를 만나 여러 식구의 뒷바라지와 가난의 고통마저 함께해야 했다.

나는 결혼과 함께 광산 일은 접고 고향의 카바이트 공장에 취직했다. 수입은 적어도 안정된 생활로 가정을 돌보아야 했기 때문이었다.

그러나 공장은 냄새와 분진 등 환경도 열악할뿐더러 급료도 한 달에 쌀 한 가마니가 고작이었다. 이젠 한 집안의 장남이자 새로운 가정의 가장인데 그 수입으로는 아무리 생각해도 집안을 지켜낼 방도가 없었다.

할 수 없이 공장일은 6개월 만에 그만두고 전에 함께 일하던 목상을 찾아가 벌목업무를 시작했다.

주거는 일정치 않아도 수입은 넉넉해졌다. 아내와는 평창에 신혼집을 얻어 뒤늦게나마 신혼생활을 했다.

그러던 어느 날 예기치 못한 사고가 발생하고 말았다. 쌍용건설에서 개발하던 용평스키장 지역의 벌목과정에서 허가물량을 초과하여 도벌하다가 문제가 생긴 것이다. 사업주였던 정목상이 도주를 하니 당장 앞일이 막막했다.

그때 내가 받아야 할 돈도 40만 원이나 밀려있었다. 더욱이 나는 그 돈을 받아 아내와 함께 강릉에 가게를 차리고자 이미 상가를 계약한 상태였다. 자칫 상가 계약이 해지되어 계약금을 떼이면 졸지에 빈 털털이가 될 처지였다.

그때 정목상이 은밀히 나를 찾아왔다. 어차피 도망자의 몸이 되었으니 고압선이 지나가는 곳의 합법적인 지장목 벌채권을 나에게 주겠다고 했다.

그 벌채권이 또다시 커다란 화근의 도화선이 되고 말았다. 한 줌의 지장목을 핑계로 엄청나게 많은 나무를 도벌한 것이었다.

결국은 욕심이 탈이었다. 통제받지 않은 욕망이 얼마나 무섭고 위험한 것인지 그때는 몰랐다. 거짓이 거짓의 꼬리를 물고 나오듯 첫 단추를 잘못 끼우고 나니 또 다른 위법을 해야만 했다.

그 많은 나무를 반출하려면 검측인 없이는 반출이 불가능했다. 할 수 없이 강릉에서 유명한 주물 장인을 찾아가 쌀 세 가마를 주고 검측인을 새겼다. 그리곤 의기양양 나무를 실어 나르다 단속반에 걸리고 만 것이었다.

결혼한 지 얼마 안 돼 생활 기반도 못 잡았는데 눈앞이 캄캄했다. 그러나 마주친 현실은 피할 수도 없었다.

눈물을 머금고 아내와 아이는 고향 집으로 보내고 나는 도망자 신세가 되고 말았다. 이 일은 내 일생에 가장 가슴 아프고 감추고 싶은 오점이었다.

수배의 몸이 되었으니 아내를 도울 방법도 없었다. 그래도 흉악범은 아니라 과거의 인연을 찾아다니며 또다시 호구지책을 마련해야만 했다.

그렇게 숨어 들어간 곳이 탄광지역인 정선 고한이었다. 광산지역은 전국 각지의 사연 많은 사람들이 모여 살기 때문에 은둔처로는 제격이었다.

그곳은 어디를 둘러봐도 평지라고는 없는 계곡과 비탈이었다. 그래도 지인의 도움으로 도랑 가 경사지를 조금 얻어 지렛대와 해머로 꽁꽁 언 바위를 깨고 터를 닦았다. 한겨울이라 이만저만 힘든 일이 아니지만 판잣집을 짓고 문구점을 차렸다.

그리곤 풀빵 기계까지 들여놓고 6개월 만에 아내에게 연락하여 고생에 찌든 식구들과 합류하게 되었다. 그래도 초라한 판잣집이나마 가족과 함께한다는 것은 잃었던 행복을 다시 찾은 느낌이었다.

장사는 세 식구 사는 데는 지장이 없을 만큼 그런대로 잘되었다. 특히 풀빵에서 수입이 제법 되었다. 당시 밀가루 한 포에 7백 원이었는데 한 포를 팔면 두 포 값이 남았다.

문제는 방학이 되면 문구점도 그렇고 수입이 많이 줄었다. 궁여지책으로 찹쌀떡을 만들어 신문 배달하는 아이들에게 팔게 했다. 하룻저녁에 한사람이 4~5백 개는 팔았다.

그렇게 생활에 적응해가고 있을 때 아내가 덜컥 간염이 걸렸다. 그 소식을 들은 강릉의 큰동서가 찾아왔다. 곤궁한 살림을 보더니 빨리 가게를 정리하고 아내를 큰 병원에 입원시키라고 했다.

그리고 나에게 석탄공사에 일자리를 마련해 볼 테니 직장에 다니라고 하였다. 나로서야 아내의 치료는 물론 안정적 직장까지 얻게 되니 잠시도 망설일 일이 아니었다.

그렇게 갑자기 가게와 판잣집을 정리하려니 제값을 받을 수는 없었다. 10만 원을 받고 모든 것을 정리하고 또 다른 길로 들어서게 되었다.

아내는 그 지역에서 제일 큰 종합병원이었던 장성병원에 입원시키고 나는 석탄공사에 취업하게 되었다.

줄여서 석공이라고 부르는 당시 석탄공사의 위상은 대단했다. 태백, 정선 일대에 수없이 많은 광업소가 난립했을 때 석탄공사 광부는 마치 지금의 대기업 직원 같은 대우를 받고 있었다. 그것은 안전, 복지, 임금 등 모든 면에서 타의 추종을 불허했기 때문이었다. 심지어 석탄공사의 작업복만 입고가면 처음 가는 술집이나 식당일지라도 차원이 다른 특별한 대우를 받았다.

나는 석공에 취업한 지 3일 만에 팀의 리더인 사키야마(동발을 세우는 사람)가 되었다. 일반적으론 있을 수 없는 특별한 일이었다. 보통은 입사 후 6개월 정도 선산부 보조를 하고 또다시 몇 년의 경력을 쌓은 후 능력을 검증받아야 사키야마가 된다.

그런데 우리 팀의 사키야마(탄광 막장의 숙련 갱부), 즉 사수의 일머리가 서툴렀다. 그래서 내가 주도하여 일하다 보니 나를 눈여겨 본 반장이 사키야마를 하라고 했다. 입사한 지 3일 만에 사키야마가 되고 3개월 후에는 정규직이 되었다. 6개월 후에는 또다시 탄맥을 체크하고 위험을 진단하며 붕괴사고 등을 처리하는 캐빈 사키야마(경험 많은 사수)로 승진했다.

비록 지위라고까지 말할 수 없는 자리였지만 적어도 채탄부로서는 최고의 위치에 오른 것이었다. 당시 석공 장성광업소에는 한 반의 인원이 대략 2백50명 정도였는데 캐빈 사키야마가 7명 정도 되었다.

내가 그렇게 빨리 캐빈 사키야마가 된 것은 사고가 계기였다. 광산에서는 수시로 붕괴사고가 일어난다. 그럴 때면 언제나 그 반(오전반, 오후반, 야간반)에서 가장 경험 많고 능력 있는 캐빈 사키야마의 지휘 아래 매몰된 광부 구출작업이 진행된다. 그 작업은 안전을 유지하면서도 가장 빠르게 구조 공간을 확보해야 한다. 광부들의 생명이 촌각에 달려있기 때문이었다.

내가 일하던 곳에서 붕괴사고가 발생해 5명이 고립되는 사고가 났다. 즉시 구출을 위한 작업이 진행되었다. 그들은 늘 해오던 방식대로 무너진 흙과 탄 더미를 치우는 데 급급했다.

좀 당돌했지만 나는 기존의 방식과는 다르게 흙을 치우기보다는 작은 출입구를 내기로 했다. 즉 무너진 흙더미에 사람만 겨우 드나들 수 있게 작은 터널을 낸 것이었다.

내 예측은 정확했다. 예상보다 빨리 구조자가 기어서 들어가 매몰자 5명을 전원 구출한 것이었다. 작업 과정을 지켜본 총괄반장은 그 자리에서 나에게 캐빈 사키야마로 승격시켜 주었다. 일종의 특별 승진인 것이었다.

자연히 68년 당시 광부로서는 제일 많은 보수를 받게 되었는데 대략 5만 원 정도였다. 비교하자면 보통 읍면의 공무원봉급이 1만 원도 안 될 때였다. 그렇게 보면 엄청난 보수였지만 결국 그것은 생명을 담보로 한 보상이었다.

그곳은 수많은 광업소가 난립해 있다 보니 크고 작은 사망 사고가 하루가 멀다고 들려왔다. 그렇다 보니 광구로 들어갔다 나올 때까지는 늘 불안과 긴장 속에 살아야 했다.

더욱이 나는 우리 조에서 가장 위험한 발파작업을 주관했다. 하루에도 몇 번씩 하는 발파는 사선의 경계를 넘나든다 해도 과언이 아니었다. 어디에서 어떤 사고가 날지 예측 불가능했기 때문이었다.

늘 광구에 들어갈 때면 '오늘도 무사히'를 되뇌며 항시 조심하고 또 경계하며 작업을 했다. 갱구는 여기저기 모두가 지뢰밭이었다.

나는 늘 광구의 최 일선에서 갱도 개척을 해 나갔다. 탄맥을 따라 착암기로 구멍을 내고 다이너마이트 폭파를 할 때면 어디서 가스가 새어 나올지, 고여 있던 지하수가 터져 나올지 모르니 온 신경을 곤두세워야 했다.

캐빈 사키야마가 되고 1년 만에 결국 우려했던 사고가 터지고 말았다. 발파작업 과정에서 예상외의 탄맥이 무너져 내린 것이었다. 무너진 석탄 더미는 출구를 막았고 나는 가스와 분진이 가득한 사고 현장에서 의식불명 상태로 구출되었다.

그나마 다행인 것은 갱구 밖으로 구출되기까지 그리 오랜 시간이 걸리지는 않았다. 의식이 없는 상태에서 장성병원 산소탱크에 들어간 지 하루 만에 깨어났다.

눈을 뜨니 아내와 아이들까지 모두 모여 눈물을 흘리며 바라보고 있었다.

의사는 이미 아내에게 깨어나도 정상 회복되기는 어려울 것이라고 경고를 한 상태였다. 병실의 환자들은 대부분 마비되거나 의식이 없는 중증 환자였다.

다행히 나는 의사의 예상과 달리 특별히 아픈 곳은 없었다. 그렇게 3일 후 퇴원하겠다고 했다.

정형외과 과장은 깜짝 놀라며 미쳤냐고 역정을 내었다. 좀 더 안정을 취하며 경과를 보자는 것이었다. 그래도 아픈 곳이 없으니 계속 있을 수는 없는 일이었다.

의사는 나에게 "당신은 천운을 타고났소! 그런 사고에서 이렇게 멀쩡한 사람은 천에 한 명도 안 됩니다."라며 퇴원에 동의해 주었다.

먹고 산다는 것이 무엇인지. 나는 그렇게 한 달을 쉬고는 또 아무 일 없었던 듯 출근해야만 했다.

사실 그렇게 사선을 넘나드는 위기를 넘기고 나면 인간의 공포심은 극대화된다. 아내나 가족들도 더 많은 걱정을 했지만 당시엔 선택의 여지가 없었다. 그 길은 내 가정뿐 아니라 고향의 부모님과 여러 동생의 호구지책이기 때문이었다.

환경에 적응이 빠른 것이 인간이라 했던가! 처음 얼마간은 출근 시간만 되면 몸도 찌뿌드드하고 갱내로 들어가면 두렵기도 했다. 그러나 며칠 지나자 또다시 익숙해져 더 이상 불안함은 없었다.

그렇게 굴곡진 결혼 생활도 어느덧 3년의 세월이 흐르고 아이는 둘이나 되었다.

설탕물로 체중 늘려 독일 광부 시험 통과

72년 8월, 어느 무덥던 여름날 퇴근 무렵이었다. 광부들이 오가며 쉬거나 간식도 먹는 골목 점방에 들렀다가 우연히 귀퉁이에 놓여 있는 신문광고를 보게 되었다.

"파독 광부 모집공고"였다.

동료들 사이에 파독 광부 이야기가 가끔 화제가 되면 조금은 궁금하기도 했지만 늘 남의 이야기라고만 생각했었다. 그러나 직접 광고를 보고 나니 호기심과 설렘이 내 가슴에 불을 댕겼다.

신문 쪽지를 아내에게 보여주며 한번 가보고 싶다고 하니 당연히 반대였다. 이미 아이도 둘이나 되고 짧은 결혼 기간이었지만 혼자서 적지 않은 우여곡절을 겪은 터였기 때문이었다.

그러나 아내는 누구보다 나를 잘 알고 있었다. 한번 뜻을 세우면 어떤 말도 듣지 않는다는 것을. 며칠을 설득하자 마지못해 동의해 주었다.

며칠 후 여름도 끝자락에 들어선 9월 중순 새벽에 열차를 탔다. 열여섯 어린 나이에 친구의 권유로 청운의 꿈을 안고 유학길에 올랐던 그 열차에 십수 년이 흐른 후 해외 진출로 꿈을 바꿔 다시 올랐다. 청량리역에 도착했다.

부지런히 길을 물어 서교동에 있던 해외개발공사를 찾아가 지원서를 접수했다. 이미 주변에는 전국 각지에서 몰린 젊은이들이 여기저기 눈에 띄었다.

실은 내게 큰 결격사유가 하나 있었다. 모집 요강에 있는 신체조건에 체중이 57킬로그램 이상이라야 하는데 나는 체중 미달이었다. 겨우 55킬로그램 남짓이었다.

신체검사 당일. 줄을 서서 체중이 문제 되면 어떻게 할까 걱정하는 사이 내 차례가 되었다.

부족한 체중계를 흘낏 본 간호사는 "아저씨 식사하고 다시 오세요."라고 하며 오전 마감을 하는 것이었다. 그때 시간이 11시 40분쯤이었으니 순전히 나를 위한 배려 같았다. 모두 가난하고 고생하던 시절이라 이심전심 도와주고자 하는 것이리라.

어차피 체중을 늘려야 하니 곰탕집으로 들어가 곱빼기를 먹었다. 그래도 그것만으론 부족할 것 같았다. 구멍가게에 들어가 삼양 설탕 한 봉지를 샀다. 그 설탕을 물에 타서 마실 수 있는 만큼 마셨다.

그리곤 시간에 맞추어 2층 검사장으로 올라갔다.

목구멍까지 물이 차니 호흡도 걸음도 불편하고 위장이 뒤집힐 듯 거북해 견딜 수가 없었다. 이를 악물고 고개를 뒤로 젖힌 채 체중계에 올라서니 겨우 턱걸이였다.

안도의 한숨을 쉬며 돌아서 화장실로 바로 갔다. 압축됐던 내용물이 마치 물총처럼 입에서 쏟아져 나왔다. 그렇게 정신없이 한참을 토하고 나니 속도 후련하고 호흡도 한결 편해져 살 것 같았다.

다음은 체력 테스트. 40킬로그램 되는 모래 자루를 어깨에 메고 왕복 달리기를 하는 시험이었다. 여섯 명씩 줄을 서서 시험을 보는데 요령 없이 힘만으로 되는 것은 아니었다. 자신만만하게 덤벼든 많은 사람이 줄줄이 탈락이었다.

덩치 작은 내 차례가 되자 사람들은 당연히 불합격을 예상하는 듯했다. 그러나 수많은 일을 하며 단련된 나에게 그 정도는 식은 죽 먹기였다. 여섯 명 중 1등으로 돌아오자, 시험관조차 놀라워하는 것 같았다.

신체검사를 모두 통과한 사람들은 또 필기시험을 보아야 했다. 시험은 1주일 후였다.

체중을 늘리려 지나치게 마셨던 설탕물의 후유증은 간단치 않았다. 결국 며칠 동안 고열과 설사와 구토를 하며 고생하다 3일이 지나서야 회복이 되었다.

필기시험은 과목도 수준도 모른 채 불안하게 다들 상식 책만 뒤적이며 갑론을박 시간을 보내고 있었다. 초조하게 기다리던 시험일이 다가왔다. 모두 긴장된 마음으로 시험장에 들어갔다. 한 교실에 얼추 100여 명씩 시험장에 들어가니 사방에 시험관이 서 있었다.

그중 한 명의 시험관이 얄팍한 미농지 한 장씩을 내어주었다. 그러고는 연단에 올라서더니 큰 소리로 외쳤다. "여러분 대한민국의 젊은이 맞습니까?" 하자 모두 "예"하며 대답했다. '목소리가 작다'며 다시 한번 반복시키고는 "여러분 태극기 잘 아시죠? 오늘의 시험 문제는 태극기를 그리는 것입니다." 하는 것이었다.

그 소리가 끝나자 여기저기서 탄식이 들렸다.

나 또한 순간 당황하기는 마찬가지였다.

그러나 하늘의 도움인지 얼핏 서울에 올라오면서 해외개발공사 주소와 열차 시간을 적어 온 수첩에서 태극기를 본 기억이 스쳤다. 슬쩍 속표지를 열자 또렷하게 태극기가 나를 반기는 듯했다.

독일 광부로 가기 위해 교육받으러 다닐 때 두 아들과 함께

회심의 미소를 지으며 마치 알고나 있었던 듯 100점짜리 답안지를 제출했다. 답안지 작성에 골몰하는 동료들을 보며 시험장을 나오는 그 순간만은 몸도 마음도 새털처럼 가벼웠다. 이제 모든 선발 절차는 끝났다.

다음날 최종 합격자발표가 났다. 당연히 합격이었다. 하지만 고향 집으로 향하는 발걸음은 가볍지 않았다. 또다시 어린 두 아이를 데리고 아직도 7남매가 북적이는 가난한 시댁으로 들여보내야 할 아내를 생각하니 너무나 가슴이 아팠다.

아내에게 합격 소식을 전하자 애써 힘든 내색은 하지 않았다. "어차피 가기로 했으니 우리 걱정은 마시고 차질 없이 준비해서 잘 다녀오세요."라며 용기를 주었다.

아내의 내조란 그런 것인가 보다. 그리고 2주 뒤 서교동 해외개발원에 다시 모여 해외 생활에 필요한 예절 등 상식과 안보교육을 받고, 3개월 동안 독일어를 배우게 되었다.

숙소는 개발원 인근의 하숙집을 얻어 한방에 여러 명씩 생활했다. 대부분 간호사는 2층 광부는 1층 그렇게 구분했다. 시험도 자주 보고 각자의 꿈을 키우며 열심히 공부했다.

1972년 말 교육이 끝나갈 즈음에는 어느 정도의 기본회화는 가능할 정도가 되었다. 이제는 신원조회와 여권 및 비자 발급, 보안 교육 등 일반적인 절차를 밟으며 출국 일을 기다리면 되었다.

지하 1천 미터 독일 막장에서 피어난 꿈

1973년 3월 출국하기 전까지 약간의 여유가 있었지만 이사도 하고, 처가에 인사도 가고, 정밀 건강검진도 하는 등 제법 바쁜 시간을 보냈다.

부모님은 말할 것도 없지만 처가에서도 아내의 거처 등 여러 가지로 걱정이 많았다. 처가에서는 내가 방문하는 날 온 집안이 모여 잔치를 벌였다.

그때 큰 처남이 나에게 좋은 정보가 있다며 한 가지 제안을 했다. 지금 강릉시가 새로운 도시계획 도로를 낼 계획인데 사거리에 좋은 땅이 있다는 것이었다. 30만 원만 보내면 사 놓을 테니 독일에 가서 송금하라고 했다. 아내와 처가 식구들이 모인 자리에서 그러겠노라 약속했다.

출국 날이 다가왔다. 가족들의 걱정과 눈물의 배웅을 받으며 김포공항을 향했다. 당시에는 독일 가는 항공편도 없을 때였다.

대략 250여 명쯤 되는 광부와 간호사들이 독일에서 보낸 루프트한자 전세 여객기에 올랐다. 이미 해외개발원에서 3개월간 함께 교육받았기에 대부분은 낯익은 얼굴들이었다.

이역만리 타국으로 떠나는 기대와 두려움은 있었지만 이름 모를 동료들이나마 그들과 함께한다는 것이 큰 위안이 되었다.

당시는 대학을 나와도 번듯한 직장을 얻기가 쉽지 않았다. 그러니 독일이라는 이미지도 있고 무언가 새로운 기회를 찾아 도전하는 대학 출신의 엘리트들도 많이 지원했다.

김포공항을 출발한 비행기는 알래스카를 경유해 주유도 하고 대략 20시간 정도 걸려 독일에 도착했다. 시차와 오랜 비행으로 모두를 지칠 만도 했지만 피곤함보다는 새로운 세계에 대한 호기심으로 눈빛만은 빛나고 있었다.

프랑크푸르트 공항에 내린 우리 일행은 에센, 두이스북 등 여러 지역으로 흩어졌다. 내가 속한 팀은 딘스부욱 함본에 있는 쭈바핀푸 광산이었다. 대략 80여 명쯤 되었다. 각자 업무를 배치받아 처음 3개월 동안은 안전교육을 마친 후 견습보조로 지냈다.

보통 광부는 모두 채탄만 한다고 알고 있지만 실은 역할에 따라 다양한 업무가 있다. 심지어는 압구에서 산소 공급하는 원동기의 스위치만 관리하는 사람도 있었다.

나는 늘 그랬듯 그곳에서도 제일 힘든 막장을 지원했다. 역시 봉급 때문이었다.

독일은 공정한 사회였다. 나와 같은 막장 채탄부는 원동기 관리자보다 두 배 이상의 봉급 차이가 났다. 물론 막장이라 하더라도 우리나라 광산과는 비교할 수 없을 만큼 좋은 환경이었다.

그러나 지하 1천 미터 속의 어둡고 음습한 공포는 마찬가지였다.

천장을 받치는 동발도 40~50킬로그램 내외의 참나무를 사용하던 한국과는 차원이 달랐다. 길이 조절이 가능한 80킬로그램의 쇠기둥이었다.

요령도 힘도 없이 하루에도 몇 번씩 반들반들하고 거대한 쇠기둥을 들어 옮기기란 정말로 쉽지 않았다. 결국엔 어깨와 팔뚝이 다

벗겨지고 굳은살이 박인 후에야 견딜만했다.

지금도 어깨와 팔뚝에는 그때 피부에 박혔던 석탄 가루들이 거뭇거뭇 훈장처럼 남아있다.

처음 한동안은 말귀조차 알아듣지 못한 채 헤매고 있었다. 독일 광부들은 우리들을 대놓고 무시했다.

"두 슈바인 (Du Schwein! 돼지 새끼야!)"이라며 소리를 지르곤 했다. 우리는 무슨 말인지도 모른 채 그들의 눈치를 보며 굽실거릴 뿐이었다.

작업은 막장 하나당 3인 1조로 이루어졌다. 원동기 담당 1명과 채탄부 두 명. 광산은 그렇게 3개 조를 편성하여 24시간 가동이 되었다. 각 조가 하루 8시간 근무하는데 출입과 작업 준비에 각 1시간을 제외하면 6시간 동안 채탄해야 했다.

작업량은 한 팀이 하루 폭 4~5미터쯤 되는 광구를 2미터 정도씩 파고 들어갔다. 그 채탄하는 양도 엄청났고 채굴 진도에 따라 계속 동발을 설치해야 했다. 그만큼 작업강도는 대단했다. 팬티와 장화, 분진 마스크만 쓴 채 작업을 하는데 수시로 장화에 고인 땀을 쏟아내야 할 정도였다. 나는 평생 어렵고 힘든 고비를 만날 때마다 그 시절 막장에서의 고달픔을 떠올리곤 했다.

그래도 한국에서는 구경조차 하기 힘든 쇠고기 스테이크와 치즈, 우유 등을 마음껏 먹으며 3개월쯤 지나니 힘과 요령이 생겼다. 자연히 한국 광부들의 작업 능력은 일취월장했다. 우리의 파트너였던 독일인들도 눈빛이 마주칠 때마다 엄지척하며 인정하기 시작했다.

월급은 대략 오륙십 만 원(2천5백~3천 마르크) 정도를 받았다. 한국에서 받던 봉급의 10배나 되었으니 수입 면에서는 대만족이었다.

그래도 향수병이나 사고 등으로 3년 계약을 채우지도 못한 채 강제 출국당한 동료들 또한 의외로 많았다.

나는 누구보다 열심히 일했고 더 많은 임금을 받았다.

첫 봉급을 받아 들고는 갈등이 생겼다. 강릉 처가에서 약속한 땅값 30만 원을 보내야 하는데 한편 여러 형제와 고생하실 부모님을 생각하니 그럴 수도 없었다. 고민 끝에 아내에게 약간의 생활비를 보내고 나머지는 부모님께 송금했다.

늘 모든 것을 양보하고 이해해주던 아내도 이때만큼은 크게 화를 내고 두고두고 원망했다. 나도 아쉬움이 없는 것은 아니었지만 장남의 숙명이라고 생각하고 말았다.

그럭저럭 환경에 적응하며 살아남은 젊은 청춘들은 외로움에 방황하기 시작했다. 파독 광부와 간호사 부부가 유독 많은 것도 이런 허전함의 산물이었다.

이때쯤 눈에 띈 독일의 개방적이고 자유분방한 성문화는 큰 충격이자 호기심으로 다가왔다. 더욱이 당시는 2차 대전이 끝난 지 그리 오래되지 않은 시기라 소위 5~60대 전쟁 과부들이 넘쳐나고 있었다.

이래저래 주말이 되면 짝을 찾는 외로운 영혼들은 담배 연기 자욱한 비어홀에서 하룻밤 사랑을 찾아 북적이곤 했다. 광부들은 몇 명만 모이면 지난밤 사랑 이야기가 가장 흥미를 끄는 화젯거리였다.

어찌 됐든 그것은 이역만리 타국에서 외롭고 힘든 젊은 육신을 달래는 유일한 탈출구이기도 했다. 또한 그녀들은 누구보다 진지하게 우리들의 이야기를 들어주는 편안한 친구이기도 했다.

나는 현장 생활 3개월 만에 총괄 매니저로부터 최고의 찬사를 받는 베스트 광부가 되었다. 언제 어디서나 남보다 일찍 나와 내 몸을 더 쓰며 업무 외에 장비 관리나 주변 정리에 솔선수범하다 보니 자연히 그리되었다.

매니저는 가끔 자기 집에 초대도 해 주었다. 작업 편성 시 주말 근무도 많이 넣어 주었다.

수당도 토요일은 1백50 퍼센트, 일요일은 2백 퍼센트를 지급하니 누구나 휴일 근무를 원했다. 나는 평일과 주말을 가리지 않고 최대한 많은 일을 했다. 한번은 노동사무소로부터 당신은 규정된 노동시간을 초과했으니, 작업시간을 줄이라는 경고를 받기도 했다.

그런데 세계 최고의 기술 선진국에 와서 채탄만 하다 갈 수는 없었다. 기술을 배우고 싶었다. 그것은 나의 열정과 욕심만으론 불가능했다. 우선 직업훈련소에 가려면 어학 능력이 일정 수준 되어야 하니 어학원부터 다녀야 했다. 어학원은 무료지만 문제는 근무 시간 조정이 필요했다.

어느 날 매니저에게 고충 상담 겸 이야기를 꺼냈다. 그는 나에 대한 신뢰가 매우 두텁기는 했지만, 반응은 예상 이상이었다. 아주 좋은 생각이라며 적극적으로 도와주겠다고 하였다.

그렇게 독일에 간 지 8개월 만에 어학원에 입학할 수 있게 되었다. 우리 반은 80명인데 한국인은 경기고를 나온 친구와 나 둘뿐이었다. 수업은 월요일부터 금요일까지 매일 두 시간인데 매주 한 번씩 시험을 치렀다. 우리는 항상 1, 2등을 놓치지 않았다.

독일까지 왔다가 꿈만 꾸다 간다면 너무나 허망할 것 같았다. 그러나 꿈을 이루려면 언어가 급선무였다. 정말이지 꿈을 향한 공부라 힘든 줄을 몰랐다. 언제나 외출할 때마다 몇 줄씩 대화 소재를 적어서 가지고 다니며 오가는 사람들에게 말을 걸며 공부했다.

그렇게 8개월간 치열하게 공부하자 기술학교가 요구하는 성적에 도달할 수 있었다.

그 와중에도 시간이 되면 틈나는 대로 하수도 공사 현장을 다니며 또 아르바이트도 했다. 그렇게 1인 3역을 하다 보니 하루 4시간 이상 잠을 잘 수가 없었다.

퇴근하면 따로 식사할 시간도 없었다. 늘 식당에서 빵 두 개씩을 들고 집에 와 옷을 갈아입고 차를 기다리며 식사했다.

어찌나 피곤한지 얼굴은 피골이 상접하고 길을 걸으면서도 졸고 버스를 타면 1분도 채 안 되어 깊은 잠에 빠져들곤 했다.

앞에서 이야기한 금발의 독일 아가씨 알렌과 로맨스도 이 당시에 시작됐다.

어학원을 마친 후에는 기숙사에서 나와 개인주택에 방 한 칸을 얻어 살게 되었다. 집주인은 61세의 전쟁 과부였다. 애인도 여럿이고, 활달하며 긍정적인 여인이었다. 나는 그와 일부러 많은 대화를 하며 언어능력을 키워나갔다.

언어가 통하니 자신감과 의욕도 배가되었다. 그렇게 독일에 간지 1년 2개월 만에 세계 최고기술 강국의 직업훈련소에서 독일인들과 함께 공부를 시작할 수 있었다. 학교는 규모뿐 아니라 내용과 수준도 다양했다. 역시 기술 대국의 훈련소답다는 생각이 들었다.

나는 용접을 택했다. 용접은 B9급이 최고단계였다. 교육 기간 중 3개월에 한 번씩 엄격한 테스트를 받는데 5단계의 시험을 거쳐 B3급이 된다.

그 후 또다시 5단계의 평가를 통과하면 B9급이 되는데 B6급 이후엔 취업 후 회사의 평가 결과까지 합산하여 취득하는 시스템이었다. 즉 이론뿐 아닌 실제 현장에서 프로의 능력을 인정받아야 최고단계까지 오를 수 있는 것이었다.

그렇게 B9급이 되면 산소, 전기, 아르곤 용접은 물론 원자력발전소의 특수 용접까지도 다 할 수 있는 수준이었다.

내가 B9급까지 가는 데는 1년 7개월이 소요되었다. 비록 외국인이었지만 눈썰미도 뛰어난 데다 혼신의 열정을 쏟아부으니 어렵지 않게 최고 용접사의 고지에 오를 수 있었다. 독일 사람들도 그 기간에 B9등급까지 도달한 사람은 많지 않았다.

용접 기술자 자격증을 받을 때쯤엔 광산의 3년 계약도 모두 끝이나 나는 요트 제작회사로 재취업했다. 대우는 광산에서 근무할 때보다 훨씬 좋았다.

그곳에서도 일은 물론, 늘 30분 먼저 출근하여 주변을 정리하고 업무 준비를 하다 보니 자연히 최고의 사원으로 인정받았다.

언어도 생활에 불편함이 전혀 없을 정도가 됐고 보수도 독일 사람에 비해 손색이 없을 정도였다. 세상에 겁날 것 없이 자신감에 충만해 있었다. 이젠 최고 용접사라는 무적의 검을 들고 더 넓은 세상을 향해 끝없이 날아보고 싶었다.

그 꿈을 캐나다에서 펼치기로 계획하고, 사랑이 깊어진 알렌과 함께 이민을 떠날 채비를 한 것이다. 하지만 한국으로 돌아와 조강지처 아내를 다시 만나면서 그 꿈은 접을 수밖에 없었다.

침뜸 봉사자 되어 다시 찾은 독일

또다시 독일 땅을 밟은 것은 50년의 세월이 흘러 백발이 된 후였다.

그것은 '독일 광부 출신 한국인의 미얀마 침술 봉사 사례 발표'가 계기가 되었다. 2017년 2월 서울시청 지하 강당에서 허임기념사업회가 주최한 침뜸 한류 세미나에서 나는 미얀마에서의 침뜸임상경험을 발표했다.

이때 러시아, 스페인, 파나마 등 해외에서 활동한 여러 침구사와 다양한 정보와 경험담을 주고받았다.

이것이 인연이 되어 스페인에서 오랫동안 침구사로 활동한 박한성채 원장을 알게 되었는데 그분은 나에게 중풍치료법을 배우고 싶

허임기념사업회 주관 침뜸한류세미나에서 미얀마 침술봉사 사례 발표. 2017.02.09. 서울시민청 바스락홀

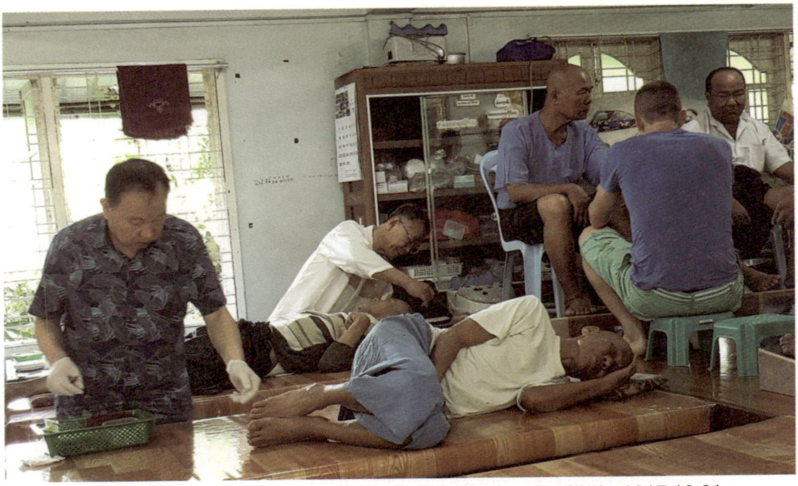

이국렬 선생과는 미얀마 따바와센터에서 함께 침뜸봉사를 했다. 2017.10.31

어 했다. 그는 출국한 후에도 자주 카톡 채팅을 통해 안부를 물으며 스페인에 한 번 다녀가라고 간청했다.

초청받고 관심이 있던 차에 미얀마를 비롯하여 여기저기서 함께 봉사활동을 했던 이국렬 선생이 동행을 자처했다. 게다가 한술 더 떠서 독일까지 돌아서 오자고 하는 것이었다.

그 말에 귀가 번쩍 뜨였다. 독일이라니, 자다가도 벌떡 일어날 만큼 내 가슴 속 깊은 곳에 간직한 사랑과 추억이 가득한 마음의 고향이다.

갑작스러운 제안에 스페인보다는 독일에 갈 생각에 기분이 좋아졌다. 하지만 막상 독일은 아련한 추억의 장소일 뿐 지금 당장은 연락할 곳도 만나볼 사람도 없으니 어떻게 해야 할지 고민이 되었다.

그런데 이 선생은 독일에 가는 문제는 자기가 알아서 할 테니 나에게는 스페인 박 원장과만 연락하라고 했다. 공직에서 퇴직한 이 선생이 독일 교민들과 협력 업무를 한 적이 있다며 독일 쪽은 걱정을 말라고 했다.

스페인의 박 원장은 내가 간다고 하니 숙식은 자기 집에서 하면 되고 공항으로 마중을 나오겠다며 반가워했다.

막 여름휴가 성수기가 끝나가는 8월 20일 나와 이 선생은 스페인행 비행기에 올랐다. 마드리드까지는 14시간쯤 걸리는 조금은 지루한 비행이었다. 공항에 내리니 그곳도 여름이라 후끈하긴 했지만 습도가 낮은 탓인지 쾌적한 공기가 기분 좋았다.

입구에서 기다리던 박한성채 원장을 만나 그의 집으로 향했다. 그가 운영하는 침구원은 딸의 이름을 따서 채나 침구원이라 했다. 마드리드에서 서쪽으로 대략 세 시간쯤의 거리에 딸라베라(Talavera)라는 소도시가 있는데 그 도시의 외곽에 자리 잡고 넓은 터에 3층으로 지었는데 마치 작은 성처럼 보였다. 1층이 침구원인데 치료실이 열 개나 되고 원장과 간호사 2명이 근무하는 제법 큰 침구원이었다.

아침 9시가 되자 멀리서 자가용을 가지고 예약 시간대에 맞춰 환자들이 모여들었다. 치료실 숫자에 맞춰 한 시간 단위로 10명씩 교대가 이루어지니 하루에 환자가 대략 60~80명 정도 된다고 했다. 변두리 시골 마을인데도 환자들이 제법 많은 편이었다.

일반환자는 일주일에 3일만 치료했다. 그리고 하루는 시간이 많이 소요되는 중증 환자를 소수만 예약해 치료하고, 금요일은 마드리드 외곽에 있는 병원으로 가서 출장 치료하는 방식으로 운영하고 있었다.

그의 침법은 오행침에 일침요법을 가미했다고 하는데 대략 손발에 4~5개 이내로 자침하고 30분 정도 유침을 했다.

견비통이나 요통과 같은 국소적 근육통 환자에게는 아시혈에 0.25×30밀리 정도의 침으로 계족침을 놓고 그 위에 왕쑥뜸을 떴다. 그리고 대부분 환자에게 중완에 0.25×50밀리 침으로 심자를 하면 간호사들이 그 위에 왕쑥뜸을 떠 주었다.

제법 비싼 치료비를 내면서도 과일이나 채소, 꿀 등 자기들이 재배한 농산물들을 이것저것 가지고 오는 모습이 정겨웠다. 나는 중증 환자 치료하는 날 박 원장 입회하에 중풍 환자를 치료했는데 환자가 몸이 가벼워졌다며 매우 흡족해했다.

박 원장도 나의 치료법에 관심이 많아 몇 명의 환자 치료를 하면서 나름대로 치료방식을 알려주었다. 그렇게 10여 일 스페인에 머무르다 독일로 출발했다.

늙어버린 광부 · 간호사 동료들에게 침뜸 봉사

독일로 떠나기 전날 밤은 그리움, 애절함, 설렘 등등 온갖 상념에 젖어 좀 채 잠을 이룰 수가 없었다.

그곳에서 내 삶의 뼈대를 세웠고, 넓은 세상을 보는 눈을 떴다. 내 모든 혼을 쏟아 일하고, 공부하며, 사랑하던 꿈의 나라 독일이 아니던가.

우리는 마드리드 공항에서 오후 3시경 독일의 뒤셀도르프로 출발하는 비행기에 올랐다.

이 선생은 오래전부터 알고 지내던 전 재독 강원도민회 이유환 회장에게 연락해 놓았다고 했다.

공항에 도착하니 스페인과는 또 다른 왠지 익숙한 듯한 선선한 공기가 가슴을 탁 트이게 했다. 같은 EU국가라 그런지 간단한 통과

전 재독 강원도민회 이유환 회장 댁 정원에서 이 회장과 함께

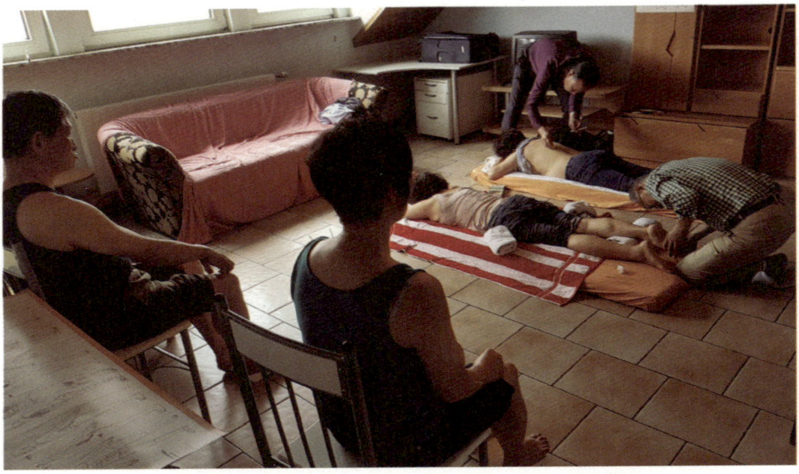
바닥에 자리를 깔고 이 선생과 함께 침을 놓고 뜸을 뜨기 시작했다.

의례조차도 없었다.

공항을 나오니 입구에 교민 세 분이 우리를 반갑게 맞아주었다. 간단히 통성명하고 인사를 하다 보니 다들 광부 출신이었다. 한 사람 건너면 다 알만한 분들이라 마치 옛 고향 친구를 만난 기분이었다.

공항에서 우리가 머물 회장댁이 있는 보훔까지는 두어 시간 거리인데 가는 동안 참 많은 이야기를 나누었다. 가까이 지내던 친구들의 안부부터 살아온 이야기 등등 그렇게 끝없는 대화 속에 나는 50년 전 독일로 되돌아간 것 같았다.

이 회장댁은 조용한 주택가 3층 건물인데 우리는 3층에서 머물기로 했다. 창을 열면 온통 초록의 향연에 가슴이 탁 트였다. 게다가 회장님 내외가 소탈하고 인품도 훌륭해 마음도 편했다.

식사하면서 사모님이 조심스럽게 이야기를 꺼냈다.

며칠 전부터 교회와 도민회에 의료봉사한다는 공지를 했는데 아직은 휴가철이라 그런지 별 반향이 없다는 것이었다. 그러니 만약 환자가 없으면 오신 김에 관광이나 하고 가시라 했다. 어쩔 수 없는 일, 좀 허전한 생각도 들었지만 그러기로 했다.

다음 날 아침 예상을 깨고 10여 명의 환자가 모여들었다. 우리는 혼선을 피하고자 나는 침을 놓고 이 선생은 뜸을 뜨기로 했다. 다행히 회장댁 3층은 방이 넓어서 여러 사람을 동시에 치료할 수가 있어 좋았다.

역시 환자는 모두가 광부나 간호사 출신의 노인들이었다. 이야기 나누다 보니 이리저리 연결되어 알 만한 사람들인데다 몇몇을 빼고는 다들 생활이 팍팍한 것 같아 애잔한 마음이 들었다.

늘 그래왔지만 침 끝 하나하나에 정성을 다해 치료했다. 침 맞은

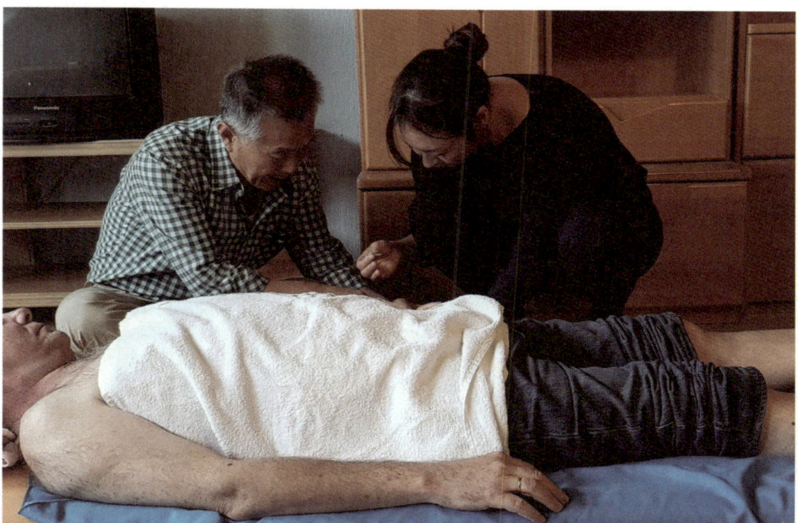

독일 신경외과 전문의인 이유환 회장 딸과 독일인 환자를 치료했다. 2017.09.07

사람들은 몸도 가볍고 통증이 줄었다며 고마워했다. 환자가 없을 거라던 이야기는 기우였다.

다음날부터 여기저기서 침을 맞겠다고 전화가 와서 시간대별로 예약하고, 치료받을 인원을 조절해야만 했다.

그렇게 며칠 지내다 하루는 광부 간호사 회관에서 치료하기로 했다. 자체적인 정례 행사에 참여하는 것이라 환자는 많아야 20여 명 정도 예상된다고 했다. 그 정도 인원이라면 오전에 마칠 수도 있을 것 같았다. 우리는 오후에는 근처의 광산박물관을 돌아보기로 했다.

예상은 완전히 빗나갔다. 서로 접수하려고 난리였다. 아침에 온 환자만 60명이 넘었다. 일단 추가 접수는 하지 못하도록 하고 이방

이유환 전 회장 댁에서 침뜸 봉사를 마치고. 2017.09..12

독일 광부 간호사회관에서 침 맞을 환자들이 접수하고 있다. 2017.09.09

저방 뛰어다니며 치료를 마치고 나니 오후 3시가 다 되어가고 있었다. 교민들이 준비한 식사도 부족하여 밥도 다시 해야 한다고 했다.

예상외로 환자가 많아 피곤하기도 하고 점심이 늦어져 시장했지만, 옛 동료들의 건강에 도움이 되었다고 생각하니 기분만은 날아갈 것 같았다.

옛 광부 기숙사에서 터진 눈물

며칠 있는 동안 환자는 점점 더 늘어 관광은 생각도 못 할 상황이었다. 돌아올 날이 다가올 무렵엔 간호사들과 결혼한 독일인들이 하나둘 찾기 시작했다. 한 사람은 부인의 강권으로 억지로 온 듯 침 몇 대를 맞다가 고통스러운 표정을 짓더니 돌아가 버렸다. 하지만 나머지 서너 명은 매우 만족해했다.

그중 한 명은 제철 기술자인데 포항제철에서 기술고문으로도 몇 년간 근무도 했고 한국에 대해서도 매우 호의적이라고 했다.

그는 7년 전 히말라야 등반 후 원인불명의 전신통증이 시작됐다고 한다. 일은 고사하고 수면제 없이는 잠도 못 자니 우울증까지 왔다고 했다. 이 환자에겐 사관과 팔관까지 놓고 화혈침으로 자극을 주었다. 그리고 무극보양뜸을 5장씩 뜨고 나니 몸이 무척 가벼워졌다며 밝은 표정으로 엄지척하고 돌아갔다.

다음날은 마지막으로 침뜸 배우기를 희망하는 사람들에게 간단한 교육을 시키는 것으로 침뜸봉사 일정을 모두 마칠 계획이었다.

그런데 아침 일찍 그 독일인 부인에게서 전화가 왔다. 남편이 7년 만에 약도 안 먹고 숙면했다고 너무나 좋아한다며 한 번만 더 치료해달라고 사정했다.

다시 만난 그는 마음의 문을 열어 빈뇨와 요통, 손목도 아프다며 여러 가지 증상을 호소했다. 몇 번 더 치료하면 좋아질 것 같은 아쉬움이 있었지만 마지막 날이라 간단히 마무리할 수밖에 없었다.

우리는 그곳에서 일체의 사례를 받지 않았다. 그런데도 그는 회장 사모님을 통해 굳이 100유로를 놓고 갔다고 했다. 그뿐 아니라 처음부터 치료받고 호전된 분 중엔 나와 이 선생에게 고급스러운 헨켈 칼과 쵸콜릿을 선물로 사서 가지고 오기도 했다. 다른 분들도 마치 품앗이하듯이 이런저런 음식들을 만들어 와서 식사 때마다 이야기꽃을 피우며 먹기도 했다.

더욱 의미가 있었던 것은 우리에게 숙식을 제공한 이 회장님 장녀가 독일 신경외과 전문의였다. 그는 학교에서도 약간의 침을 배웠다며 우리를 특별히 반겨주었다. 그리곤 바쁜 시간을 쪼개 함께 치료도 했다.

광부간호사회관에서 독일 파견자 명단 가운데 정일교라는 이름을 발견했다.

그의 이야기를 통해 독일 의사들이 침에 대해 많이 이해하고, 활용도가 의외로 높다는 사실도 알게 되었다.

이 회장님 내외는 내 추억과 애환이 얽혀있는 광산과 기숙사까지 동행하며 세세하게 신경을 써 주었다.

예전의 주점은 커피숍으로 변했고 가로수는 좀 더 자랐을 뿐 내가 이용하던 로터리의 정류장도 거기 그대로였다. 기숙사도 제약회사로 바뀌었다고는 하는데 건물은 그대로였다.

독일 딘스북 함본 탄광은 내가 피땀을 흘리며 일한 곳이다. 그곳 숙소 앞을 방문했다.

50여 년 만에 지하 광구에서 옛 장비를 들어보았다. 2017.09.09

1973년~76년 내가 머물던 독일 딘스북 함본 탄광 광부 숙소 자리. 2017.09.0.8

벽에 그려져 있는 광부의 모습이 예전의 기숙사였음을 대변하고 있었다. 새까만 광부의 반짝이는 눈동자를 바라보니 가슴이 울컥하며 나도 모르게 눈물이 주르르 흘러내렸다.

게다가 알렌과 밀어를 속삭이며 거닐던 숲과 큰 나무들도 그대로였다. 광산의 흔적들은 잘 다듬어지고 가꾸어 보존되고 있었다.

박물관에서 안내하는 사람의 나이가 지긋하기에 물어보니 자기도 예전에 그곳에서 일했다고 했다. 나는 마치 옛 동료를 만난 것 같아 반가웠고 그도 친절히 안내해 주었다. 한참이나 시간 가는 줄도 모르고 옛 추억을 떠올리며 이야기를 나누었다.

50년 만에 지하 광구에서 옛 장비들을 만지고 있자니 마치 꿈을 꾸는 것 같았다. 이제 나는 늙었고 옛 동료들도 사랑하던 연인도 오간 데 없으나 오직 산천만은 유구할 뿐이었다.

재독일 강원도민회장 남편의 난청을 치료하며

한번은 당시 도민회장이 자기 남편의 난청을 치료해 달라고 했다. 남편의 나이가 80 중반은 되었는데 50년 전 광부 시절 이미 난청이 되어 아무 소리도 들리지 않는다는 것이었다.

워낙 오래되고 고령이라 크게 가능성을 두지는 않았지만, 회장의 부탁이라 정성껏 치료했다. 그 사람은 양쪽 다 난청이었다. 남좌여우 원칙에 따라 남자이므로 우선 좌측에만 침을 놓았다.

취혈은 늘 하던 방식으로 화혈과 후계, 열결을 놓고 신경과 담경, 삼초경의 화혈에 자침했다. 특히 머리에는 족소양담경의 경락을 따라 경혈과 관계없이 다침을 했다. 침수가 제법 많았지만 잠깐씩 염전을 하며 30분 정도 유침했다.

그리고 다른 환자를 치료하고 있을 때 귀에서 소리가 들린다며 놀라 소리를 쳤다. 그 말에 침을 맞으러 온 환자들이 모두 박수치며 환호했다. 돌이켜 보면 보고도 믿기지 않을 만큼 경이적인 일이었다.

환자를 치료하다 보면 모든 병이 하나같이 다 간단치 않다. 이명과 난청 또한 매우 흔한 병이지만 현대의학으론 사실상 이렇다 할 치료가 어려운 난치병이다.

나 또한 젊은 시절 한국과 독일의 탄광 막장에서 오래 일한 결과 다이너마이트의 폭발 소음으로 일찍이 난청이 되어 고생하고 있다.

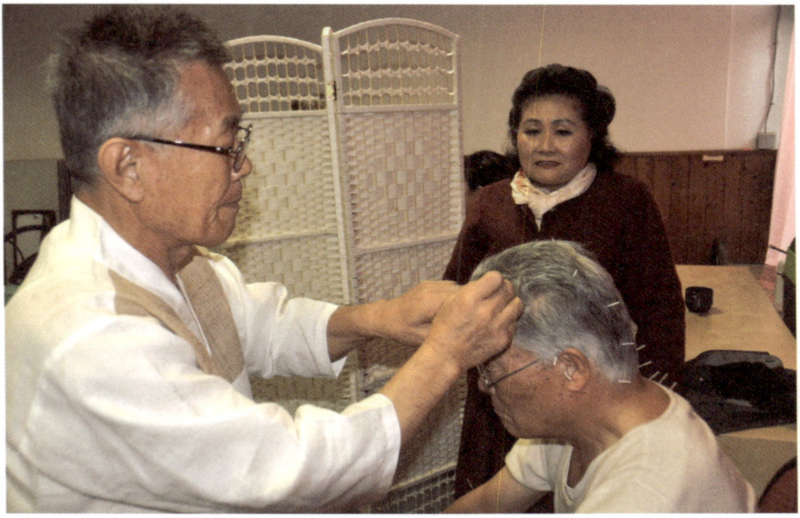

독일 강원도민회장의 남편 난청을 침으로 치료하는 중. 2017.09.09

난청과 이명의 발생 원인은 치료가 어려운 만큼 원인도 천태만상이다. 그러나 특별한 직업병이나 사고로 인한 것이 아니라면 일반적으로는 나이가 들면서 신허(腎虛)로 오는 것이 대부분이다. 동양의학에서 눈은 간이 관장을 하고 귀의 주인은 신장이라고 본다.

나 또한 침뜸을 배우기 시작하면서 무엇보다 난청에 관심을 가지고 다양한 노력을 했다. 하지만 시원한 처방을 찾을 수가 없었다. 그래도 첫술에 배부를 수 없는 법, 난청 환자를 볼 때마다 이런저런 방법을 써가며 연구한 결과 나름 효과적인 처방을 찾을 수 있었다.

나도 오래전부터 보청기를 낀다. 만약 보청기를 깜빡 잊어버리고 갔을 때는 늘 청궁과 예풍에 심자하고 솔곡에서 귀 뒤를 향해 횡자를 한다. 자침하면 소리가 훨씬 더 잘 들리는 것을 종종 실감하곤 한다.

내가 난청을 다스리는 방법은 대부분 환자에게는 화혈에 침을 놓고 삼초경과 담경락 혈을 집중적으로 자극하는 방식이다.

예를 들면 화혈 12자리와 임맥 독맥의 교회혈인 후계와 열결에 자침하고, 아시 부위인 삼초경의 예풍과 소장경의 청궁에 심자를 한다. 또 귀를 둘러싼 삼초경락과 담경락을 따라 자침을 하는 방식이다.

이때 잘 들리지 않는 쪽의 반대쪽, 즉 건측을 활용한다. 특히 삼초경과 담경, 신경과 방광경의 화혈을 집중적으로 염전하고 30분 정도를 유침한다. 귀의 인근 혈인 천주와 풍지도 함께 자침을 하면 효과가 더 좋다.

그동안의 경험으로 이 정도의 자극이면 일단은 강고했던 난청도 어떤 식이든 울림이 있다는 것을 알게 되었다.

Ⅳ 인술의 길

허임기념사업회와 아들이 함께 미얀마 방문

허임기념사업회와 인연을 맺은 것은 2013년 경이었다. 처음 침술을 배우던 시절 교재를 구입하고자 사무실을 방문한 이후 가끔 들렀다. 손중양 이사장은 미얀마에서 하는 봉사활동에 대해 많은 관심을 가지고 높은 평가를 해 주었다.

그러던 중 2017년 2월 해외에서 활동하는 침구인 들과의 교류 협력을 위해 허임기념사업회가 서울시청 지하 시민청 강당에서 침뜸한류 세미나를 개최했다. 이 세미나에서 나도 미얀마에서 활동한 침구 봉사 내용을 소개하게 되었다.

그 뒤 침구인들이 나의 침법에 관심이 많다며 6월에 다시 '중증 환자 치료사례와 침법'이라는 제목의 특별세미나를 주선해 주었다. 또한 나에게 특별임상교수 역할을 부여하여 기회 있을 때마다 강의

2017년 2월 서울시민청에서 있었던 침뜸한류 세미나. 앞줄 왼쪽부타 정일교, 통합의학 대부이신 전세일 박사, 조병희 전 서울대 보건대학원장, 전유진 선생, 사할린 침뜸 봉사자 손병덕 선생, 스페인의 박한성채 원장.

허임기념사업회에서 침뜸학교 임상교수로 역할을 부여하여 수시로 특강을 요청했다.
위: 미얀마 중증환자 침뜸치료사례 발표회. 서울 중구 구민회관 2017.6.12.
아래; 충남 공주 침구경험방 집필지 강의실. 2017.06.10

를 요청했다.

2019년에는 예술인복지재단이 파견한 예술인들에게 '허임의 후예'로 나를 소개하기도 했다. 그때 황재희 배우와 전혜윤 작가는 내 사진을 가지고 '청년 광부, 미얀마의 빛이 되다'라는 제목으로 영상 작품을 만들어 주었다.

2020년 1월 27일에는 허임기념사업회 관계자 5명이 5박6일 일정으로 따바와명상센터를 찾았다. 현장을 둘러보고 침구봉사를 도울 생각이었다.

방문단에는 허임기념사업회 손중양 이사장을 포함하여, 변함없는 후원자 질경이우리옷 이기연 대표도 동행했다. 또 황재희 연극배우도 포함되어 있었다.

그 소식을 들은 큰아들 의선도 뒤따라 왔다.

허임기념사업회 미얀마 방문팀. 왼쪽부터 박일 작가, 이기연 질경이우리옷 대표, 황재희 배우, 오른쪽부터는 정지환 감사경영연구소 소장, 손중양 허임기념사업회 이사장, 마침 침을 맞으러 온 릴라가 함께 기념사진을 찍었다. 2020.01.28

큰아들은 회사 운영으로 늘 분주했다. 그래도 내가 해외에 나갈 때마다 항공권 구입은 물론, 매번 공항까지 배웅을 나와 성원해 주었다. 게다가 생활비까지 넉넉히 지원해 주니 늙은 나에게는 큰 산 같은 후원자다.

아비로서야 무엇보다 마음 든든하고 고마운 일이지만 사업으로 분주한 자식에게 부담을 주는 것 같아 미안한 마음이다.

이번에도 바쁜 회사 일정을 뒤로하고 아예 6일 동안 방문단의 숙식 및 경비를 지원하고자 자원한 것이었다.

방문단 일행은 양곤 호텔에 짐을 풀고 내가 봉사하는 따바와센터를 오갔다. 호텔에서 따바와센터 봉사실까지는 한 시간 반쯤 걸리는 거리였다. 대중교통이 불편해 아침저녁으로 모든 이동을 택시

미얀마로 드나들 때마다 공항에 나와 수속을 도와주는 아들 의선.

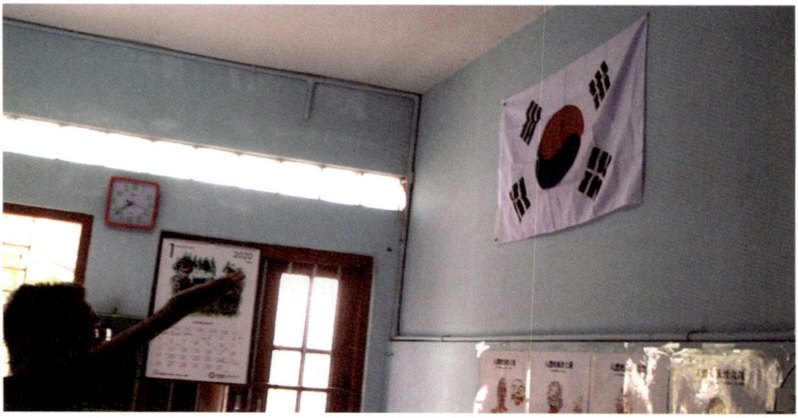

사야도 스님이 별도로 마련해 준 내 숙소의 벽에서 방문팀이 태극기를 발견하고 반가워하여 나는 "한국 사람이니 태극기를 걸어놔야지" 했다. 2020.01.28

로 움직여야 했다. 그런데 경비도 경비려니와 언어도 자유롭지 않은데 같은 시간에 택시 여러 대를 계속 불러서 다니기도 어려운 일이었다.

그때 교통편을 걱정하는 우리에게 흔쾌히 차량 제공과 운전까지 지원하겠다는 사람이 있었다. 나에게 침을 맞고 오랜 노이로제에서 해방된 젊은 한인 사업가였다. 하루 이틀도 아니고 6일 내내 그것도 무료로 지원해 주겠다니 좀 부담스럽기는 했지만 고마운 일이었다.

나로서는 친정 같은 허임기념사업회와 아들까지 방문했으니 하나라도 더 소개하고 보여주고 싶었다.

일행은 먼저 따바와센터의 주지 사야도 스님을 만났다. 그분은 양곤대학 졸업 후 사업으로 크게 성공한 사람이었다. 그러던 분이 스님이 되어 버림받고 가난한 사람과 병자들을 돌보는 사찰을

2002년에 세웠다. 스님은 처음에 알코올이나 마약에 중독된 환자들을 명상으로 치유하기 시작했다. 그러다 이 일이 알려지면서 후원도 들어오고, 갖가지 질병의 환자들이 모이게 되어 규모가 점점 커졌다. 환자들은 주로 중풍, 신경통, 치매, 위장병, 피부병, 파킨슨, 에이즈 등 중환자들이다.

사찰은 규모가 커져 하나의 마을을 이루고 있다. 사야도 스님은 미얀마 뿐 아니라 세계적으로도 존경받는 스님이었다.

손중양 이사장이 허임 선생의 소개부터 사업회의 역할과 방문 취지를 설명하며 인사를 했다. 통역은 일행으로 함께 온 배우 황재희 씨가 맡았다. 원래 미얀마 통역이 있었지만, 우연히 황재희 배우가 주지 스님께 영어로 질문하는 모습을 보고 자연스레 역할이 바뀌게 된 것이었다.

스님은 감사의 인사와 함께 명상센터를 소개했다. 따바와명상센터의 설립 취지와 환자 관리 실태는 물론, 세계 여러 나라의 기관이나 학교, 병원 등에서 명상을 지도한다는 이야기였다.

나를 통해 대략적인 것을 알고 있었지만 백문이 불여일견이라

한국에서 온 방문팀 일행이 침뜸실 봉사 현장을 둘러보고 있다. 2020.0128

방문팀은 따바와센터 침뜸실에서 미얀마 전통의사회 관계자들과 상호교류를 논의했다. 2020.01.31

현지에 와서 보고 주지 스님을 통해 들으니 사뭇 다른 분위기였다.

첫날은 명상센터 내에 있는 침뜸치료실을 방문했다.

하루 평균 70~80명쯤 침뜸시술을 했으나 내가 한국에 머물다 들어간 지 며칠 안 되다 보니 40여 명 정도가 다녀간 것 같았다. 그래도 매일 혼자서 그 인원에 침을 놓는다는 것이 얼마나 힘든지 잘 아는 일행들은 적지 아니 놀라는 모습이었다.

그날은 침뜸시술을 옆에서 도와주는 하니가 많은 양의 과일과 빵, 음료를 가져와 나눠주었다.

꼬박꼬박 나와서 도우미 역할을 하던 샌디도 시술받을 환자들을 접수하며 침뜸봉사를 도왔다. 마침 황재희 배우와 영어로 말이 통하여 진료기록을 챙기며 친구가 되었다.

방문단과 함께 하루는 인근 상아핏 마을에서 침술봉사를 하기로 했다. 그날 우리 일행은 초등학교 강당에서 봉사하기로 했다.

특히 그 초등학교는 우리나라 현대건설에서 지어준 학교라 의미도 있고 넓어서 여럿이 봉사하기엔 적격이기 때문이었다. 일행들은 학교 입구에 세워진 현대건설에서 지원했다는 팻말을 보고 으쓱한 기분으로 사진을 찍기도 했다.

그렇게 교실에 마련한 봉사실에 들어가니 사전에 공지한 때문인지 제법 많은 환자가 기다리고 있었다. 함께 간 봉사자들과 방문단이 각자의 역할을 분담하고 열심히 맡은 일을 하고 있었다.

그렇게 한참 침을 놓고 있는데 밖에서 아이들의 환호 소리가 들려 잠시 내다보니 아이들이 줄을 서서 빵과 과자를 들고 있었다.

우리는 아이들에게 줄 선물까지는 생각지도 못했다. 의아한 마음에 나가보니 큰아들이 아이들에게 빵과 음료를 나눠주고 있는 것이었다.

순간 놀랍기도 했지만 너무나 뿌듯하고 감동적이라 콧날이 시큰했다. 나름대로 아버지가 하는 봉사를 뒤에서 조금이라도 돕고 싶었던 모양이었다.

아들은 일찍부터 내가 사업으로 동분서주하며 고생한 것을 누구보다 잘 알기에 늘 나의 이야기에 귀 기울이며 믿고 따라주었다.

돌아보면 아들에 대해서는 미안한 생각이 먼저 든다. 그리고 그 어려움 속에서 잘 살아내 줘서 대견하고 자랑스럽다.

부산에서 사업에 실패하고 도망치듯 서울의 반지하 단칸방으로 왔을 때는 잘하던 공부도 접고 군대에 부사관으로 입대하기도 했었다.

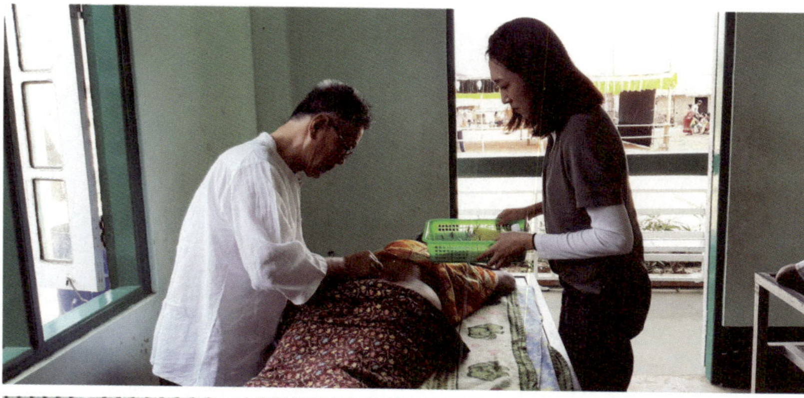

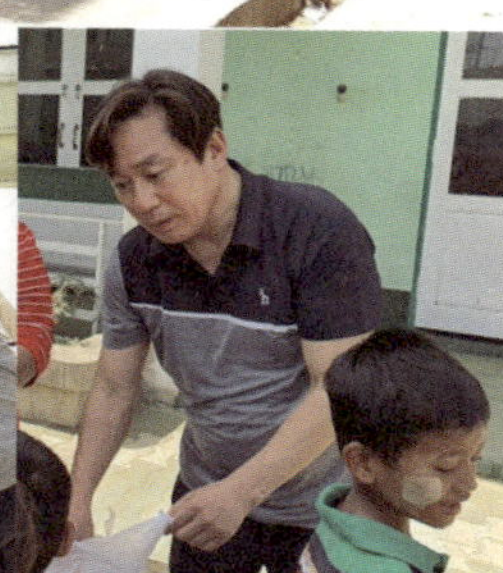

위: 상아핏 마을에서는 현대건설이 지어준 학교 교실에서 침뜸봉사를 했다.
아래: 큰아들(정의선)은 준비해온 빵을 아이들에게 나눠주고 있다. 2020.02.01

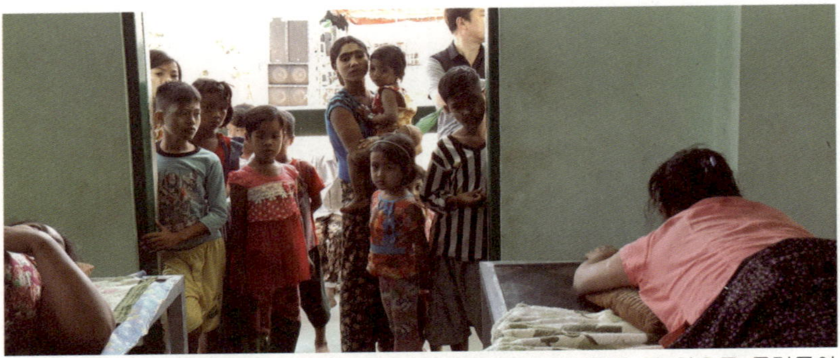

치료받을 사람들이 탁자 위에서 침 맞을 준비를 하자 아이들은 문 앞으로 몰려들어 호기심 어린 눈으로 보고 있다. 2020.02.01.

아내를 보낸 후로는 이심전심 서로 밀고 당기며 친구처럼 보호자처럼 의지하며 지내는 사이가 되었다. 그는 항상 나에게 그런 존재였다. 큰 나무처럼 묵묵히 비바람을 막아주고 내가 무언가를 시작하면 말없이 성원해 주었다. 암튼 부자가 안팎에서 침과 빵으로 봉사한다고 생각하니 그 어느 때보다 즐겁고 보람 있는 하루를 보내게 되었다.

그렇게 꿈같은 6일간의 일정을 모두 마치고 아들과 함께 방문단 일행은 한국으로 귀국했다.

나는 남아서 늘 하던 대로 환자를 돌보고 있었다.

그즈음 코로나19가 전 세계로 급격히 퍼져 나라마다 대책을 강구하고 있었다. 사람들의 불안감도 점점 커져서 계속 봉사실을 운영할 수가 없었다.

어쩔 수 없이 2월 15일 봉사실 문을 닫고 따바와센터를 떠나 양곤의 호텔로 거처를 옮겼다.

코로나 시기에 중증 환자 치료

침구봉사실 문을 닫은 상태라 오랜만에 갖는 휴식이었지만 주로 침술 공부를 많이 했다. 그러면서 몇몇 중증 환자들만은 별도로 관리하며 침구시술을 계속했다.

어린 스님 마비 증상에 완과침 시술

뎅기열을 앓고 난 후 손목, 발목 등 모든 관절이 오그라들어 앉지도 서지도 못해 대소변조차 받아내는 14살 어린 스님이었다.

그 어머니의 간절한 부탁으로 따바와센터 인근 그의 집을 방문했다. 6층 집이었는데 그 지역에서는 제법 잘사는 부자였다.

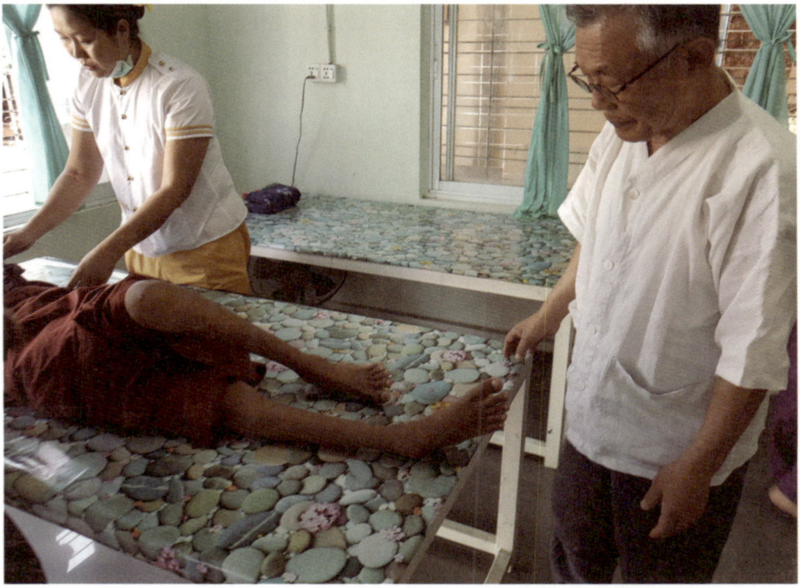

뎅기열로 전신 마비된 14살 스님. 손이 펴지지 않아 혼자 식사도 할 수가 없었다. 2020.02.18

환자는 손가락과 손목, 발가락과 발목이 모두 오그라들어 자력으론 아무것도 못 하는 상태였다. 손을 쓸 수 없다 보니 당연히 식사마저도 떠먹이는 상태였다. 게다가 오랫동안 누워만 있어 근육은 하나도 없고 뼈만 앙상한 지경이었다. 한마디로 사람의 몰골이 아니었다.

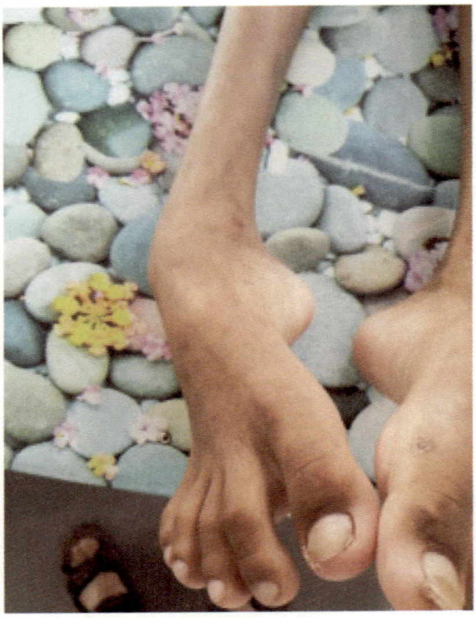
오그라들어 굳어진 발목.

침대에 누워있는 환자를 보니 치료가 되겠다는 생각보다는 '이걸 어찌해야 하나'하는 생각이 들었다. 그러나 침쟁이가 병이 무서워 되돌아올 수는 없는 일 아닌가.

일단 십선혈과 기단혈을 따고 팔풍혈과 화혈에 모두 침을 놓았다. 그리고 심리적인 안정을 도모하고, 상중하 삼초의 기운을 돌리고자 중완과 관원, 신궐과 거궐에 왕쑥뜸을 떠 주었다.

처음에 침과 뜸을 보고 긴장하던 환자도 마음은 평온해지는 듯했다. 하지만 병증이 간단치 않아 일반적인 치료로는 회복이 어려울 것 같았다.

집으로 돌아와 침구 서적을 뒤적이다 소위 완과침 시술을 해 보고자 마음을 먹었다. 생전 처음 시도해 보는 침법이었다.

완과침은 팔완(腕)자와 복사뼈과(踝)자를 쓴다. 한자의 뜻대로

어린 스님에 침시술.

모두 손목과 발목에만 자침을 한다. 세로로 각각 6개 구획을 나누어 취혈하며 모두 횡자를 원칙으로 한다. 특히 손과 발의 이상 증상에 탁월한 효과가 있는 것으로 알려져 있다.

신중하게 팔다리 모두에 자침하고 뜸을 떴다. 30분쯤 후 강고하게 오그라졌던 주먹과 발이 펴지는 것이었다. 그러나 침을 뽑고 나니 언제 그랬냐는 듯 원위치로 돌아갔다. 그래도 가능성을 확인한 것만으로도 큰 성과였다. 정성스레 20여 분 동안 손발의 모든 관절을 풀어주며 엄마에게 수시로 관절을 마사지해 주라고 당부했다.

침을 배우고 다양한 고질병들이 치료되는 것을 경험하면 점점 더 빠져들게 된다. 물론, 모든 질병이 치료되는 것은 아니지만 때때로 상상외의 효과를 보면 짜릿한 보람과 쾌감을 느끼게 된다.

이 어린 스님은 그렇게 완과침과 뜸으로 다섯 차례 시술하고 난

완과침으로 일어나
걷게 된 어린 스님

뒤에는 일어설 수 있게 되었다. 두 번, 세 번 완과침을 놓을 때마다 오그라들었던 관절이 점점 더 펴지더니 네 번째부터는 완전한 상태로 돌아오게 게 되었다.

아마도 나이가 어려 회복도 더 빨리 되는 듯했다. 결국 치료를 시작한 지 한 달이 좀 지나서 두 발로 걷게까지 되었다.

초등 교사 하반신 마비가 나아지니

2019년 말, 서른이 채 안 된 아직은 동안의 아가씨가 업혀서 치료실로 들어섰다.

자초지종을 들어보니 1년 전 교통사고를 당했는데 하반신 마비였다. 혼자서는 설 수조차 없는 중증 환자였다. 양곤의 큰 병원에서 입원해 치료받았지만 차도가 없던 차에 내 소식을 듣고 무작정 찾아왔다며 어머니가 사정을 이야기했다. 그녀도 초등학교 교장 선생이었는데 딸 치료 때문에 퇴직했다고 했다.

환자의 사정을 들어보면 다들 딱하기 이를 데 없다. 어렵게 교사가 된 딸이 꽃도 피워보지 못한 채 하루아침에 걷지도 못하는 장애인이 되었으니, 부모의 마음이 오죽하겠나 싶었다.

다행히 아직은 젊고 다른 질병이 없으니 해 볼 만 하다는 생각이 들었다. 날짜를 바꿔가며 화혈침과 완과침, 독맥라인에 직접뜸과

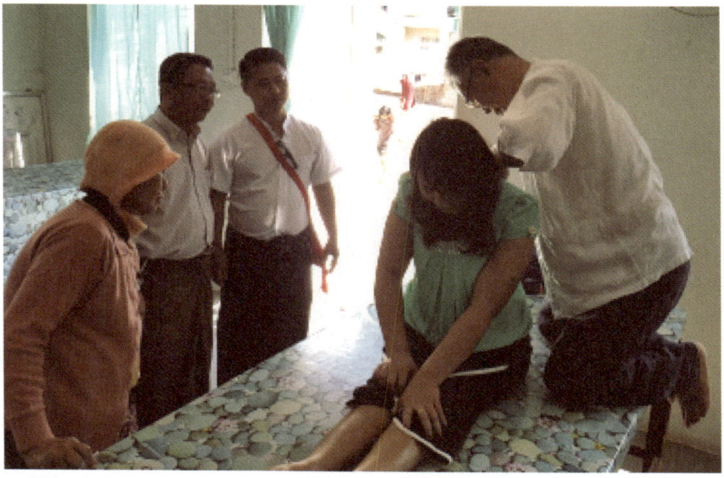

6개월 병원에 입원했다가 업혀 침뜸실에 처음 왔을 때. 2019.12.24.

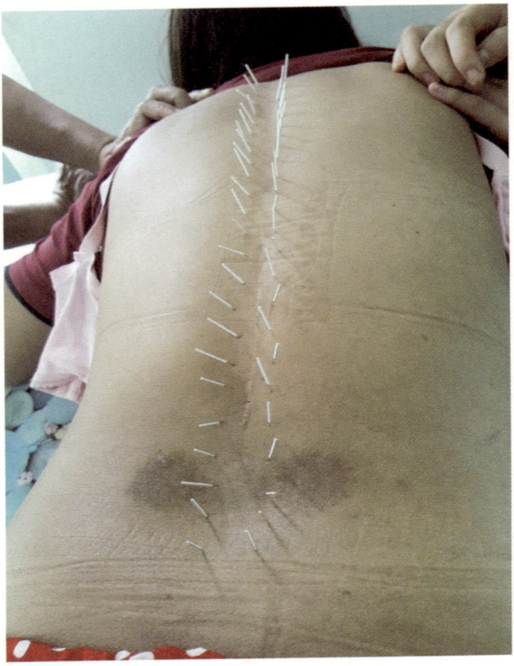

협척혈 자침했다.
신유혈에 왕쑥뜸 한
흔적이 보인다
2020.04.13

간접뜸도 떴다.

특히 이 환자는 경추부터 요추까지 독맥의 극돌기 하에 유침하고 양쪽 협척혈에도 모두 자침한 상태에서 상하로 계속 훑으며 자극을 주었다. 전침으로도 다소 강하게 자극해 흔들어 놓았다. 치료에 대한 의지가 굳어서인지 뜸도 전침도 잘 참아냈다.

10여 일 정도 지나고 나니 조금씩 감각이 살아나는 듯 자침하거나 뜸을 뜨면 반응하기 시작했다. 그렇게 한 달 정도 지나자 일단 하지 감각에 변화가 있었다. 두 달쯤 지나서는 양손을 잡고 밀고 다니는 보행보조기를 사용하여 한 발씩 걸음을 뗄 수 있게 되었다.

2월 15일 코로나 때문에 봉사실 문을 닫은 후에도 그녀만은 한

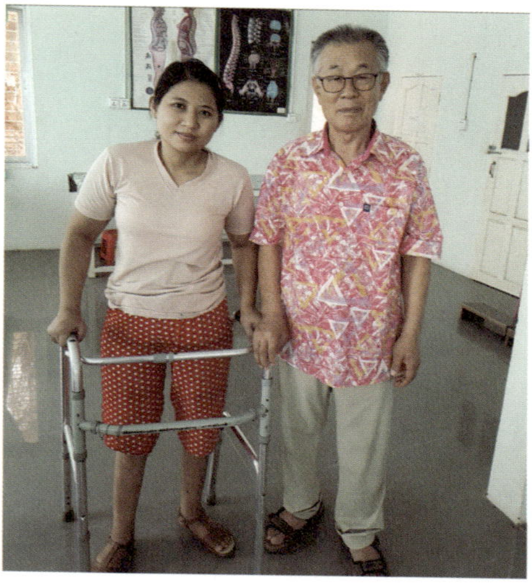

2개월 치료 후
보행보조기를 짚고
일어서다 2020.04.22

동안 치료를 계속해 주었다. 내가 6월경 귀국할 즈음에는 신경도 살아나고 다리에 근육도 생겨 보행보조기를 잡고 어렵지 않게 걸을 수 있게 되었다.

그 어머니는 몇 번이나 감사의 인사를 하며 자기 집 주소와 약도까지 그려주며 꼭 들려 달라고 신신당부했다.

교통사고로 하반신이 마비되었던 그(Grace Su Su Hlaing)가 회복되어 오토바이 타는 사진을 페이스북에 올렸다. 2022.1.2.

그 후 그가 페이스북에 올린 사진을 보면 오토바이도 타는 것 같았다. 나의 도움으로 한창나이의 젊은이가 건강하고 밝게 사는 모습을 보면 가슴 뿌듯하고 행복하다.

따바와센터 밖에서 생긴 일

코로나가 세상에 서서히 얼굴을 내밀기 시작하던 2020년 초였다. 한인회를 통해 양곤에서 유명한 침구사가 봉사한다는 소식을 접했다.

침도 맞고 인사도 할 겸 찾아갔다. 얼마 전부터 나는 척추관 협착증 때문에 기회가 되면 뜸도 뜨고 침도 놓고 하며 지내고 있으니 치료받고 효과를 본다면 더없이 고마울 터였다.

그의 봉사실엔 제법 환자들이 많아 한참을 기다려 침을 맞았다. 수지침을 손가락에 여러 개 꽂아놓고는 기도하는 방식이었다.

실망스럽긴 했지만, 신세를 졌으니 자리를 주선한 한인회 봉사위원장과 침술인 등 몇 분에게 음식을 대접했다. 자연스레 내 소개를 하자 그들은 오히려 나에게 침 맞기를 청하여 조금은 분위기가 우습게 되고 말았다.

암튼 그것이 인연이 되어 얼마 후 한인회 봉사위원장에게 침을 놓아주었다. 매우 흡족해했다.

원래 효과가 좋으면 환자는 모이는 법이지만 그 일을 계기로 제법 여러 명의 환자가 내가 묵고 있는 양곤의 호텔로 찾아왔다. 그렇게 따바와센터가 아닌 양곤에서 환자를 치료하면서 다양한 사람들과 연을 맺게 되었다.

그중 오랫동안 노이로제로 고통받던 젊은 사업가가 있었다. 그를 치료하고 나니 양곤에서 멀리 떨어진 다른 도시에 있는 지인의 치료를 간청했다.

양곤에서 만달레이 인근 도시인 핀우린까지 가는 길.

나도 마침 코로나 환자의 발생 소식에 따바와센터 봉사실도 문을 닫고 쉬고 있을 때였다. 나로서야 환자만 있다면 어디든 가는 사람인데 마다할 일이 아니었다. 그렇게 목적지도 모른 채 다음 날 새벽 다섯 시에 호텔을 출발하기로 했다. 체크아웃하려니 벌써 며칠 묵은 호텔비 계산을 끝냈다고 했다. 호텔비가 제법 될 텐데 고마운 일이었다.

문제는 코로나 확산 방지를 위해 요소요소에 교통통제를 하고 있어 무난히 갈 수 있을지 걱정이었다. 그래도 이미 그곳에 오랫동안 살아 온 그들은 검문소가 없는 도로를 잘도 찾아가며 8시간 만에 목적지 핀우린에 도착했다.

핀우린까지 왕진 가서 노인 좌골신경통 치료

핀우린(Pyinoolwin)은 미얀마 북부 만달레이에서 동쪽으로 67킬로미터 정도 떨어진 작은 휴양도시이다. 그 도시는 나도 처음이지만 지대가 높아 시원하고 계획도시로 건설되어 살기 좋은 곳이라 했다.

호텔에 도착하니 양곤에서 만나 식사를 같이했던 분들을 다시 만났다. 반갑고 마음도 편안했다.

다음날 그를 따라 병명도 모른 채 환자를 찾아갔다. 집이 생각보다 좋았다. 정원도 널찍하고 건물 규모도 큰 것으로 보아 꽤 재력이 있는 듯싶었다.

환자는 86세의 남자였다. 좌골신경통으로 허리가 아파 걷기도 힘들고, 좋아하는 골프도 못 친다며 치료를 부탁했다. 체격은 크지 않은데 노인이라도 몸은 제법 탄탄했다.

일단 엎드리게 한 후 0.25×50밀리 침으로 요추 3, 4, 5번의 협척혈과 팔료혈에 모두 심자를 했다.

원래 팔료혈은 작은 구멍이라 제대로 침을 자입하기가 쉽지 않은데 그날따라 하나같이 다 잘 들어갔다. 침 끝이 신경을 자극할 때마다 온몸이 꿈틀거렸다. 치료 효과가 좋을 것 같은 예감이 들었다. 질변혈도 장침으로 좌골신경을 작탁하며 강하게 자극해 주었다. 협척혈과 팔료혈에는 전침을 물린 후 강약을 조절해 가며 40분 정도 유침했다.

처음 침을 맞아 본 그는 긴장한 듯 조심스레 일어나 허리를 돌려

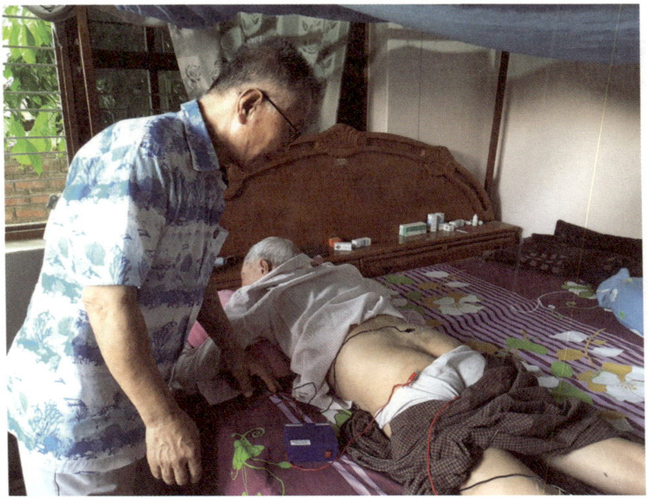

좌골신경통
침 치료
2020.05.21

보고 숙여보고 하더니 나를 쳐다보았다. 저리고 아픈 통증이 싹 사라졌다고 했다. 함께 갔던 봉사위원장과 소개자, 정 사장도 모두 다 기뻐했다.

그렇게 치료를 마친 후 호텔로 돌아와 쉬고 있는데 잠시 후 손님이 찾아왔다. 오전에 치료받은 노인의 며느리라고 했다. 고급 과일을 한 바구니 가지고 와서 공손히 인사를 하고 돌아갔다.

마당에서라도 걷게 해 달라는 소원

다음날 찾아간 집에는 70세의 남자 당뇨 환자가 누워있었다. 간도 나빠져 손발톱 모두 골이 파이고 뒤집혀 있었다.

그 집 역시 정원도 넓은 훌륭한 저택이었다. 환자는 그저 마당이라도 걷게 해달라는 것이었다. 딸도 아버지가 다시 걷게 되는 것이 소원이라고 했다.

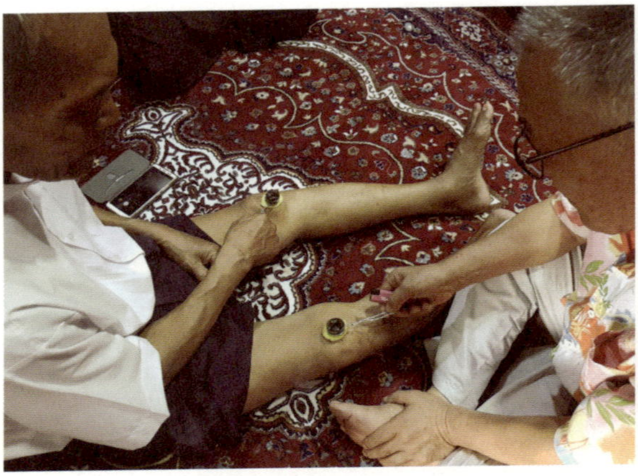

간염과 무릎관절염으로 걷지 못하는 사람에게 침을 위주로 놓고 마늘뜸도 겸하며 치료했다. 2020.05.21

원래 고령의 당뇨 환자는 마음처럼 쉽게 치료가 되지 않는다. 그래도 못하겠다고 할 수는 없으니 일단 화혈에 침을 놓고 염전을 했다. 혈액순환을 촉진하고자 십선혈을 따서 방혈을 하고 다리에 힘을 실어 주고자 독비와 양릉천에 전침으로 자극해 주었다. 부항이나 뜸은 고령의 당뇨환자에게 쓰기는 적절치 않을 것 같아 침을 위주로 치료했다.

침을 놓는 내내 곁에서 딸이 지켜보고 있었는데 약사라고 했다. 그렇게 3일간 치료해 주었지만 걸을 수 있을지는 의문이었다. 그런데 다음날 딸이 찾아와 아버지가 걷는다며 기뻐했다. 감사함의 표시로 우리 일행을 고급 식당으로 초청하여 최고의 요리로 화답해 주었다.

고령의 환자에게서 그렇게 빠른 효과를 본다는 것은 의외였다. 내 생각으론 침도 처음인 데다 제법 센 자극을 잘 견뎌서 효과가 난 것이 아닌가 싶었다.

양곤으로 돌아와 받은 제안

핀우린에서 열흘 정도 봉사와 여행을 마치고 양곤으로 돌아왔다.

양곤의 호텔에 돌아온 지 이틀 만에 손님이 찾아왔다. 밖을 보니 멋진 세단차를 타고 온 것 같았다. 함께 온 한인회 봉사위원장이 나를 찾아온 손님이 핀우린에서 치료했던 86세 노인의 아들이며 해군 중령이라고 소개했다. 세련된 중년의 여인은 그의 부인으로 건설회사 대표였다.

그는 부친의 치료에 대한 인사라며 두 번이나 자택으로 초대하여 근사한 만찬을 베풀어 주었다. 사업가이자 권력자의 집이라 제법 품격과 규모를 갖추고 있었다. 대화 중에 핀우린의 부친이 3성 장군 출신이라며 이런저런 집안 이야기를 들려주었다.

그러면서 자기 또한 좌골신경통이 있다며 치료받기를 원했다. 그도 서너 번의 치료를 통해 효과를 보자 아주 고마워했다. 코로나 때문에 따바와 명상센터의 침구 봉사실을 닫은 뒤 짧은 기간 동안 다양한 사람들과 교유하며 인적 네트워크를 넓힐 수가 있었다.

핀우린에 같이 갔던 한인 사업가들도 치료과정을 모두 보았다. 어쩌면 거짓말 같기도 하고 마술 같기도 한 치료 장면을 보면서 나에게 푹 빠져드는 듯싶었다.

그들은 나름대로 미얀마에서 오랜 세월 온갖 풍파를 거치며 여러 기반을 구축하고 있는 사람들이었다. 그중 정 선생이라는 분은

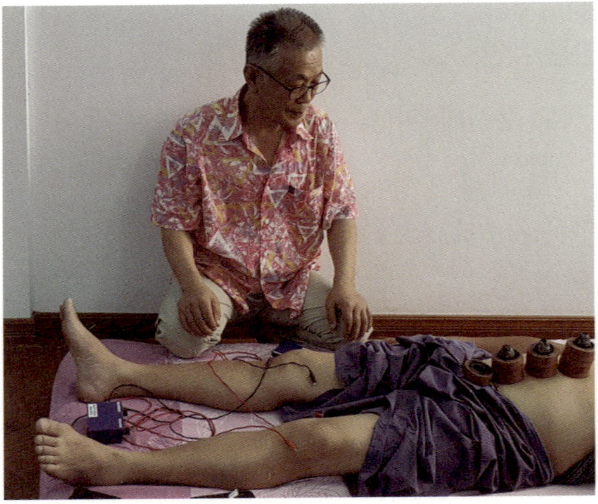

아버지의 좌골신경통이 치료되자 해군 중령인 아들도 무릎 통증과 기력저하를 호소하며 침뜸 시술을 요청했다.
2020.06.04

국내 유수의 언론사에서 기자로 근무하다가 이십여 년 전 미얀마에 정착한 사람이었다.

양곤대학교와 만달레이대학교에 코리아센터를 만들어 한국어와 한국문화 및 영어 교육사업과 호텔을 운영하고 있었다. 또한 만달레이 전통의과대학에 우리나라 침술을 소개하는 일도 했다면서 나의 침술에 관심을 갖기 시작했다.

이틀 후 핀우린에 있던 정 사장이 일부러 나를 찾아 양곤으로 왔다. 그리곤 다짜고짜 내가 봉사하던 따바와센터로 가자고 했다. 아마도 나의 모든 것을 다시 한번 직접 확인하고 싶은 것 같았다.

그렇게 내가 봉사하던 곳을 둘러보고 치료받은 환자들의 이야기, 내가 생활하던 숙소를 다 돌아보고는 "선생님 정말 대단하십니다. 어떻게 그 연세에 이런 환경에서 오랜 시간 지내셨냐"며 놀라워했다.

"양곤에 있는 전통의과대학에 제가 침구학과를 만들 수 있습니다. 제가 그 대학 총장도 잘 알 뿐 아니라 미얀마대학의 학과설립 절차나 조건 등도 이미 경험을 통해 익히 알고 있습니다. 이젠 혼자서 힘들게 봉사하지 마시고 제자 양성에 힘쓰도록 하시죠. 만약 선생님이 강의를 시작하신다면 의사들도 많이 모일 겁니다."

이렇게 이야기하며 권유하는 것이었다. 핀우린에서 환자가 침술로 치료되는 것을 눈앞에서 목격하고 나에게 이러한 제안을 한 것이었다. 나로서야 그리 생각하고 인정해 주는 것만으로도 고마운 일이었다.

이미 80을 넘긴 나이에 무슨 욕심이 있겠는가. 나는 누구에게나 도움이 되는 일이라면 내가 아는 모든 것들을 아낌 없이 내주고 싶을 뿐이다. 꿈을 꾸고 그것을 성취해 나가는데 나이가 대수겠는가. 기회가 주어진다면 내 인생의 화룡점정은 미얀마에서 찍고 싶다.

그동안은 주로 따바와센터에서 가난하고 힘없는 환자들만을 위해 거의 매일 침뜸봉사를 하다 보니 교유의 폭이 넓지는 못했다. 그러던 중 뜻밖에 코로나 상황을 맞아 양곤과 핀우린을 오가며 새로운 인연을 맺게 되었다.

하지만 그해 3월부터는 코로나19의 위기감이 죽음의 전령사처럼 확산하며 한국으로의 정기 항공노선마저 끊길 위기에 처했다. 한국에서는 가족들과 친지들이 하루가 멀다고 귀국하라며 독촉했다.

그래도 곧 지나가리라 생각하며 환자들에게 침구치료를 해 주며

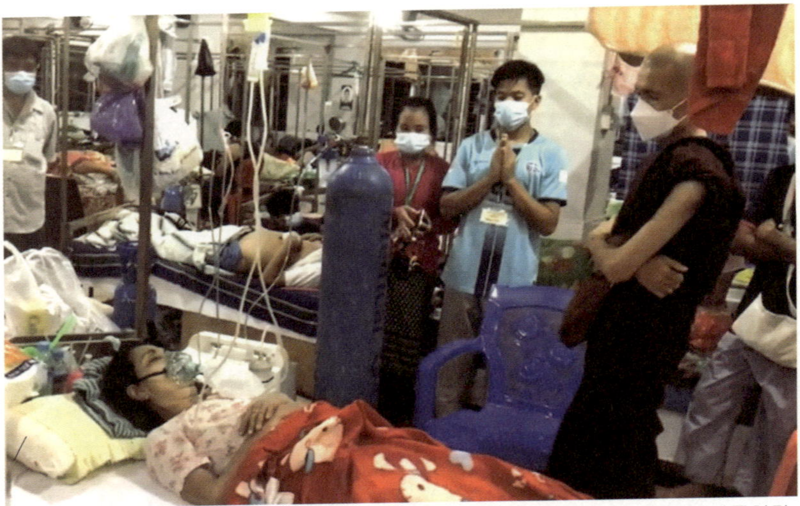

2020년 미얀마에도 코로나가 번져 따바와센터는 극심한 어려움 속으로 빠져들었다.
사야도 스님은 코로나 병실을 순회하며 산소 공급 상황을 확인하고 있다.

버텨보았다. 하지만 시간이 지날수록 코로나라는 괴물이 만들어 낸 난리가 하루 이틀에 끝날 것 같지 않았다.

부랴부랴 1주일에 한 번으로 줄어든 항공권을 구해 6월에 급거 귀국하게 되었다.

한국침구인들의 미얀마 난민 돕기

2021년 봄 코로나19 때문에 한국에 머물고 있을 때였다.

세계 각국이 국경봉쇄와 출입국 제한 등으로 경제적 어려움이 점차 심화하고 있었다. 천재지변이나 전염병 할 것 없이 재난이 발생하면 선진국보다는 후진국이 더 큰 내상을 입게 되는 것은 당연한 이치다. 미얀마도 어느 나라보다 많은 어려움을 겪고 있었다.

설상가상 2021년 2월 1일에는 군사쿠데타까지 발생했다. 시간이 지나며 쿠데타를 반대하는 시민들의 봉기가 여기저기서 들불처럼 일어났다. 미얀마 내정과 치안은 한 치 앞을 내다볼 수 없는 지경이었다.

유엔을 비롯한 세계 각국의 인권단체에서 성명을 발표하고 국제적 압박을 가해도 군부는 인권탄압을 멈추지 않았다. 부녀자와 어린이들이 피란길에 올라 죽음의 문턱에서 몸부림치는 현장의 목소리가 방송과 SNS 등을 통해 속속 들려왔다.

더욱이 나에게 치료받고 페이스북 등 SNS로 연락이 되는 미얀마 지인들이 여기저기서 사진과 영상을 보내왔다. 한국에 있으면서도 늘 미얀마 소식에 귀 기울이며 마치 고향의 재난 소식을 듣는 것 같아 하루도 마음 편할 날이 없었다.

국제 인권단체는 물론, 한국의 민간단체에서도 생필품이나 구호금을 보낸다는 소식을 접하게 되었다.

늘 가슴 아파하면서 뭔가 도움이 될 만한 일이 없을까 고민하던 중 허임기념사업회 손중양 이사장과 이야기를 나누었다. 사업회는 미얀마 침뜸봉사 현장을 다녀간 이후 법인 차원에서 봉사와 교육을 위한 방안을 모색하며, 코로나 상황이 끝나기만을 기다리고 있을 때였다.

손 이사장은 법인설립 취지에도 맞으니 우선 생존의 위협을 받는 난민들을 위해 조금이나마 후원금을 모아보자고 제안했다. 그런데 모금도 중요하지만, 여러 사람이 후원하는 만큼 전달이나 집행 과정도 투명해야 하는데 어떻게 해야 좋을지 그것도 걱정이었다.

그때 마침 미얀마에서 귀국 전 나의 침 치료를 도와주며 침술 효과에 매료되어 여러 제안을 했던 정 선생이 떠올랐다. 즉시 정 선생에게 연락하여 우리 뜻을 전하니 아주 좋은 생각이라며 쌀과 생필품을 사서 난민들에게 전하겠다고 화답했다.

그렇게 미얀마 후원 모금은 시작되었다. 먼저 허임기념사업회 회원들에게 제안했다. 1차로 4월 8일부터 12일까지 나흘 동안 2백만 원을 모금하여 온라인으로 송금했다. 많은 금액은 아니나 미얀마에서는 한국에 비해 10배 이상 돈 가치가 있다.

얼마 후 그 후원금으로 전달한 물품 명세서와 사진을 보내왔다. 양곤과 만달레이에서 사망, 구금된 가정과 국경지대 빈민 자녀들을 수용하는 공동체에 쌀과 식용유 빵 라면 등을 전달했다는 것이었다.

그 내역과 사진을 단체 채팅방에 올리자, 침구인들을 비롯하여 여러 지인들이 추가로 후원금을 보내왔다. 그래서 5월엔 2차로 2백만 원을 또 보낼 수 있었다.

2차로 보낸 후원금 2백만 원은 인도와의 국경지대 난민촌 한 곳

침구인들의 미얀마 후원금으로 난민들에게 쌀과 생필품을 사서 전달하고, 현장을 찍어서 보내온 사진. 양곤 인근과 국경지대에까지 물품이 전달됐다.

과 양곤의 공장지대 한 곳, 인근 극빈 마을 등 세 곳에 나누어 쌀과 생필품 등을 전달했다.

양곤에서 인도 국경지대까지는 거리도 멀 뿐 아니라 전달하는 NGO 활동가가 많은 검문을 거쳐 가야 했고, 게다가 인도는 코로나로 가게가 문을 닫아걸어 생필품 사기도 어려웠다고 했다.

난민들의 상황이 날로 악화되고 있다는 뉴스를 보며 침구인들의 후원금 모금은 계속 이어졌다.

6월 말에 보낸 3차 미얀마 후원금 2백만 원은 양곤 지역과 중국 국경 지역 두 곳에 쌀로 전달됐다고 했다.

중국과의 국경지대에 쌀을 전달한 곳은 빈민가의 어린이들이 공동체를 이루고 사는 지역이었다. 이곳은 사진에서처럼 대부분 아이가 쌀 포대를 받아들고 갔다.

전달하고 보내온 사진을 보니 정말 얼마 되지 않은 돈이지만, 가난한 이들에게는 살아가는 데 큰 도움이 된 듯했다.

4차 후원금은 따바와센터로 전달이 됐다. 그곳에는 당시 코로나 중증 환자가 속출하고, 사망자도 많아 매일 20여구 시신들이 관도 없이 트럭에 실려 화장터로 가고 있다고 했다. 정 선생의 말로는 명상센터에 북적이던 외국인 봉사자들도 사라지고, 쌀이나 의약품도 없으며 심지어 내가 봉사하던 곳에는 어린아이들만 울고 있었다고 전해왔다.

그곳의 후원금 2백만 원은 쌀과 식용유, 의약품 등으로 전달되었다. 후원 물품을 전달하고 따바와센터 설립자인 사야도 큰스님을 인터뷰한 내용도 전해왔다.

큰스님은 인터뷰에서 “기도하며 약자들을 돕고 이웃을 돌아보는 삶이 여기 센터가 추진하는 일”이라며 “쌀, 식용유, 의약품 등을 후원해주신 정일교 원장님과 한국의 침구인 단체에 감사를 드린다.”며 감사의 인사를 전해왔다.

그는 “따바와센터에는 약 4천여 명이 숙식하고 있고, 그중 5백여 명이 명상을 하고 있다.”고 소개하며 “대부분 가난한 환자들이고 치유를 기다리고 있다.”고 했다. 또 그는 “코로나 환자가 몰려오고 있는데 지금 시설이 부족해 2백여 명 정도만 받고 있는데, 산소와 의약품 등이 부족해 환자들이 하루 20명 가까이 사망하고 있다.”고 전하고, “향후 1천5백 명 정도 수용하는 병동을 세우려 하는데. 병원이란 의약품과 의료기가 있어야 하여 많은 도움이 필요하

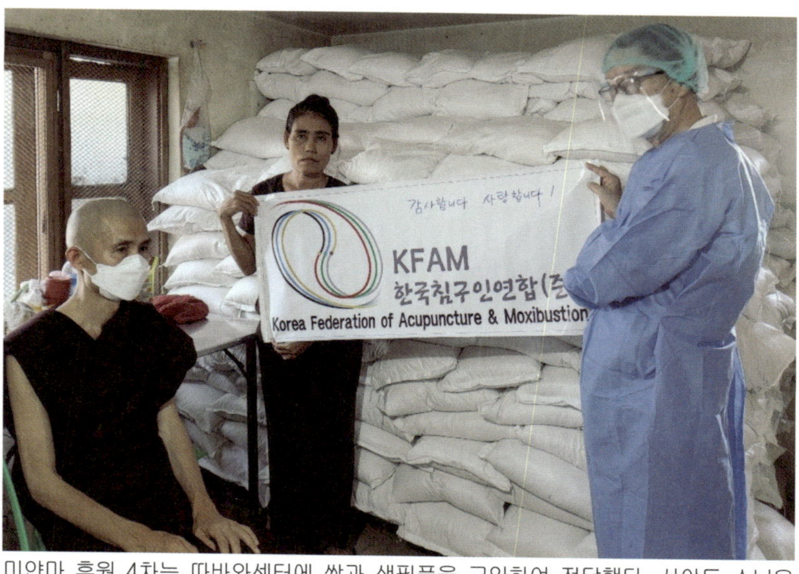

미얀마 후원 4차는 따바와센터에 쌀과 생필품을 구입하여 전달했다. 사야도 스님은 시설이 부족하여 많은 환자들이 사망하고 있다며 병원 설립이 필요하다고 했다.

다."라며 재정적인 지원도 호소했다.

그리고 제5차 후원금은 2021년 9월 양곤과 바고의 빈민지역에 식량으로 전해졌다.

이로써 4월부터 5개월간 한국 침구인들 160여 명이 1천여만 원을 모금했고, 다섯 차례에 걸쳐 미얀마 현지로 보내졌다. 이 성금은 식량을 중심으로 생존을 위한 필수물품이 되어 고난에 처한 사람들에게 전달되었다.

비록 많은 금액은 아니지만 여러 사람의 정성과 사랑을 담아 보내고 나니 조금이나마 마음이 가벼웠다.

'저 낮은 곳'을 향하여

후원금을 보내며 난민을 돕던 사이 미얀마는 코로나뿐 아니라 내전도 악화하여 갔다. 가고 싶어도 갈 수 없는 금단의 땅으로 변해가고 있었다.

그러나 내 마음은 나이만큼이나 기다릴 여유가 없다. 2021년 8월부터 미얀마로 다시 들어갈 계획을 추진했다.

하지만 정부가 꼭 필요로 하는 시급한 비즈니스 외에는 일체의 비자 발급이 중단된 상태였다. 미얀마 대사관을 몇 번 찾아가 상담하였으나 돌아오는 답은 똑같았다.

본국의 지시에 따라 명상비자나 관광비자는 일체 발급이 중지되었고 긴급한 비즈니스 비자마저도 본국에 보고하고 승인받아야 한다는 이야기였다.

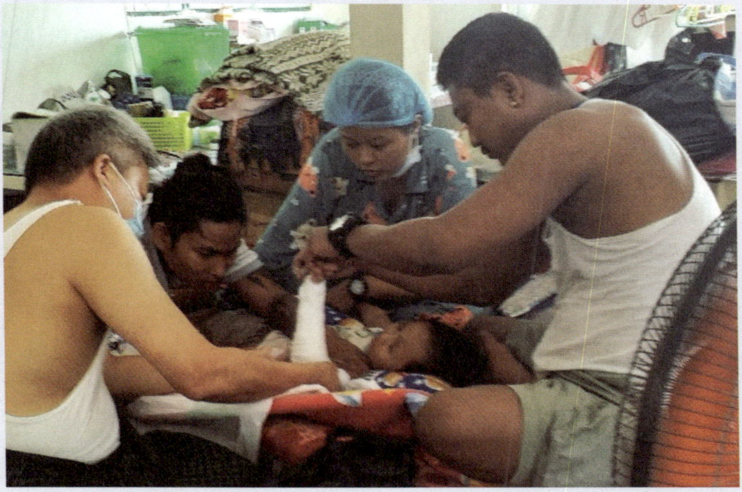

2021.08.10.

따바와센터 안타까운 소식에 마음이 급해졌다.

2021년 8월10일 따바와센터에 미얀마 난민을 돕기 후원 물품을 전달하기 위해 따바와센터를 방문한 정선교 선생이 "따바와센터에 가난한 코로나 환자들도 몰려오고 있고, 매일 20여 구 시신들이 관도 없이 트럭에 실려 화장터로 가고 있다. 4천여 명이 기거하는 이 명상센터엔 이제 외국 배낭족들도 사라지고, 쌀도 부족하고 의약품도 없다. 한국침술클리닉 병상엔 팔이 부러진 어린아이가 울고 있다. 어른들은 해 줄 수 있는 게 아무것도 없다."라는 소식을 전해왔다. 안타까움에 마음이 급해졌다.

그러나 나는 포기하지 않았다. 반드시 뜻이 있으면 길이 있는 법이다. 몇 번의 시도 끝에 어렵게 주한 미얀마대사 비서와 연결이 되었다.

나는 그간 미얀마에서의 봉사활동 사실과 그곳에서 많은 지인이 치료받기를 원한다는 카톡이나 페이스북 친구들의 소식 등을 전하며 비자 발급을 요청했다.

그도 매우 난감한 듯했다. 내 나이와 그간의 활동을 보아도 문제는 없어 보였는지 대사와 상의해 보겠노라 했다. 다음날 비서로부터 연락이 왔다. 일단 신청해 보라며 구비서류를 알려 주었다.

따바와센터 주지 스님 추천서와 미얀마 방문목적 등을 첨부해 신청하되 발급 여부는 본국 승인이 나야 한다고 했다.

나는 5~6년간 미얀마에서의 봉사 실적과 그곳의 많은 지인이 나를 찾는다는 것, 그리고 마지막 남은 생을 그곳 환우들에게 봉사하며 살고 싶다는 사유서를 제출했다.

비서의 말로는 모든 서류를 본국으로 보내 결정이 나려면 2개월 이상 소요될 거라고 했다. 그러나 예상보다 두 달이나 더 지나 12월이 되어서야 본국으로부터 비자 승인이 됐다고 했다. 보통은 3개월 비자인데 1년짜리 장기 비자가 나왔다.

비자가 3월 1일 자로 되어있어 3월 중순쯤 미얀마로 출국하기로 마음을 먹고 있었다.

그러나 고비가 하나 더 남아 있었다. 자식들을 설득하는 일이었다. 같이 식사하면서 내 결심을 꺼내자, 예상했던 대로 펄쩍 뛰었다.

험지로 떠나려는 아비를 극구 말리며 걱정하는 자식들을 보니 마음 한편 든든하고 고마운 생각도 들었다.

자랄 때는 모든 것을 아내에게 맡겨놓고 밖으로만 떠돌다 보니 즐거운 추억은커녕, 살갑고 따듯한 사랑 한번 못 주고 키운 자식들이다. 어찌 보면 앞만 보며 달려온 내 삶의 고단함보다 영문도 모른 채 아비 따라 평탄치 못한 어린 시절을 보낸 그들의 세월이 더 힘들었을지도 모를 일이다.

자고로 아이들이란 안정되고 따듯한 가정에서 사랑받고 꿈을 키워야 하는데 부모의 한숨과 걱정 속에서 늘 불안한 어린 시절을 보냈을 그들이었다.

그래도 내가 오랫동안 온전히 사업에 몰두할 수 있었던 것도 자식들이 별 탈 없이 잘 살아 준 덕분 아니겠는가.

둘째 아들 의호도 내 사업의 영향으로 안정적인 학업을 이어 갈 수가 없었다. 그렇다 보니 일찍이 기술을 배워 자동차정비센터를 운영하며 제 길을 가고 있다. 워낙 건실하고 부지런한 덕분에 잘 지내고 있지만 때때로 힘들게 일하는 모습을 보면 모두가 내 탓인 듯 늘 안쓰럽고 미안할 뿐이다.

막내 화진이는 역시 딸이라 엄마를 먼저 보낸 후로는 어찌나 살뜰히 챙기는지 나이 들어 새로운 정까지 생겨난다. 더구나 팬데믹 기간 2020년부터 미얀마로 다시 떠날 때까지 2년 동안 딸과 함께 너무나 편안하고 즐겁게 보냈다. 나이 들어도 자식은 늘 애들 같은 존재인데 아들 둘 키워가며 씩씩하게 직장 생활을 하는 모습이 대견하기만 하다.

늙은 아비가 자식들에게 도움 줄 힘이야 없지만, 끝까지 건강하게 지내는 것만이 자식들 도와주는 것 아니겠는가.

자식들이 걱정하는 것도 이해는 된다. 현지에서 코로나라도 걸려 죽는 날이면 장사는 고사하고 자식들도 못 본채 쓰레기 소각장에서 태워 없어지고 말 수도 있기 때문이다.

나는 불교 신자가 아닌가. 굳이 따진다면 현생에 좋은 일을 하는 것이 중요하지 죽은 후에 껍질뿐인 육신이 뭐 그리 중요하겠는가.

내 결심이 완강하니 아이들도 코로나나 내전 중 하나라도 완화되면 가시라고 한발 물러났다. 아이들은 누구보다 내 성격과 의지를 잘 안다. 며칠간 실랑이하다가 결국은 출국 전 정밀건강검진이나 받고 가는 것으로 정리되었다.

그런데 어렵게 얻어낸 비자를 받고 출국일이 다가오는데 공교롭게도 장염이 걸렸다. 이러저러한 처방으로 낫는가 싶더니 3월 12일 출국할 날이 가까워져 오자 장염이 재발했다. 하루 열 번도 넘게 화장실을 드나드니 탈수증으로 기운이 빠져 종일 누워있다시피 하는 날도 있었다. 할 수 없이 미얀마 대사관을 찾아가 사정 이야기를 하고 어렵게 입국비자 날짜를 4월 12일로 한 달간 연장 조정했다.

사람들은 매월 몇백만 원을 써가며 생활환경도 열악하고 치안도 불안한 나라에 왜 그리 가려고 하느냐며 안타까워한다. 이유는 단순하다. 그곳은 내가 마음 놓고 치료할 수 있는 환자가 있고 그들은 나를 믿어주며 나는 그들을 통해 나의 존재가치를 확인받을 수 있기 때문이다.

무슨 조화인지 3월 말경 장염이 또 재발하여 다시 4월 출국도 어렵게 되었다. 다시 한번 미얀마 대사관에 가서 연기를 요청하자 5월부터는 입국 제한이 풀렸으니 언제라도 편할 때 가셔도 된다고 했다. 어찌 보면 좀 허탈하기까지 했다.

고난 겪는 미얀마 사람들 속으로

2022년 6월 20일, 3년 만에 코로나 때문에 가슴 졸이던 미얀마에 도착했다. 한창 뜨거운 남국의 열기가 오랫동안 장염으로 탈진한 내 몸을 지치게 했다.

지하 1천 미터의 음습한 탄광 막장도, 섭씨 40℃를 넘나드는 열사의 땅 사우디에서도 꿋꿋이 버텨온 나였지만 역시 나이 탓인듯했다. 몇 년 동안 마음속으로 계획한 일들은 많았지만 좀 더 신중하게 시작해야 했다.

어려운 가운데도 다시 돌아와 준 나에게 사야도 스님은 깊은 신뢰와 감사를 전했다.

하반신이 마비되어 처음 왔을 땐 앳된 소녀였던 릴라는 이제 숙녀티가 난다.

더욱이 미얀마 현지의 코로나 상태와 따바와센터의 사정과 내전 상황은 어떻게 진행되는지 전혀 모르는 상태였다. 늘 나를 도와주던 통역을 불러 저간의 사정을 들어보았다. 다행히 따바와명상센터는 종교시설이라 정부군이나 시민군이 그리 민감하게 예의주시하거나 특별히 위험한 곳은 아니라고 했다.

양곤의 호텔에서 며칠을 보내고 호기심과 설렌 마음으로 따바와센터를 찾았다. 사야도 주지 스님을 만나 그간의 사정을 들을 수 있었다.

코로나가 한창 번창할 때 환자 1천5백 명 정도를 수용했는데 그 중 5백여 명이 사망했다고 했다. 아무리 중증의 환자라 하더라도 3분의 1이나 되는 사람들이 죽어 나가다니 큰 충격이었다. 그 이야기를 들으니 불현듯 코로나 환자를 치료해 보자는 생각에 비자를

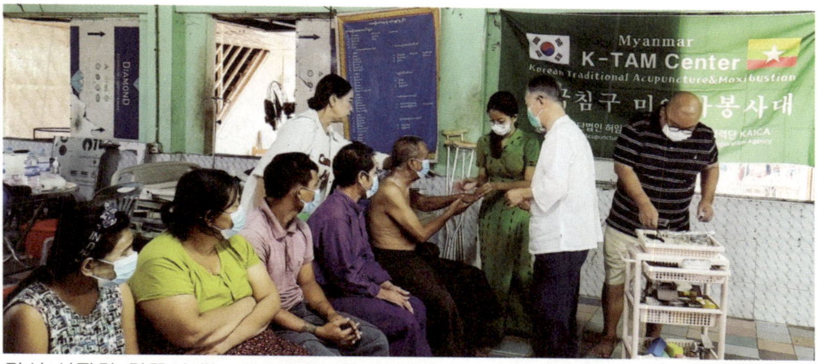

다시 시작한 침뜸실에는 한국침뜸이 널리 알려지길 바라는 마음에서 K-TAM (Korean Traditional Acupuncture&Moxibustion)센터라는 현수막을 걸었다.

신청하다 거부당한 생각이 떠올랐다. 그때 내가 있었다면 정말 도움이 될 수 있었을까? 아니면 나도 코로나의 희생양이 되어 그들처럼 세상을 떠났을까 이런저런 생각에 만감이 교차했다.

어려울 때 친구가 진짜 친구라는 의미일까? 주지 스님은 힘든 와중에 또다시 봉사를 위해 찾아온 나에게 깊은 신뢰와 감사의 인사를 전했다.

행정적으로 나를 도와줄 스님과 봉사실을 둘러보았다. 그곳은 예전의 치료실이 아니었다. 몇 개월 전 내게 초청장을 보내며 이미 더 넓은 곳으로 자리를 옮겨 깨끗하게 단장해 놓은 것이었다.

7월 1일부터 봉사를 시작했다. 그러나 처음 며칠은 환자가 많지 않았다. 그래도 오후가 되면 많이 피곤했다. 예전에는 나 홀로 6, 70여 명씩 치료했지만, 이제는 무리였다.

그리고 또 지속적으로 이 치료실을 운영하기 위해서라도 사람들에게 교육하기로 했다.

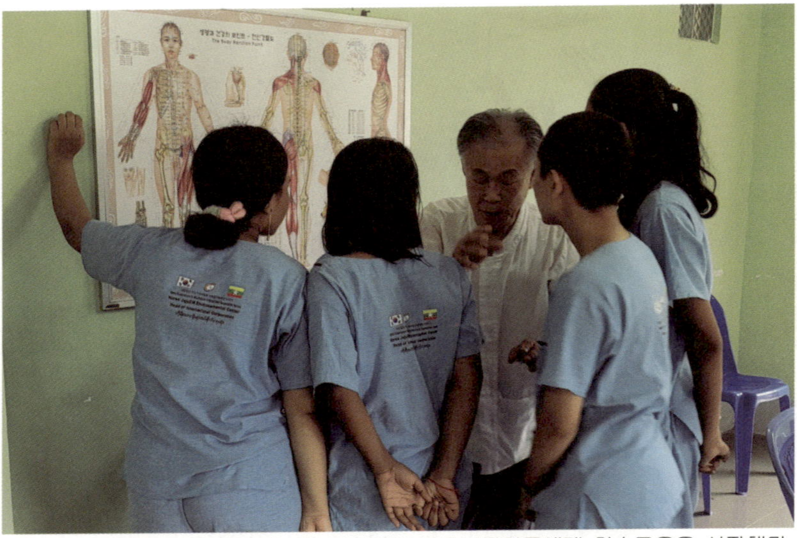

벽에 경락도와 경혈도를 붙여놓고 짚어가며 간호보조원들에게 침술교육을 시작했다.

센터에 내 뜻을 전하고 침을 배우며 봉사할 사람을 몇 명 선발해 달라고 했다. 스님은 따바와센터 내부의 병원에서 일하는 간호보조원 교육생 네 명을 추천해 주었다.

그곳은 자원봉사 형식으로 병원에서 6개월간 교육받고, 간호보조업무를 마치면 간호보조원 자격을 준다고 했다. 그런 봉사자들이 대략 2백여 명쯤 된다고 하는데 그중에서 선발된 사람이었다.

그들은 침뜸이라는 용어도 생소하거니와 바늘과 쑥으로 병을 치료한다는 것에 대하여 매우 신기해했다. 우선 경혈도를 펼쳐놓고 대략의 주요 혈과 경락의 흐름을 설명해 주었다.

특히 내가 주로 사용하는 수족의 12개 화혈과 임맥 독맥의 교회혈, 사관혈과 팔관혈의 위치와 염전하는 방법 등을 가르쳐 주었다. 역시 젊은 데다 이미 인체에 대한 기초 지식이 있으니 빠르게 습득

하였다.

그런데 그사이 내 소식을 듣고 미얀마 북부지역 전통의사회 회장이 아들을 데리고 와 침을 가르쳐 달라고 했다. 침을 배우는 문하생이 5명이 되었다. 통역을 통해 교육하니 의사전달이 쉽지 않고

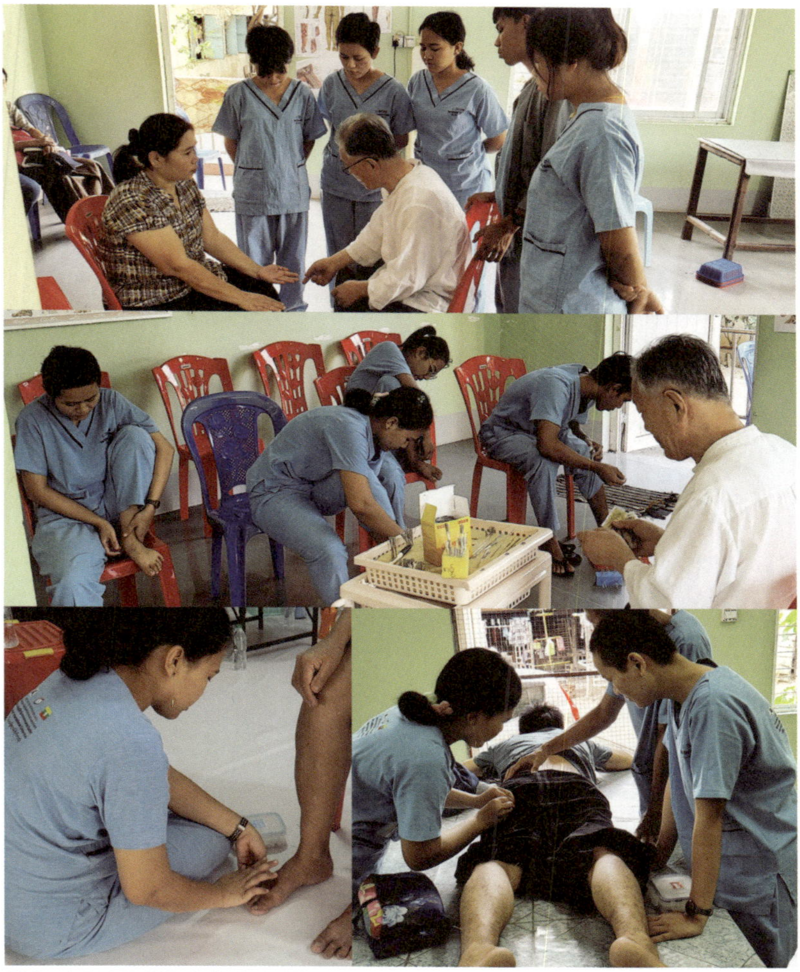

젊은 간호보조원들에게 혈자리를 알려주고, 자기의 몸에 직접 침을 놔보도록 하며 교육하자 빠르게 침술을 습득했다.

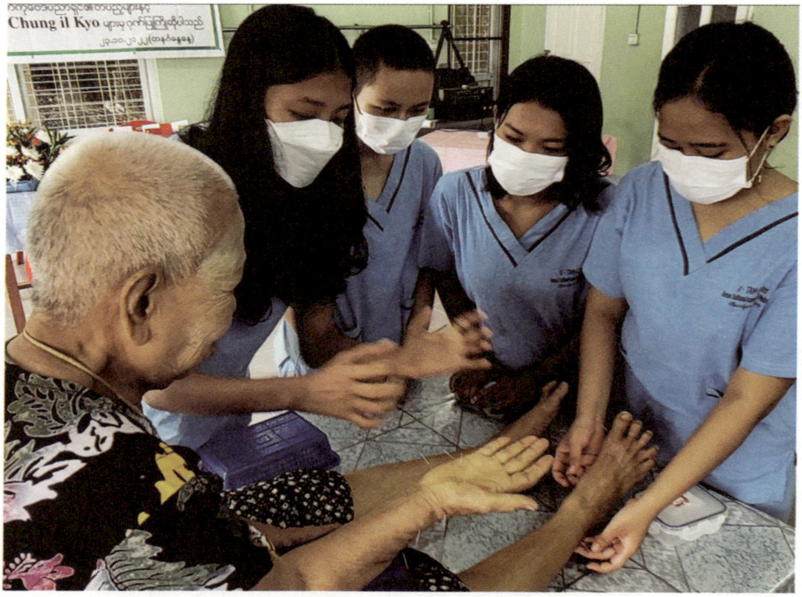

팔이 올라가지 않던 노인에게 교육생이 침을 놓자 팔이 올라가 침술의 효능을 실감하며 실기를 익히고 있다.

그들도 반신반의하며 교육받았다.

그렇게 2~3주쯤 지났을 때 간호보조원 교육생 한 명이 4년 전부터 손이 펴지지 않아 아무 일도 못 하던 아버지의 손을 치료하는 일대 사건이 벌어지게 되었다. 그들 부녀는 손을 잡고 환희에 울음을 터트리고 침의 효과에 반신반의하던 교육생들의 태도도 일시에 달라졌다.

사야도 주지 스님도 그 말을 전해 듣고 침뜸에 대해 더더욱 깊이 관심을 두게 되었다.

그렇게 두어 달이 지나자 다른 교육생들도 염전뿐만 아니라 간

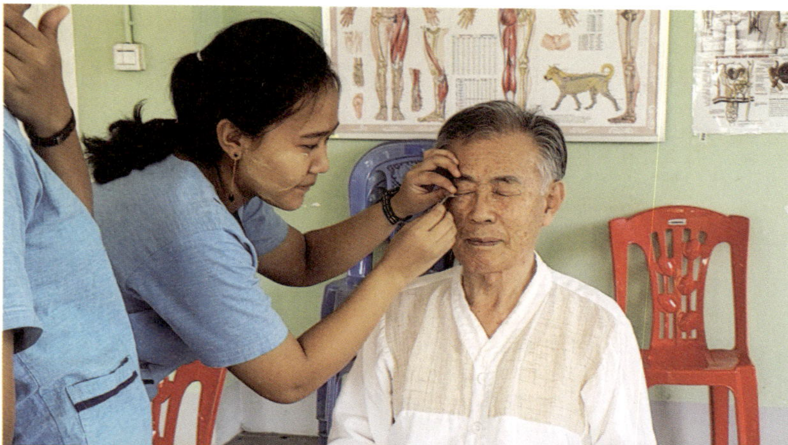

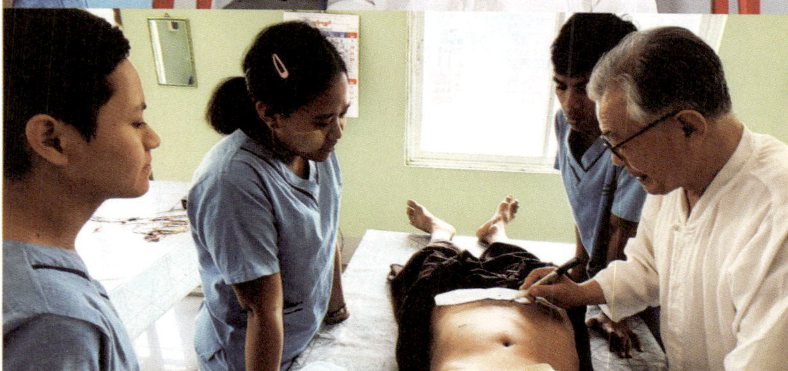

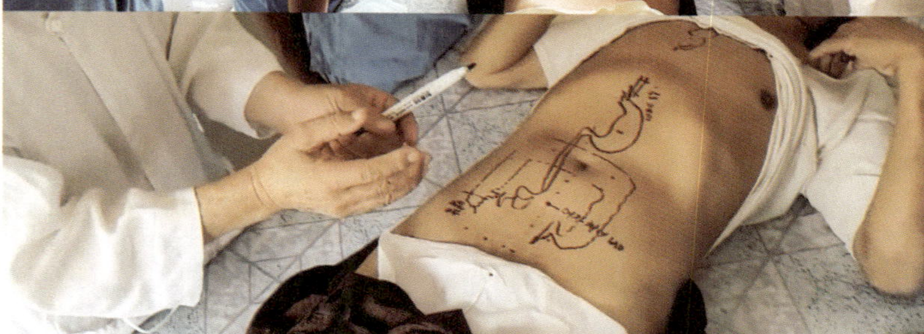

위: 눈 주변에는 실핏줄이 많아 멍이 들기 쉽지만 교육생들이 자신감 갖고 안전하다는 믿음을 갖도록 내 눈에 자침해 보도록 했다.
아래: 해부학적 이해를 돕기 위해 복부에 장기의 위치를 그려가며 간호보조원들에게 교육했다.

단한 견비통 정도는 스스로 치료할 수 있을 정도가 되었다.

그즈음 나도 좀 더 욕심을 내어서 주지 스님께 평소 생각을 이야기했다. 센터 내 의사들이 관리하는 양방병원 환자들을 의사들과 협진하고 싶다는 말이었다. 내 말을 들은 주지 스님은 별도로 다시 만나 상의해 보자고 했다.

약속 장소에는 병원을 총괄 관리하는 대표 의사가 나와 있었다. 나는 그간의 봉사 실적들을 설명하며 양방치료로 어려운 환자들을 같이 치료해 보자고 제안했다. 그는 이미 내 이야기를 들었다며 의외로 긍정적인 반응을 보여주었다.

침뜸치료를 인정하고 환자도 보내 주겠다는 것이었다. 그것만으로도 무언가 큰 성취를 이룬 기분이었다. 아무리 미안마라도 양방 의사가 침뜸을 공식적으로 인정하고 협진을 인정하기란 쉽지 않기 때문이었다.

그렇게 대내외적으로 인정을 받자 교육생들도 조금씩 더 늘어났다. 2023년 초에는 간호보조원만 7명이 되었다.

미얀마 전통의사들도 여러 명이 침을 배우겠다고 찾아왔다.

시간이 지날수록 교육생들의 실력도 일취월장하여 침술의 효과를 나타내기 시작했다. 교육생들이 열심히 공부하고 또 봉사를 병행한 결과 웬만한 근골격계 질환 정도는 능숙하게 치료하게 되었다.

환자 수가 늘어도 전혀 문제가 없었다. 환자들의 호전되는 모습에 흥미를 느낀 간호사들은 질문도 많아지고 봉사실의 분위기도 한

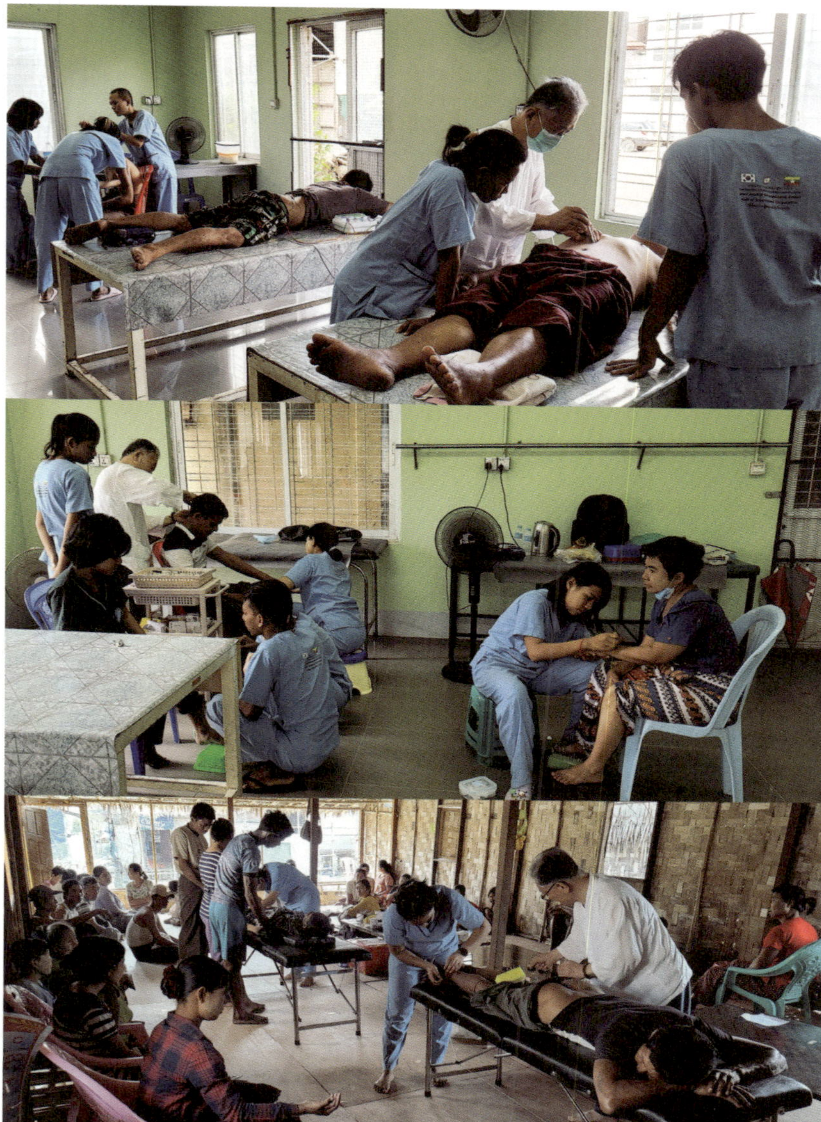

교육생들은 두어 달 교육을 받자 능숙하게 침을 놓았다. 교육 중의 간호보조원들도 침을 놓게 되니 환자 수가 늘어도 문제가 없었다.

층 뜨거워졌다.

비록 정규 교육기관은 아니지만, 간호 인력을 지원받아 침뜸을 교육하는 만큼 어디를 가나 침구사로서 제 몫을 다하고 인정받는 침구사로 만들어 주고 싶었다.

매주 월수목 3일이 교육하고 봉사하는 날이다. 교육생들은 매일 아침 스승에게 삼배를 시작으로 하루를 열었다. 봉사 시작 전에는 경혈도를 손가락으로 짚어가며 12개 경락과 주요 혈을 익히도록 한다.

그리고 봉사가 끝난 후에는 견비통, 편두통, 요통 등 질환별로 치료 방법을 설명해 준다. 그뿐 아니라 수시로 질문하면서 긴장의 끈을 놓지 않도록 하고 있다.

또한 혈압과 혈당의 체크는 물론, 치료 후에는 엑스레이나 혈액 검사 자료도 받는 등 질병 관리 기록도 철저히 하여 추후 의학적 자료로도 활용할 수 있도록 대비하고 있다.

그렇게 6개월 과정이 끝나면 경혈과 질병의 관계 등 소정의 테스트를 하고 수료증을 준다. 제1기 교육생은 그런 과정을 거쳐 6명 중 5명이 수료증을 받았고 한 명은 탈락하였다.

또한 그 중 적극적이고 우수한 간호보조원 1명은 나의 지원으로 한국어 교육을 받고 있는데 앞으로 조교요원으로 양성할 계획이다.

전통의사회 소속 전통의사들은 고정관념 때문인지 교육효과가 부진했다. 그래서 일정한 수준이 되기 전까지는 그들이 요구하는 수료증도 발급하지 않았다.

미얀마 전통의사들에게 침뜸을 교육하는 중.
아래: 계족침과 왕쑥뜸으로 부인병 치료하는 방법을 미얀마 전통의사들에게 교육하고 있다.

한국침뜸을 배웠다면 침구사로서 최소한의 경혈과 치료기전, 자침술에 대한 기본소양은 되어야 하기 때문이다. 그것은 허임기념사업회의 위상과도 관계가 있지만 그들에게 침뜸을 가르친 나의 자존심이기도 하다.

다음 2기 교육생은 8명이다. 이들도 간호보조원 교육생 중에서 행정지원 스님과 교육생 관리 간호부장의 복수 추천에 의해 선발된 사람들이다. 1기 교육 경험을 바탕으로 조교 요원과 함께 좀 더 내실 있게 추진할 계획을 세웠다.

향후 침구교육과 관련하여는 여러 방안과 아이디어를 검토했지만, 내전 상태의 지속과 자본금 마련 등 현실적으로 운신의 폭이 그리 크지는 않다.

가장 실현이 가능한 방안은 현재 교육 중인 따바와센터 내에 약간의 시설 장비를 보완하고 좀 더 체계적인 교육계획을 수립하여 1

침뜸봉사 현장에서 6개월 교육과정을 이수한 수제자 히모 힌의 집(만달레이 인근)에 방문하여 어머니와 언니 등 가족과 함께 수료기념 사진을 찍었다

허임기념사업회에서 만든 『경락&경혈(탁상용)』을 선물로 받고 좋아하는 미얀마 전통의사들(아래)과 간호보조원 교육생들.

년 정도의 과정으로 운영하는 것이다.

이 안은 사찰의 동의와 약간의 교수진만 확보된다면 지금이라도 추진이 가능한 가장 경제적이고 현실적인 계획이다.

물론, 양곤의 전통의사회에서는 지금과 같이 한국의 허임기념사업회에서 발급해 주는 수료증만으로도 침술원을 운영할 수 있다는 의견이다. 그러나 그것은 일부의 사견일 뿐 전통의사회의 공식적인 견해는 아니다.

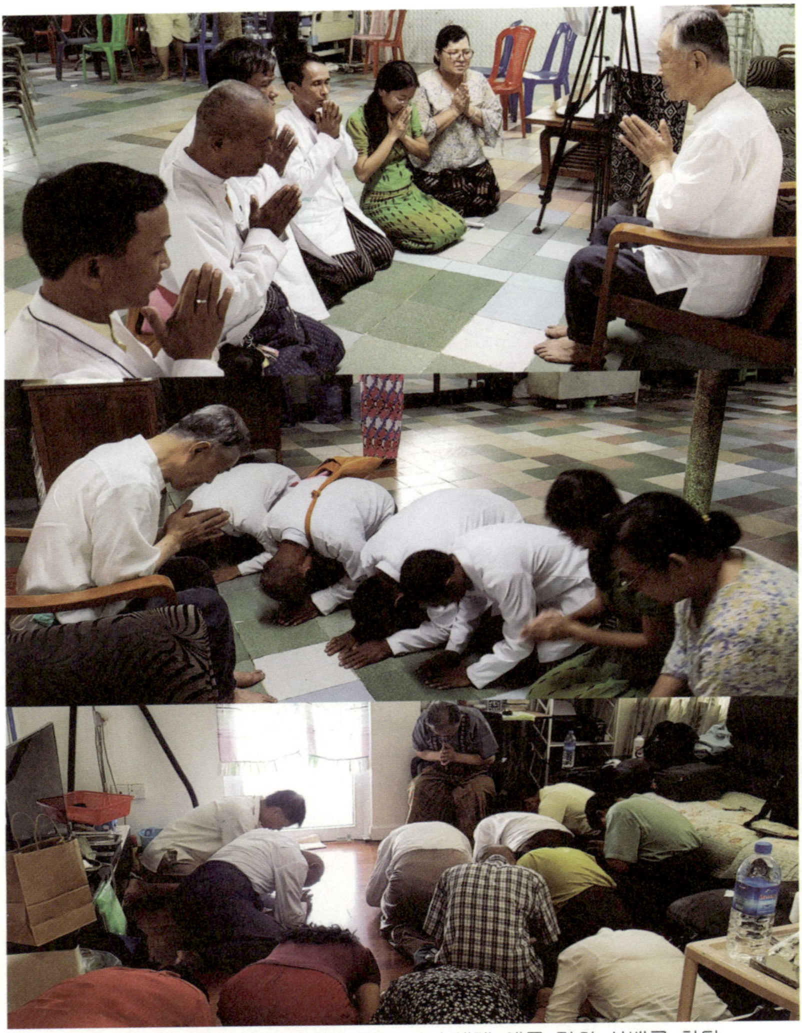

침뜸을 배우는 미얀마 전통의사들은 항상 스승에게 예를 갖춰 삼배를 한다.

2023년 4월. 일주일 중에 월 수 목요일 3일은 따바와센터에서 봉사하지만 그 외에는 양곤의 콘도에서 지냈다. 2월부터 콘도로 찾아오는 환자를 치료하다 보니 양곤에서도 하루 10여 명 내외의 환자를 치료하고 있다. 특히 주말에는 전통의사회 회원들을 대상으로 교육한다.

최근 50대 남자 환자가 오랫동안 견비통으로 고통스럽다며 치료받으러 왔다. 한마디로 어깨가 아파 팔도 못 올리고 일도 제대로 못한다는 환자였다.

교육 중인 전통의사들이 둘러보는 가운데 건측의 수족 삼양경 화혈에 침을 놓고, 20여 분 정도 염전 하며 치료했다. 유침한 상태에서 팔을 들어보라고 하니 마치 아무 일 없었다는 듯 즉시 그 자리에서 팔이 올라갔다.

환자는 물론, 전통의사들도 그 경이로움에 다 함께 소리를 지르며 박수치는 일이 있었다. 때때로 그렇게 마술 같은 일이 벌어지니 그들도 자꾸 침뜸의 세계로 빠져드는 것이다.

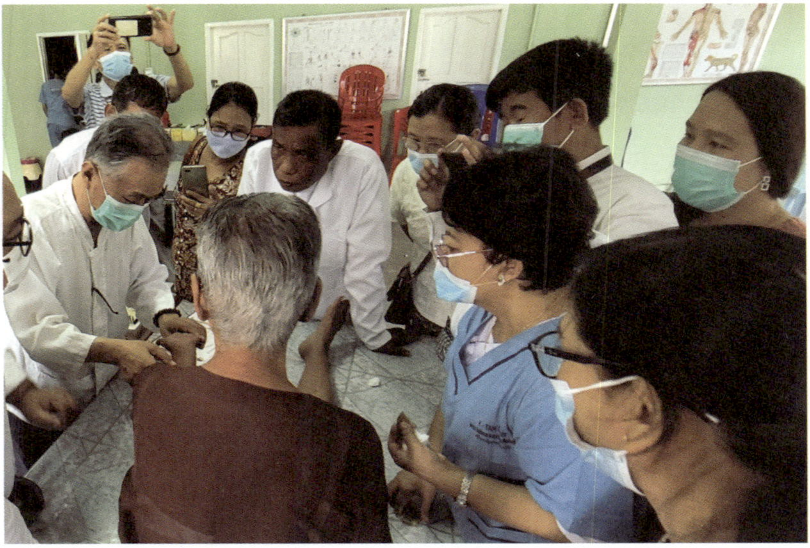

침뜸의 효능을 확인하자 배우겠다는 열의는 갈수록 뜨거워지고 있다.

한국침뜸 교육을 받는 미얀마 전통의사들과 간호보조원들이 한 자리에 모여 기념촬영을 했다.

또 다른 환자는 40대 주부인데 원인도 없이 상안검 눈꺼풀이 내려앉아 온갖 치료를 받아도 소용이 없다며 찾아왔다.

당장 아픈 것은 아니지만 한쪽 눈꺼풀을 들고 다니다시피 하니 얼마나 불편하겠는가. 물론 나도 그런 환자는 처음이지만 진중하게 치료를 시작했다.

우선 백회와 사총혈에 침을 놓고, 뜸을 떴다. 그리곤 목뒤의 천주와 풍지, 풍문, 아문에 자침하고 앞이마에서 독맥의 신회와 양옆의 담경도 상사자로 자침했다. 물론, 수족의 12개 화혈은 기본으로 자침했다.

그렇게 4회를 치료하자 눈꺼풀이 정상으로 돌아오는 것이었다. 환자는 물론이지만 나 또한 속으로 쾌재를 불렀다. 그는 치료비를 안 받는다고 해도 극구 2만 짯을 놓고 돌아갔다. 원화로 만원 정도지만 그들에게는 큰돈이었다.

사실 침뜸을 하다 보면 같은 증상의 환자는 한 명도 없을뿐더러 원인조차 가늠하기 어려운 증상도 많다. 그런데 그 경락의 흐름과 이치를 따라 가면 그런 효과를 볼 때가 많다.

미얀마의 아픔 치유에 한국 침뜸 이어지길

세상을 바꾸는 일은 반드시 많이 배운 사람이나 특별한 자격이 있는 사람만의 몫은 아니다.

내가 이렇게 끊임없이 도전하는 이유는 그간의 경험을 통해 충분한 확신을 얻었기 때문이다. 또한 세계 각국에서 활약하는 침구인들과 소통하며 간접경험도 공유하고 있다. 나 혼자의 임상과 봉사가 아닌 보다 많은 사람이 참여하는 지속 가능한 시스템을 마련하고 싶은 것이다.

내 나이 80도 훌쩍 넘었다. 예전 같으면 팔순을 넘긴 뒷방 노인이라 하겠지만 지금은 백세 시대니 아직은 무엇이든 좀 더 역할을 하고 싶다.

먼저 미얀마 간호보조원과 전통의사들에게 교육해 똑같은 방식으로 시술하고 증상의 변화를 기록, 분석해 보고자 한다. 그렇게 누적된 수치와 분석 자료가 있어야 설득력도 있고 사람들이 신뢰할 수 있를 것이다.

이것은 내가 무슨 이득을 얻기 위함이 아니다. 침뜸이나 EM이 의료 환경이 열악한 미얀마인들의 건강에 조금이라도 도움이 되었

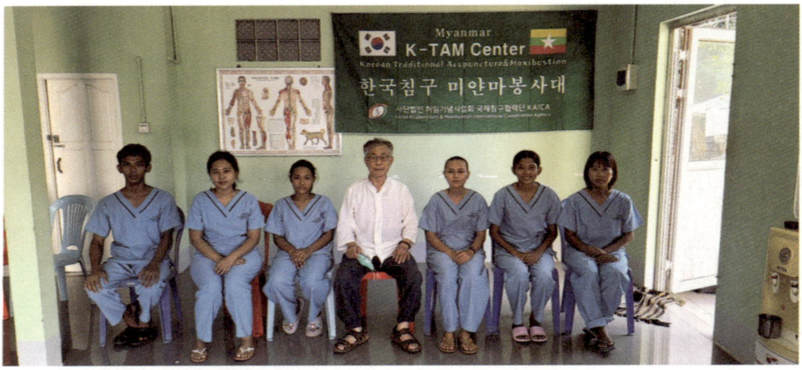

1차로 6개월 교육받은 교육생들

으면 하는 바람 때문이다.

내가 미얀마와 인연을 맺은 후 봉사활동을 위해 매월 200만 원 정도를 지출했다. 그것은 무언가를 기대한 투자가 아니라 환자를 치료하고 돌보는 재미에 스스로 한 일이었다.

우리나라에선 침이나 뜸으로 간단히 고칠 수 있는 환자를 보고도 눈감아야 하는 것이 현실이다. 그러나 미얀마에서는 그렇지 않다. 그리하여 현재 세계 여러 나라에서 오랜 임상과 봉사를 해 온 침구인들과 함께 소리치고 싶다.

한국이라는 좁은 나라에서 법조문에 기대어 큰소리치는 밥그릇 싸움은 걷어치우자. 이제는 좁은 울타리를 넘어 세계로 눈을 돌려 보자. 한 줌의 침과 뜸이면 세계 어디를 가도 보람 있게 살 수 있다.

사람은 꿈이 있으면 늙지 않는다고 한다. 나는 변명의 여지 없는 노인이지만 생각과 의욕은 젊다. 육십이 넘고부터 나이는 의식하지 않고 살아왔다. 실패와 죽음에 대한 두려움을 내려놓으면 오직 가능성만 보인다.

이제 얼마를 더 살지 모르겠지만 세상에 태어났으니 내가 할 수 있는 일은 하고 가야 하지 않겠는가.

남아 있는 시간이 그리 많지 않기 때문에 더욱 소중하게 보내고 싶다. 뒷일은 다음 사람이 하더라도 내가 할 몫을 다하고 가야겠다.

내가 마지막으로 바라는 것은 한국 침뜸으로 아픈 사람들의 고통을 조금이라도 덜어줄 수 있는 교육과 봉사체계가 미얀마에서 마련되는 일이다.

살아오면서 맺은 수많은 인연에 진심으로 감사를 드린다. 덕분에 참 아름다운 황혼이다.

~ ~ ~

… … …

… … …

… … …

채록 경위

이국렬
사단법인 허임기념사업회
국제침구협력단장

2017년 공직에서 은퇴하고 해외로 나갈 꿈을 꾸며 봉사에 매진하고 있을 때였다. 이미 나는 국내 사설교육원에서 침뜸교육을 받고 일본 침구대학을 나와 면허도 있는 상태였다. 하지만 우리나라에서는 무료봉사마저 불법이라 하니 해외로 나가야겠다는 생각뿐이었다.

그때, 허임기념사업회 주관으로 '침뜸한류 세미나'를 개최했는데 그곳에서 미얀마 봉사 사례를 발표하던 정일교 선생을 만났다.

힘찬 목소리와 번득이는 눈빛에 자신감이 넘쳐났다. 인사를 하자 같은 고향 사람이기도 하여 금방 친숙해졌다. 그렇게 시작된 인연으로 틈만 나면 만나서 많은 이야기를 나누었다. 만날수록 선생의 매력에 빠져들었다.

세상에 제일 좋은 볼거리가 사람 구경이라는 추사 선생의 말씀을 실감하게 되었다.

걸어 온 인생사, 치료경험, 상대에 대한 배려 모든 것이 늘 감동이었다. 그렇게 짧은 만남이었지만 때로는 스승처럼 때로는 친구 같은 사이가 되어갔다.

그해 4월, 미얀마에 따라가 1개월 동안 한 방 생활을 하며 침뜸봉사를 했다. 가만히 누워있어도 늘어지는 그 무덥고 열악한 환경 속에서 매일 몰려드는 5~60여 명의 환자를 치료하는 선생의 열정과 정성은 참으로 대단했다.

그렇게 둘이 호흡을 맞추다 2018년에는 함께 스페인과 독일로 침뜸봉사 여행을 다녀왔다. 독일에서는 선생이 30대 초반 광부로 일하던 북부 두이스북 지역의 은퇴 광부 간호사를 대상으로 침뜸봉사를 하였다.

그때 문득 선생의 이야기를 정리해 보면 새로운 일에 도전하는 젊은이, 은퇴 후 인생 2막을 준비하는 시니어, 침뜸을 배워 봉사하는 재야 침구인 모두에게 흥미진진한 길잡이가 될 것 같다는 생각이 들었다.

그러나 한편, 이 훌륭한 소재를 어떻게 다듬어야 멋진 작품이 될 수 있을까, 자칫 어설픈 글솜씨로 선생의 이름에 누가 되지는 않을까 망설여지기도 했다.

시대적으로 어려운 세월이기도 했지만 특히 선생은 수많은 직업의 성공과 실패를 끊임없이 반복한 말 그대로 롤러코스터 위의 삶을 살아오신 분이다. 그러한 과정 속에서도 일평생을 관통하는 정일교 정신이 있다. 그것은 솔선수범과 신의, 그리고 도전정신이다. 그것이 오늘날 83세 백발의 침구봉사자 정일교의 뿌리이기도 하다.

선생은 제대로 된 학력을 갖추지는 못했지만 팔십을 넘긴 노인답지 않게 탁월한 판단력과 해박한 지식을 가지고 있다. 그것은 일찍이 국내외를 넘나들며 다양한 경험을 통해 세속의 학위개념을 뛰어넘는 세상만사의 문리(文理)를 터득했기 때문인 듯하다.

둘러보면 어려운 시절 고생하며 성공한 사람들은 많다. 선생이 특별한 이유는 은퇴 후 모든 열정을 개인의 영달과 부의 축적보다 가난한 사람, 아픈 사람, 약자들을 위해 헌신하는 이타적 삶에 쏟기 때문이다.

선생은 동서의학을 막론하고 치료가 쉽지 않은 중풍, 마비, 마약중독, 욕창 등 수많은 중증의 환자들을 치료하고 있다.

인향만리(人香萬里)라 했던가? 미얀마에서 의료봉사를 도왔던 이스라엘과 아르헨티나 의사는 초청 지도를 원하고, 미얀마 전통의사들은 다투어 제자가 되기를 자청하고 있다. 현재 미얀마의 간호보조원들에게 침뜸교육을 시키고 있는데 희망자가 넘치고 있다.

비록 내 나라에서는 인정도 못 받고 명함조차 못 내미는 무면허지만 침뜸의 자유가 있는 그곳에서 우리 침뜸의 씨앗을 널리 뿌리며 훨훨 날아다니시기를 기대해 본다.

사실 침뜸은 약간의 주의만 기울이면 부작용이 거의 없는 최고의 생활 의술이다. 급체나 두통, 생리통, 발목이나 허리 삔 데, 우리 생활에서 자주 보는 통증의 간편 처방은 이보다 빠르고 안전할 수가 없다.

모쪼록 이 책을 통해 세계 여러 나라에서 활약하는 재야 침구인들이 널리 사랑받고 우리 침뜸의 가능성을 이해하는데 도움이 되기를 기대해 본다. 더욱이 침구사는 인공지능시대에도 세계적 경쟁력을 갖춘 최고의 일자리 창출의 보고라는 점도 널리 알려졌으면 하는 바람이다.

2023년 4월 일